国家社会科学基金资助项目研究成果

吉林外国语大学学术著作出版基金资助出版

『学者文库』

具身认知理论背景下
汉语否定句的心理加工研究

鲁忠义　高志华◎著

中国社会出版社

国家一级出版社·全国百佳图书出版单位

图书在版编目（CIP）数据

具身认知理论背景下汉语否定句的心理加工研究 /
鲁忠义，高志华著 . -- 北京：中国社会出版社，
2020. 12

ISBN 978 - 7 - 5087 - 6506 - 8

Ⅰ . ①具… Ⅱ . ①鲁… ②高… Ⅲ . ①汉语—否定（语
法）—心理语言学—研究 Ⅳ . ①H146. 3

中国版本图书馆 CIP 数据核字（2021）第 014794 号

书　　名：具身认知理论背景下汉语否定句的心理加工研究
著　　者：鲁忠义　高志华

出 版 人：浦善新
终 审 人：尤永弘
责任编辑：陈贵红

出版发行：中国社会出版社　　　　　邮政编码：100032
通联方式：北京市西城区二龙路甲 33 号
电　　话：编辑部：（010）58124828
　　　　　邮购部：（010）58124848
　　　　　销售部：（010）58124845
　　　　　传　真：（010）58124856
网　　址：www. shcbs. com. cm
　　　　　shcbs. mca. gov. cn

中国社会出版社天猫旗舰店

经　　销：各地新华书店

印刷装订：三河市华东印刷有限公司
开　　本：170mm × 240mm　　1/16
印　　张：16. 5
字　　数：287 千字
版　　次：2021 年 3 月第 1 版
印　　次：2021 年 3 月第 1 次印刷
定　　价：95. 00 元

中国社会出版社微信公众号

前　言

　　《具身认知理论背景下汉语否定句的心理加工研究》为国家社会科学基金资助项目（批准号：12BYY048），经过课题组多年的研究，完成了预定计划，现将最终研究成果出版，以飨读者。

　　研究汉语否定的心理加工，在理论上和实践上都有重要的意义。

　　在所有人类的语言中都有否定现象，因此，否定一直是哲学家、逻辑学家、语言学家和心理学家研究的主题。在心理学领域，最早的否定加工研究起始于 20 世纪 50 年代末，发展到今天，否定研究涉及否定理解的时间进程、被否定信息的通达、否定对情绪的调节作用等重要问题。但核心问题——否定加工的实质，在命题表征理论与具身认知理论之间却存在着长期的争论。但两种理论都有其局限性，对很多实验结果并不能给出满意的解释。因此，否定加工的研究需要进一步地深入探讨。

　　第一，否定加工的实质是什么。对这个问题不同的理论有不同的回答。否定加工的命题理论，主要集中在思维和推理研究中，将否定视为外显的逻辑符号，认为否定是对否定辖域中信息的一种外来的影响，如建构互补的心理模型。而否定加工的具身理论则认为否定是通过感知运动来表征的，它以时间耗费或空间的延展实现具身化。但否定加工的命题理论和具身理论在理论和实验上都存在不足，命题理论不能解释否定加工过程中的具身现象，具身理论的实验结果也未能直接证明否定本身的具身性。那么否定加工的实质到底是什么，仍然是否定研究中的重要主题。

　　第二，否定加工的影响因素研究。已有的否定加工时间与被否定信息通达方面的研究结果并不一致，有的研究支持两步加工说，即否定加工中首先激活被否定信息，然后再加工否定的实际状态；而有的研究支持一步加工说，即否定可以一步完成，不需要先加工被否定状态。之所以出现这种情况，我们认为与研究中使用的材料的语境和否定的类型等因素有很大的关系，但具体涉及哪些因素，这些因素如何影响否定加工，这也是否定研究的重要方面。

第三，以往研究中否定对情绪词的影响都停留在语义层面，证明否定会使情绪词的效价向其相反方向转换，即否定积极词，其加工的结果变为消极情绪，否定消极词则变得积极，那么否定对情绪词的作用是否也具有具身性，尚无研究，这也是值得重视的研究领域。

因此，本研究就是重点探讨否定加工的实质，同时考察否定类型对否定加工的影响以及否定加工的情绪问题。

从应用角度来看，通过本课题的研究可以帮助人们深入理解否定加工的过程，指导人们在日常的生活和学习中更好地使用和理解否定句。否定的情绪研究结果，可以帮助人们更好地使用"否定＋情绪词"的短语。否定的情绪表征研究揭示，否定的使用往往会产生消极情绪，因此，在日常生活特别教学中，否定的使用除了要考虑语义因素外，还要考虑情绪因素。

本书包括五个部分。第一部分是具身认知理论的渊源、发展、应用以及抽象概念表征的具身认知理论。第二部分为否定加工的实质与影响否定加工因素的理论综述。第三至第五部分是实验研究，包括三项大的研究。第三部分集中探讨了确定性无界否定句的理解过程；第四部分探讨了否定对情绪的效价和动机维度的影响；第五部分提出了否定的情绪表征假设，并进行了实验验证。

本项目的主要研究观点和实验发现如下：

在理论部分，主要讨论了三个方面的内容：抽象概念的具身理论、否定加工的理论争论和影响否定加工的因素。

第一个方面，抽象概念的具身认知理论。否定是一种抽象概念，用具身认知理论来解释抽象概念可以更准确地了解否定加工的实质和过程。依据抽象概念表征需要计算的程度，具身认知理论分化为激进具身认知理论和温和认知具身理论。激进具身认知理论认为在概念加工中仅有感觉运动区参与，而温和具身理论则认为概念加工过程中感觉运动区和语言区都会参与。在温和具身认知理论中有代表性的观点是抽象概念的情绪表征理论和语言社会工具论，前者认为具体概念的表征以感知运动为主，抽象概念更多以情绪进行表征；后者认为抽象概念以语言社交表征为主。将否定的心理加工置于具身认知的视域下，可以对下面三个问题有更清楚的认识：一是否定加工的结果——事物的实际状态；二是事物实际状态的心理加工过程；三是否定的加工可以通过情绪表征来实现。

第二个方面，系统分析和梳理了否定加工的理论，提出了否定加工的抑制—反刍—再抑制的观点。否定加工的理论分歧主要集中在命题表征理论与具身认知理论之间。命题表征理论中，否定是一个外显的逻辑符号，被看作是一个标签用于标明意义是核心假设的对立面。具身理论则认为，否定是内隐的，否定以时间消耗进行表征，或是以空间轨迹的转换进行表征。为了解决否定表征的理论争论，我们认为否定是一种抑制器，否定加工要经历抑制—反刍—再抑制过程。否定加工的起点是对被否定信息的无条件的抑制，随后是有条件地对被否定信息的模拟，最后是对实际状态的模拟。抑制—反刍—再抑制理论有三个主要观点：第一，否定表征的本质是具身性的，是一种灵活的抑制激活器，抑制与激活并行；第二，否定的加工过程可以概括为抑制—反刍—再抑制，解决了一步与两步模拟的争论；第三，整合否定加工的语用理论，将否定加工的过程与语用条件相结合。

第三个方面，影响否定加工的因素。否定加工的研究结果不尽一致的重要原因是受到了相关因素的影响，这些因素包括语境、否定的类型、任务要求和个体差异等。语境是影响否定加工的重要因素，我们将其分为"直言语境"和"语用语境"两种类型。如果否定加工理解研究中侧重的是否定与上下文语义的呼应与连贯，那么我们视这种语境为一种狭义的"直言语境"；同样，如果研究中更多从言语交际的角度考察否定加工，关注否定使用的条件的适宜性，那么，我们将这种语境称为"语用语境"。其中语用语境在否定加工中的作用越来越受到重视。语境对否定加工的影响主要表现在影响加工速度（加快或延缓）和指明否定加工的方向等方面。被否定信息的类型也是影响否定加工的重要因素，其分类也经历了从简单的二分为补足性和比较性否定，到针对反义词的分类，再到国内学者对否定句类型进行的层级式分类，先将否定划分为有界否定和无界否定，再把无界否定分为不确定性无界否定和确定性无界否定。否定的这些分类有助于将否定加工的研究引向深入。

在实验研究部分包括了三方面的研究：否定的类型对否定加工的影响；否定的情绪表征；否定情绪词的动态加工过程。

研究一，否定的类型对否定加工影响的实验研究。通过系统的实验研究，考察了否定的类型对否定加工的影响。

汉语确定性无界否定句模拟加工的时间进程。探讨了汉语确定性无界否定句中，否定趋向大边界的心理模拟过程。实验以大学生为被试，以汉语确定性无界否定句为研究对象，采用句－图匹配范式和"2（句子类型：汉语确定性无界肯定句和汉语确定性无界否定句）×2（图片描绘事物状态与句子描述的事物状态的匹配类型：匹配与不匹配）"被试内实验设计，以对图片判断的反应时和正确率为指标，探讨其加工的早期（250 ms）、中期（750 ms）和晚期（1500 ms）的心理模拟过程。研究结果表明：确定性无界否定句加工的心理模拟是分两步进行的，首先模拟的是否定句的被否定状态，随着加工时间的推进，完成了对确定性无界否定句的第二步模拟即对实际状态的模拟。但是，确定性无界否定句比其他类型否定句的模拟过程所用的时间要短，即在阅读理解的中期就完成了心理模拟。

汉语确定性无界否定句模拟加工的时间进程。大边界与小边界的比较。探讨汉语确定性无界否定句中，否定趋向小边界的时间进程和机制，并与趋向大边界否定句的加工进行比较。实验以大学生为被试，选用了经典的句子—核证范式，对比趋向大边界和趋向小边界的确定性无界否定句在早期（250 ms）、中期（750 ms）、晚期（1500 ms）的加工进程和机制。本研究的结果表明：趋向大边界的否定句加工的过程遵循两步模拟假设，但在中期才模拟到被否定状态，晚期完成了对实际状态的表征；趋向小边界的否定句加工符合一步模拟假设，早期就模拟到事物的实际状态。这表明否定的类型对否定加工的进程是有显著影响的。

根据抑制—反刍—再抑制理论，对于趋向小边界的否定句，一开始就抑制了它的被否定状态，而同时激活了它的实际状态，完成了否定的加工。但是加工趋向大边界的否定句则不同，在大边界受到抑制的同时，其对应的小边界与接近小边界的实际状态都可能被激活，但因难以确认，需要反刍被否定状态，经过再次抑制被否定状态，最后才模拟到了它的实际状态。

研究二，否定情绪词的动态加工过程研究。以内隐的测量方式探讨否定对情绪词的效价和动机维度的动态影响。

实验以大学生为被试，采用自定步速阅读，选取 250 ms 和 1000 ms 两个探测时间点。实验 1 中，以 20 个积极和 20 个消极的情绪词的肯定和否定版本为实验语句，以积极和消极情绪符为探测实验图片，考察否定对情绪词效价的动态影响。结果发现，加工早期被否定的情绪状态占优势；加工后期，否定消极词被试理解为积极，而否定积极词仍倾向于理解为积极。实验 2 中，以 20 个愤怒和 20 个悲伤的情绪词的否定版本为实验句，圆形和方形为实验图片，要求被试作出趋近或回避的反应，用于探索否定对情绪词的动机维度的影响过程。结果表明，否定对愤怒与悲伤的趋近 - 回避的影响出现在加工后期，但否定只改变了愤怒的动机维度，由趋近变为回避，却不会改变悲伤的动机维度，悲伤条件下仍表现为回避。

研究三，否定的情绪表征研究。已有的否定对情绪词影响的研究是基于认知与情绪分属于两个独立的加工系统来进行的。Kousta 等人的抽象概念的情绪表征理论为我们重新考察否定表征的实质提供了新的思路——作为抽象的语言现象的否定是否存在情绪表征呢？

否定的情绪效价表征研究。实验以大学生为被试，以肯定/否定中性词为启动项，以中性俄语词或汉语情绪词为目标项，采用错误归因范式（AMP）和经典情感启动范式（BFP），并设置两种 SOA（200 ms 和 500 ms），探讨否定的情绪效价表征。通过实验显示：在 AMP 范式中，否定短语比肯定短语有显著的消极反应概率；在 BFP 范式中，否定短语比肯定短语同样启动了更高的消极反应概率。这表明，否定短语比肯定短语诱发了更多的消极反应，否定本身具有消极效价。

否定的情绪唤醒水平表征研究。实验以大学生为被试，采用情感错误归因范式（AMP）和经典情感启动范式（BFP），以汉语双音节情绪词或中性名词构成的"没有/有××"短语为启动材料，以中性俄语词或汉语情绪词为目标材料，考察了否定的情绪的唤醒水平。研究结果表明：在 AMP 范式中，否定情绪词比肯定情绪词诱发了更多的平静反应，它不受情绪词本身的效价和启动—目标间隔时间的影响；在 BFP 中，SOA = 200 ms 时，否定短语与肯定短语同样启动的平静反应无差异，而 SOA = 500 ms 时，句式与唤醒水平存在交互作用，否定仅诱发了对高唤醒情绪目标词的平静反应。实验结果证明，否定本身具有平静趋向的唤醒水平，进一步证明否定加工可以通过情绪实现具身化。

本书是基于大量理论和实验研究完成的，学术价值体现在五个方面：第一，我们提出的抑制—反刍—再抑制理论能够有效解释否定加工的多数实验结果，为解决命题理论与具身理论的争论提供了新的思路。第二，对否定加工影响因素的分析为否定加工的研究设计与结果解释提供了必要参照。第三，确定性无界否定句加工的时间进程的研究发现，趋向大边界的否定句加工的过程遵循两步模拟假设，即先模拟加工否定句的被否定状态，再完成对实际状态的模拟；趋向小边界的否定句的加工过程则符合一步模拟假设，即早期就模拟到了事物的实际状态。本研究从否定的不同类型的视角得出的研究结果，可以更清晰地了解否定加工的时间进程。第四，本项目得出的否定的加工可以通过情绪表征来实现，是首次发现，不仅拓展了否定具身认知研究的范围，也为否定加工研究提出了新的视角，还有助于情绪与认知交互作用的探讨。第五，本项目在否定情绪词的动态加工过程的研究中，将否定的作用拓展到情绪词的动机维度是有新意的。

本书的完成是全体课题组成员共同努力的结果。除了本书两位著者，还有马红霞（第七章，华北理工大学）、崔如霞（第五章，河北省南皮县第一中学）、何皓璠（第六章，河北师范大学）和刘华峰（北京中公教育科技有限公司）。本书稿在结项鉴定中还得到五位匿名专家给予的宝贵意见，为本书的完善提供了帮助，在此一并感谢！

　　尽管我们在否定加工的理论和实验研究中发现了一些有意义的结果，也提出了对实验结果有一定解释力的观点，但因作者能力和精力有限，书中难免有谬误，还请各位专家、读者批评指正。

作者

2020 年 10 月

目　录
CONTENTS

第一章 具身认知理论的缘起、发展与应用

具身认知（Embodied Cognition，也被译为"体验认知"）的理论风潮起始于 20 世纪末，以 Lakoff & Johnson（1980）发表的《我们赖以生存的隐喻》（*Metaphors we live by*）为标志。30 多年来，具身认知的理念吸引了大量的心理学家、语言学家、神经科学家、哲学家与计算机科学家投入其中，在不断研究探索中积累了丰硕的理论与实证成果，构建了许多新的研究范式，但同时具身认知的研究也面临着诸多的困境，本章对具身认知 30 多年的发展进行总结，探讨其面临的困境，以明晰具身认知未来的发展方向。

第一节 具身认知理论的缘起

认知科学产生于 20 世纪 50 年代，其将人类的认知与计算机的信息加工进行类比，形成了以"认知是遵循清晰的形式规则对抽象符号表征的操控（计算），且符号是由物质的任何可操纵的序列表示的"为核心的观点（王甦，汪安圣，1992）。然而到了 80 年代，这种基于理性计算的认知科学却面临着诸多的批评，例如，过度追求实验技术，独立于社会文化等（叶浩生，2010a）。在这种背景下，具身认知以对传统的认知科学的反叛者的角色出现。

一、第一代认知科学的困境

"第一代认知科学"（the first generation of cognitive science）的概念来自 Lakoff 和 Johnson 的名著《肉身的哲学：亲身心智及其向西方思想的挑战》（*Philosophy in the Flesh – The Embodied Mind and Its Challenge to Western Thought*），是指传统的认知科学。它的基本观点是"认知是可计算"的，将心理视作是抽象

信息的加工器，认知是依据特定规则对表征符号的操作，认为其与外部世界的联系是随意的；知觉运动系统与诸如范畴、概念、推理等的高级认知加工没关系；思维和语言是人类所特有的心理机制（陈巍，陈波，丁峻，2010）。在第一代认知科学中，知识往往被认为是以命题形式存在的，被定义为抽象的语义性知识，用结点（nodes）、命题（propositions）、规则（rules）和图式（schemas）等术语来表达。总之，认知虽然表现在包括大脑在内的身体上，但是却不依赖身体，其功能是独立的，即心智是离身的（disembodiment）（李其维，2008）。

在半个世纪的发展中，传统的认知科学理论在经历了以符号计算主义、联结主义和生态主义为主流的理论取向发展中取得巨大成就，使认知心理学成为心理学的"主导"，然而，也逐渐面临着理论困境，主要表现在以下三个方面。

（一）身心二元论困境

在第一代认知科学中，人的认知与其身体是分离的，身体没有进入研究的范畴（Fusar Poli & Stanghellini，2010）。这种身心分离的思想可以追溯到哲学家笛卡尔，并一直为心理学家所信奉。具体到第一代的认知科学，认知就是人脑中依据一定的规则对输入和存储的由抽象符号构成的信息进行处理操作的过程。在这一过程中，重要的是计算或操作的规则，但身体不是操作的主体，对认知过程没有意义。第一代认知科学的这一理论前提受到了越来越多研究的挑战。例如，手上的拉近和推离的动作会影响人们对"I opened/closed the draw"的加工速度，存在着动作－词语的匹配效应（Glenberg & Kaschak，2002）；手持重的笔记本的比持轻的被试更容易把所面临的问题判断得更为重要（Jostmann，Lakens，& Schubert，2009），这表明身体负重的感觉影响人们对事情重要性的判断；在评价耳机音质的实验中，边听边做点头动作的被试比做摇头动作的被试音质评价显著偏高（Förster & Strack，1996）。越来越多的研究结果表明，身体是认知的一部分，认知研究将身体排除在外是错误的。

（二）"计算至上"主义

第一代认知科学中，将人脑的信息加工与计算机的信息加工相类比，其中"计算"与"规则"成为核心要素。心理加工就是要建立心理过程的计算模型（或加工程序），人的大脑就如计算机程序一样，是在各种规则基础上的程序运转和执行（李其维，2008）。人脑成为遵循计算法则的绝对理性机器。但一些研究结果却否认了这一假设，例如，《经济心理学》研究发现，人们在进行决策时并不总是进行所谓的"理性思维"，语言表达的形式（强调积极结果还是消极结果）、情绪状态等因素都会使人们作出"非理性"的决策（刘永芳，毕玉芳，王怀勇，2010）。

（三）个体主义倾向

第一代认知科学从个体的视角出发，所强调的认知、记忆与思维以及动力系统的动机都是基于个体主义。第一代认知科学虽然也认为信息加工过程中存在着主体与环境的信息交互过程，但认为其中的个体与环境是彼此独立且以认识的主体为中心的（叶浩生，2010a）。这种倾向无疑忽视了情境、社会、历史文化对认知的作用。而社会心理学的研究表明，在同情心反应上存在着种族内偏向。

总之，第一代认知科学在新世纪面临着越来越多的挑战，在这种背景下，具身认知应运而生。

二、具身认知的理论渊源

具身认知（Embodied Cognition）或"Embodiment"，字面含义就是"将身体置于其中"，最早由语言学家 Lakoff 与哲学家 Johnson 提出，在此之前他们使用新经验主义（Experientialism）（也有人译为体验认知/涉身认知）来作为"强调身体在认知过程中发挥着关键作用"的理论术语。该理论认为，认知是通过身体的体验及其活动方式形成的，以"心智的体验性""认知的无意识性"和"思维的隐喻性"为基本原则（Lakoff & Johnson，1999）。其实，具身认知的思想远在 Lakoff 之前就已经存在，接下来简单介绍一下具身认知的理论渊源。

（一）具身认知的哲学渊源

具身认知的提出者之一 Johnson 认为，具身认知的两个主要哲学源头分别是杜威的实用主义哲学和梅洛·庞蒂的存在主义哲学。除此之外，洛克的经验主义哲学、施密茨的"新现象学"及马克思主义哲学都对具身认知的产生有一定影响（王寅，2010）。下面主要分析杜威与梅洛·庞蒂的哲学理论与具身认知思想的理论联系。

1. 杜威的实用主义思想

杜威是美国实用主义理论的代表，创建了经验自然主义。他认为，哲学的起点是"经验"，"经验"是杜威理论的核心。杜威认为，构成人类经验的是机体与客观环境互动的整个复杂回路，人类的经验与身体、社会、智力、认知、情感等密切相关。经验是动态的，是人与周围事物之间互动的结果，是事物走完其历程达到整体性和完满性时所拥有的状态。人类与环境始终处在一种冲突、恢复、失衡、再平衡的周而复始的过程之中（王亚芹，2013）。

例如，杜威的《心理学中的反射弧概念》（1896）被普遍认为蕴含了具身认知思想的雏形，主要体现在身体运动协调构成了感觉运动回路；在身体运动协调基础上形成的身体经验在感觉运动回路中具有连续性；感觉运动回路中的身体运动与经验以环境为背景，其目的是为了适应环境（陈安娜，陈巍，2013）。杜威的思想为具身认知的产生和发展提供了丰富的思想源泉。

2. 梅洛·庞蒂的存在主义

梅洛·庞蒂缔造了现象身体哲学，被称为"身体的卫道士"。他反对笛卡尔的身心二元论，认为主体和客体不是两个独立的实体，身体不是一般物理学意义上纯粹的物质性肉身，而是有知觉的且能够被意识到的有机体，即"现象身体"（燕燕，2010）。身体通过自身的行动与其他外物发生联系，并与周围环境互相接触和相互作用，从而形成一种"表示我的身体在世界上存在的方式"的"身体图式"（王亚芹，2013）。知觉便处于己身与世界之间，身体知觉对于概念和命题的形成有重要作用。在梅洛·庞蒂的观点中，感觉是心理发生的起点与条件，知觉是心灵对观念的认知活动。知觉与行动是人们与世界联系的最初的、直接的且具有结构的方式（王寅，2010）。梅洛·庞蒂的身体现象学的思想为具身认知的发展提供了丰富的思想财富。

（二）具身认知的心理学渊源

在心理学范围内，19世纪后期德国的完形心理学中就有不存在"无意象思维"的论调，这与具身理论反对身心二元论的观点是一致的；William James 的功能主义观点中，知觉与身体运动不可分离（James，1975）；皮亚杰的发生认识论中，认为高级的认知发展是建立在儿童早期的感觉和运动的基础之上的，这为具身认知的"认知、语言和思维根植（扎根）于感知运动"提供了理论渊源，也为当前理论解释中发展维度的考量提供了思路（Borghi，Binkofski，Castelfranchi，Cimatti，Scorolli，& Tummolini，2017）；维果斯基强调个体所处的社会历史文化背景对认知发展有重要作用，这对具身认知中对社会文化的考察有重要意义；Gibson 主张要从主体与环境的潜在的生态互动中考察知觉的形成和发展，也是具身认知的重要理论来源（Gibson，1979）。下面主要探讨皮亚杰与 Gibson 的理论对具身认知的影响。

1. 皮亚杰的发生认识论

皮亚杰认为，认识起源于主客体之间的相互作用。但身体本身和外界事物之间的中介不是知觉，而是身体活动（动作）本身（Gibson，1979）。正是基于动作的相互作用，使身体与环境成为彼此关联、不可分割的整体系统。在认知的发展上，皮亚杰提出感知运动是认知的起点，儿童借助感知运动与世界互动发展关于周围环境的图式，并获得知识。这与具身认知的"知识扎根于感知运动"的基本观点是完全一致的，即认知是具身的，包括身体、大脑、情境与环境共同参与到知识的建构中（刘丽红，2014；叶浩生，2010a）。

另一方面，皮亚杰认为，知识是主客体不断反复地经过同化与顺应动态互动中形成的，是从平衡状态到不平衡状态，再到新的不平衡状态的动态演进。人们运用已有的图式理解世界，并将新的知识吸收同化到已有的图式中，这时处在平衡状态；然而一旦环境发生质的变化，已有的图式不能进行同化性理解，便会失去原有的平衡，就要通过顺应对原有的图式进行更新，形成新的图式，达到新的平衡。皮亚杰的动态平衡观点，与具身认知中认知的动态演进观点相吻合。同时这种动态发展的理论视角也为具身理论的发展性考量指明了方向，即一种具身理论是否可以从发展的角度进行解释或提供证据，这已经成为衡量理论解释力的重要维度。

2. Gibson 的生态知觉观

Gibson 是著名的生态心理学家，主张从与环境的潜在相互作用角度来思考知觉，并强调促进个体与环境的交互作用是知觉的首要功能。在 Gibson 的知觉观中，知觉是一种行为，是对光阵列中的不变量的直接萃取，不需要任何心理内容和加工，环境的知觉也是自身的知觉。环境和有机体是相互限制和相互补充的。环境与有机体相互包含。

在 Gibson 的理论中，"affordance"（一般译作功能承受性，我们把它译作动允性）是一个核心概念。它是指某一事物对于知觉的主体（动物或人）的价值如何，反映了个体与环境之间的一种交互作用，是环境属性使得动物个体的某种行为得以实施的可能性。例如，一把椅子对于成年人来讲，它的意义是用来坐下休息，对于愤怒的人是攻击的武器，而对于四岁的儿童，它是踩上去拿高处糖果的工具。

Gibson 的观点成为具身认知重要的理论渊源，动允性甚至一度成为具身认知研究的热点之一。

第二节 具身认知在心理学中的发展

具身认知以强调身体在认知中的作用为核心观点，主张身体的构造、物理属性和状态及其特定的感觉运动通道在认知的形成以及认知加工中发挥关键作用。这一思潮对心理学的影响深入而广泛，滋养出许多具身框架下的理论，催生出各种新的具身研究方法或范式，同时在神经科学方面也取得了令人瞩目的成就。本节试图概括具身认知的理论、方法与神经科学方面的发展成就。

一、具身认知理论发展

（一）知觉符号理论

知觉符号理论（Perceptual Symbol Systems）（Barsalou，1999）是最早的心理学具身理论，已经得到了大量的实证支持（Pecher，van Dantzig，Zwaan，& Zeelenberg，2009；Richter & Zwaan，2009），在具身理论体系中占据着重要地位。

知觉符号理论是一种关于知识表征的理论。该理论反对传统认知理论以抽象符号进行表征的假设，提出人们以知觉符号进行表征，认知系统与知觉系统相同，人们以知觉符号来理解世界与世界互动（Barsalou，1999，2008）。知觉符号理论的主要观点包括：

其一，知觉符号是以知觉加工为基础的表征，是大脑感觉运动区神经表征的结果，是构成认知的材料。知觉符号是大脑先将环境中的客观事物进行典型化（typically situated）处理，再加以内化的结果。知觉符号以图解（pictorial）方式进行组织。在知觉事物时，选择性注意往往只注意到事物的颜色、形状、质地等某一方面，注意到的内容很可能会进入长时记忆。大量图解式的表征储存于长时记忆中，这些表征构成知觉表征的基本符号。知觉符号仅仅对部分知觉经验进行表征，而不是对整个经验表征。

其二，知觉符号以相互关联的方式存在于长时记忆中，相互关联的符号组成一个模拟器（Simulators）。模拟器帮助人们实现对外部世界的认知，使人们在事物或事件不在面前时仍能将其重现。它由知觉符号和框架构成。框架（frame）是整合的知觉符号集合，以用于类别的模拟，与图式具有一定的相似性（王瑞明，莫雷，李莹，2005）。框架和由它产生的模拟物共同组成了模拟器。对刺激的心理表征就是知觉经验的遗留物。模拟机制使人类既有低级感觉的能力，又有高级复杂的思维乃至社会认知的操作能力。并且由于选择性注意的原因，被模拟的事件可能会呈现出不同形式和侧面的经验。

其三，知觉符号是多模态的（Multi-modal），是多种媒介和方式进行的，源自不同的知觉经验，例如，视觉、听觉、嗅觉、味觉和本体感觉等。在知觉符号系统理论中，认知表征和知觉表征处于同一神经系统下，头脑中对客观事物的表征与其所指代的事物间存在类比性。值得注意的是，模拟的形成需要综合多种感知觉信息，模拟机制总是基于每种认知通道的特点。

其四，模拟过程中知觉符号与外界参照物具有类比性关系。知觉过程中，既有客体的参与，也有环境的加入。模拟系统对环境的处理，形成情境的概念化（situated conceptualizations），以协助更好地加工客体。模拟、模拟器和情境的概念化在人类的认知加工过程中起着首要的作用，构成人类认知的基础。这一过程同样适用于解释语言加工过程。在知觉符号理论中，人类的言语符号像知觉符号一样，是对知觉事物的图解式记忆。当选择性注意到所说或所写的词时，知觉状态中抽取的有关图解式记忆便会整合到模拟器中。一旦词的模拟器形成，词就与它所指代的客体或事件联系起来。当再认一个单词时，认知系统会激活相关概念的模拟器以模拟出可能的指代物。

知觉符号理论探讨具身情绪、语言表征、概念获得、社会认知、推理过程和知觉符号发展等科学问题，并已得到了许多行为和神经科学证据的支持（Dreyer & Pulvermuller，2018；Farias，Garrido，& Semin，2013，2016；Fay & Maner，2012；Peleg，Ozer，Norman，& Segal，2018）。但知觉符号理论也存在着未解决的问题，表现为以下两点。

一是尽管已经有证据表明在认知加工过程中确实存在知觉表征，但对于抽象概念的表征是否也存在着知觉表征依然存在很大争议，有证据支持（Link，Moeller，Huber，Fischer，& Nuerk，2013；Scerrati et al.，2015），但也有证据反对（Dalla Volta，Fabbri-Destro，Gentilucci，& Avanzini，2014）。

二是关于隐喻的方向，知觉符号理论认为是单向的，也就是从具体领域映射到抽象领域，但近来已经有研究发现，这种隐喻过程很可能是双向的（鲁忠义，贾利宁，翟冬雪，2017）。

尽管知觉符号理论面临着诸多的问题，但作为首个全面系统的具身心理学理论，它的历史地位依然是非常重要的。Barsalou（2008）使用扎根认知（Grounded Cognition）来概括强调环境、情境、身体和大脑模块系统共同构成认知基础的理论取向，并认为四个系统中的模拟是认知中核心表征的基础。认知系统把环境和身体看作补充内部表征的外部信息结构，内部表征又具有情境化的特征，通过对大脑中模块系统的模仿和执行，使其能更好地与外部结构相匹配（Barsalou，2008，2010）（刘金平 & 王金娥，2012）。

（二）语言理解中的具身理论

具身认知的思想、理论与实验证据深刻地影响了学者对语言理解的认识，发展出了语言理解中的具身理论。其基本的观点是理解语言就是建构语言所描绘的情境模型或心理模型，与传统的符号表征理论不同的是，具身的语言理解观强调所建构模型的"具身性"。这一过程涉及知觉的、运动的、社会的和情感的知识，这些知识规定了语言的内容。意义取决于个体在实际环境中其身体获得的经验，面对语言输入，个体重新演练这些经验，并运用它们产生有意义的语言输出。情境模型是表征模式的，它与其他非语言认知加工（如知觉、动作、表象）中使用的模式相同。读者要理解文章，就要建立文章所描述的事件状态的心理模拟。因为该理论假设认知植根于知觉和动作，因此认为这些心理模拟在本质上是经验的。

1. Glenberg 的索引假设

Glenberg（1997）提出意义（句子的、事物的或情境的）是由特定的情境中的特定个体可以通达的一系列动作（set of actions）构成的（Glenberg，1997a）。结合 Barsalou 的知觉符号系统理论，其后进一步提出了句子理解的索引假设（The Indexical Hypothesis，以下简称 IH）。该理论认为语言理解像理解环境一样，是连续的概念化的变化，而概念化指的是可能的动作方式，心理模型是用动允性（affordance）来建构的，强调经验成分对理解有重要的作用（Glenberg & Robertson，1999）。Glenberg 将语言理解分为索引（indexing）、提取动允性和整合（meshing）三个加工过程，同时强调这三个过程是动态交互作用的，而不是系列的。

（1）索引。Glenberg 认为在句子理解中，人们会把句中的词汇和短语索引到环境中的指代物或类比的心理表征（如知觉符号）上。索引的建立是以词和短语与客观间存在着类比关系的这一假设为基础的，并进一步假设：一个词或短语可以被索引成一个知觉符号，也可以被索引成一个客观事物；语言的许多成分都是可以被索引的。词或短语激活的是知觉符号（Barsalou, 1999），是词和短语所指代事物的脑皮层状态。而在意义怎样结合的问题上，索引假设认为意义的结合依赖于所索引事物的动允性，而不是抽象的逻辑规则。

（2）提取动允性。当词或短语被索引到所指代的事物或类比表征后，要从指代物中提取其动允性。动允性在 Gibson 的生态心理学理论中是指身体与客观事物间的潜在交互作用或用途。Glenberg 认为动允性在语言理解中具有核心作用，认为动允性是一个有着特定的身体类型的感知者和一个事物相互作用的方式，在很大程度上源于知觉加工。个体从特定事物中提取动允性，既反映了个体与事物间可能的交互作用方式，又反映了个体在某一时刻的目标。动允性是理解句子的重要工具。知觉符号中贮存的不仅有它们的形状，更有其功能，贮存着人们与之可能的交互方式，这已经内化，不需要推理就可以完成。因此知觉符号的类比表征意义更加丰富。动允性会对具体动作起限定作用，如动作方式，使其更加细致、具体和充实。

（3）整合。当提取了事物的动允性后，接着就要对其进行整合。内在限制和句法限制引导整合过程。关于整合，Glenberg 用结网（meshing）这个词来表达，是指把词和短语的动允性结合成连贯的动作模式的过程，具体说是一个概念的基本动作模式能够与另一个概念的基本动作模式相整合。这些模式相互修正、相互限定，因为这种联合动作在我们身体中是可能的。这种动作模式的互相修正构成了从词语中建构意义的基础，这些词的意义被它们所在的语境联合修正。

2. Zwaan 的浸入式经历者框架

Zwaan（2004）提出了浸入式经历者框架（The Immersed Experiencer Frame，以下简称 IEF），基本观点与 Glenberg 一致，认为语言理解在本质上是经验性的。所不同的是，IH 着眼于句子理解，只讨论了情境模型的建构，而 IEF 则扩展到了语篇理解，使情境模型的建立、更新与提取形成一个周而复始的连续过程。并且 IEF 创造性地概括出，理解是以语言输入为线索，通过整合和序列追踪现实经验痕迹，对所描述事件的身临其境的经历。对理解者而言，语言是一套线索设备以使其建构起对所描述情境的一种经验模拟，理解者是所描述情境的一位浸入式经历者。总体上讲，IEF 较 IH 是一种更完整细致、涉及因素更广泛的语言理解的经验观（Zwaan, 2004）。

IEF 将理解加工过程划分为三个基本成分：激活（activation）、解读（construal）和整合（integration）。这三个成分所对应的加工语言单位分别是词/音素、分句/语调单位和连贯的语篇；所对应的表征单位分别是功能网络、整合网络和系列整合网络；所对应的指代单位分别是事物和动作、事件和事件系列。Zwaan 强调三个成分加工并不是系列进行，而是时间上存在着很大的重叠（高志华，仝宇光，2007）。

（1）激活。输入的词汇能激活功能网络（Functional Web），此网络在经验词语所指代的事物时同样会被激活。它遍布整个大脑皮层，可能涉及初级感觉皮层。网络的激活最初是弥散的，存在重叠。词的经验表征与其所指代事物的经验表征因同时发生（co‒occurrence）而紧密相连。词所激活的不仅有词的自身经验（如"椅子"这个词的听觉、视觉经验等），也有其指代物（referent）的经验（如"椅子"这个事物的听觉、视觉及触觉经验）。两方面因素的组合构成理解的基础。

（2）解读。解读是对具体事件的心理模拟中的多个功能网络的整合。解读操作的语法单位是语调单位（intonation unit），其构成了理解过程中的注意框架。语言理解成为以语言为基础的，对所描述事件状态的注意调节。解读过程就是整合最初激活的功能网络，产生对事件的表征，这一过程是即时的、累加的。解读包含时间阶段（Time）和空间区域（Space）两个因素，如时间间隔、空间区域、视角（Perspective）、实体（Entity）和特征（Feature）等成分。

（3）整合。解读过程连续进行，从一个解读向下一个解读过渡，前一个解读的相关成分进入工作记忆，和新输入的词所激活的功能网络共同影响当前的解读。整合以经验为基础。语言与人类经验的一致性、前后解读的重叠量、预见性及语言线索都会影响前后解读的整合（鲁忠义，高志华，段晓丽，刘学华，2007）。

3. 语言的神经理论

Feldman 和 Narayanan 基于神经科学的重大发现，例如，镜像神经元（mirror neurons）（Rizzolatti & Arbib，1998；Rizzolatti & Craighero，2004）、模范神经元（canonical neurons）（Bremmer，Schlack，Duhamel，Graf，& Fink，2001）与动作‒方位神经（Action‒Location Neurons）等，提出了语言的神经理论（The Neural Theory of Language，NTL）。该理论运用了结构化的联结主义观点，通过建立语言过程的计算机模拟模型来模拟人脑的神经元计算过程，从而揭示语言的神经实质（Feldman & Narayanan，2004）。NTL 讨论了众多的脑区如何参与语

言的理解和学习，是以动作理解为基础的语言理论，焦点在语言所需的表征和计算。NTL 认为不存在仅用于语言加工的特定脑区，也没有仅限定在少量脑区的语言加工。

前运动区和顶叶区的联结为神经上的整合提供了基础，这种整合是多感觉通道的，不仅用于控制动作，也起着建构整合的表征功能：即把动作、受动事物和动作方位的整合表征进行建构。整合的表征针对不同的动作类型构成了固定图式（Fixed Schema），其中包含固定的参数类型：角色参数，如施动者和受动者；阶段参数，如起始和结束状态；方式参数，力量的程度和方向等。对应到神经上，固定的图式是一个功能束网络。每一个参数是一个神经元功能束。每个参数值可能是一个功能束的激活方式，也可能是当一个施动者角色可能成为情境中特定行为的人时，一个神经元对另外的功能束的捆绑。一个执行图式是一个神经回路，它联结着固定图式的参数，这样它们能够动态地随着时间而协同激活，并依据情境调整参数值。这样一个既适应于感觉运动模拟，又用于推理的模型就形成了。而模型中的参数计算则构成了语言理解的神经计算基础。为了验证 NTL，NTL 研究小组采用了计算模拟技术，建构类似于理论假设的神经元激活、联结和计算的过程的计算机模拟模型，并经过验证形成生理上可还原的神经计算模型。

具身的语言理解理论将具身认知理论应用于语言加工的研究中，并将其细化，更有针对性，丰富了具身认知的理论体系。语言理解的具身理论已经得到了诸多实证结果的支持。例如，有研究发现，可以抓握的物品的把手在反应手的方向比在相反方向反应快，表现出动允性匹配效应（Kever, Grynberg, & Vermeulen, 2017），支持 Glenberg 的索引假设。语篇中出现在主角视野里的事物比没在视野中的事物更容易通达（Horton & Rapp, 2003）；语篇中描述一个持续的事件，所涉及的事物出现在一个远的时间点比近的时间点通达困难（Day, Wagman, & Smith, 2015），这都支持了 Zwaan 的 IEF 的观点。

然而，上述理论作为早期理论仍显得粗糙，没有对语言加工过程中如何实现经验模拟，以及知觉运动如何发挥作用作出完整的阐述，这必然面临解释抽象概念和复杂推理的乏力困境。IH、IEF 和 NTL 都认为感知运动构成了语言加工的基础，但语言信息所激活的神经网络与所指代事物所激活的神经网络之间存在重叠并不意味着二者完全重合，对于这一激活过程如何进行，三种理论并未给出完整全面的回答。此外，上述理论尽管立场分明表达了具身观点，但在描述上都难免使用了许多传统的符号表征术语，在关键机制的表述上与符号理论的边界不甚清楚。

（三）运动模拟理论：基于动作的具身认知

镜像神经元及镜像神经系统的发现，使心理学家开始关注到动作在认知中起着重要作用。基于人们通过动作观察、模拟与想象来理解自己、他人的行为和所处的环境（Jeannerod，2001）的假设，认为语言、认知及推理与运动加工存在着神经系统的重叠。认知神经科学研究也支持这一假设，例如，对表达特定效应器的词语（例如，手、手臂、脚等）的理解会激活相应的效应器的对应运动区（Tettamanti et al.，2008）；抽象概念也发现了运动系统的参与（Dreyer & Pulvermuller，2018）；听到与动作相关的主—动—宾句子时，左侧的前运动—顶—颞叶网络会参与（Boulenger，Hauk，& Pulvermuller，2009），语言句法加工和执行非语言的运动系列可能共享着人类大脑的资源（Casado et al.，2018）。在这种观点中，主语、目标定向的宾语和动作相关的动词谓语的语言组合导致的前运动区（编码动作运动程序）、前顶区（编码事物的动允性特征）和后颞区，接近视觉区，用于编码生物运动（Arbib，2012）。在此实证研究的基础上，具身认知理论体系中发展出强调运动模拟（motor simulation）在认知中起关键作用的理论取向（Gunther，Dudschig，& Kaup，2017；Marino，Borghi，Buccino，& Riggio，2017；Moseley，Carota，Hauk，Mohr，& Pulvermüller，2012；Pezzulo，Candidi，Dindo，& Barca，2013；Schuil，Smits，& Zwaan，2013；Sinigaglia，Guan，Meng，Yao，& Glenberg，2013；Taylor & Zwaan，2009），即运动模拟理论，例如，基于动作的语言理论（Action – Based Language，ABL）（Glenberg & Gallese，2012）与神经利用假设与神经复用假设（Neural Exploitation Hypothesis and Neural Reuse）（Gallese，2008；Gallese & Cuccio，2018）。

1. 基于动作的语言

Glenberg 与 Gallese（2012）借用 Wolpert 等（2003）提出的运动控制计算模型（Computational Model of Motor Control）来构建基于动作的语言模型。在 Wolpert 的模型中控制器（controller）与预测器（predictor）是其基本类型。控制器用于对运动指令的计算，以控制效应器的运动轨迹和力量。预测器则利用控制器输出的指令复本来预测动作执行的效果。每个控制器与相应的预测器构成模块（module），以快速实现控制的模块化选择和确认（Modular Selection and Identification for Control，MOSAIC），或不同层级控制的模块化选择和确认（Hierarchical Modular Selection and Identification for Control，HMOSAIC）。Glenberg 与 Gallese（2012）认为，语言系统和运动系统一样，都是要产生符合环境的有效反应。运动系统通过对指向目标的运动功能性组织（HMOSAIC）来产生与环境相符的有效行为。依据这一理论，语言理解相当于执行动作时预测的感觉运动或情感效应。例如，一旦听到"walk"这个词，人的言语镜像神经就会同时激活言语模块和动作模块。其后，目标词的预测器（感觉的、运动的或情绪的）就要预测执行动作的结果。也就是说，相同的层级机制在动作的控制和预测中使用，也在语言加工过程中产生的语法系统中使用。Glenberg 和 Gallese（2012）关于他们的模型作出了两个明显假设。首先，这一模型不仅限于对言语指令的解释，而且能覆盖语言的所有领域。其次，运动系统虽然是最为重要的贡献者，但仍然与其他的身体系统（比如，知觉系统）相互协作起作用。

2. 神经利用与神经复用

"神经利用（neural exploitation）"与"神经复用（neural reuse）"是 Gallese 提出的两个概念（Gallese，2008；Gallese & Lakoff，2005）。神经复用是指原本用于感觉 - 运动的神经资源/系统在执行原有功能（即神经利用）的同时获得的新责任，成为语言和概念性思维的神经基础。感觉运动系统，原来用于指引我们与世界互动，一旦在功能上通过抑制回路的方式从普遍的最终运动路径上割裂，并且动态地与其他皮层区域重新联结，这其中就包括大脑的前额叶区，这样就能为新获得的认知技能服务。

任何复杂的协同动作的执行至少要使用两个皮层区——前运动区和运动皮层，二者通过双向的神经联结起来。运动皮层主要控制个体的协同简单运动，例如，伸直和弯曲手指，转动手腕，伸直和弯曲手肘等。前运动皮层更为复杂：将简单的运动行为结构化成协调的运动动作。前运动皮层因此必须为动作提供一个"阶段结构"，具体到特定阶段的特定参数值，例如，在恰当的时间点激活恰当的皮层 - 脊髓神经元束。信息通过从前运动皮层到具体的初级运动皮层的具体区域的神经联结进行传递。以镜像神经元为例，控制动作执行的前运动回路同样成为观察他人动作的具身模拟的基础。在运动系统中有"结构化的"神经功能框架（"structuring"neurofunctional architecture），其功能的实现依据两种操作模式。第一种操作模式中，运动脑回路与运动效应器和/或其他感觉皮层区域的神经联结，结构化动作执行与动作知觉、模仿和想象。当运动被执行或模仿，皮层 - 脊髓路径被激活，引发肌肉的活动并确保运动执行。当动作被观察或模仿，它实际的执行被抑制。皮层运动网络被激活（尽管它的成分并不是全部，可能也不以相同的强度活动），但动作仅被模拟，没有产生实际行动。

在第二种操作模式中，相同的运动网络从它的动作执行/知觉功能割裂开，可以为大脑的非感觉—运动部分提供结构化的输出（Gallese & Lakoff，2005），其中背侧前额叶皮层最可能起着关键作用。当启用第二种操作模式时，运动系统的神经功能框架为掌控语言和思维的等级结构发挥着作用。依据神经利用假设，例如，不同的手/口目标相关运动动作的神经映射构成的前运动词汇（premotor vocabulary）（Rizzolatti & Arbib，1998）中的"词"不仅能聚合并相互连接用于形成具有目的性的"动作句子"；它们也能聚合并互相连接以形成结构化的句子和思维，这样，经验上语言意义就扎根于与其他功能共享的功能（Gallese，2008）。

通过神经复用，不同脑区通过与不同脑回路的动态功能联结参与到不同的功能中。因此，神经复用不仅使皮层运动系统加工和整合知觉刺激成为可能，也为其与语言功能的不同方面的紧密关系提供了可能机制。感觉－运动系统作用于意义建构加工，这在帕金森患者和运动障碍患者的研究中也得到了确认（Cardona et al.，2014；Mahon & Caramazza，2008）。

与早期的具身理论相比，无论是经验痕迹理论还是动作模拟理论都更为具体化和有针对性，并且更依赖于神经科学证据。然而这些理论更多强调各类概念和认知过程的共性，而没有考虑表征对象的差异性问题，这在解释某类概念，特别是抽象概念时就会产生局限性。此外，两种理论都没有考虑语言或概念的获得过程，这限制了理论的解释力。

近年来具身认知理论又发展出多个具身性的抽象语言加工理论，这将作为第二章的主题，在其后作出详细介绍与讨论。

二、具身认知研究的方法

（一）认知加工与感觉运动的交互作用范式

1. 认知与知觉的匹配性

（1）通道转换消耗范式。通道转换消耗（switching costs）是指大脑前后加工同一感觉通道的信息，前面信息会对后面的加工产生促进作用；如果前后信息的感觉通道不同，则会产生干扰作用，即通道转换消耗。这种效应最早在感知觉研究中被发现，之后被用于概念的研究中，以证明概念中同样存在感知觉成分。

　　Pecher 等人设计了概念特征识别实验以考察概念加工中是否也存在通道转换消耗。实验中，要求被试判断某一个概念是否具有某一个特征属性，例如，"apple – red"，被试要判断"red"是不是"apple"的属性。这些概念属性来自视觉、听觉、触觉、味觉、嗅觉和动觉。每次一对概念 – 属性先后呈现在屏幕上让被试作出属性判断，而研究者操控的是前后两次属性判断是否属于同一感觉通道。例如，同一感觉通道：前：苹果—红色，后：天空—蓝色；不同感觉通道：前：苹果—红色，后：树叶—沙沙声。分析两种条件下后面的属性在进行判断的反应时间与正确率，结果发现，同一通道比不同通道的反应时间更短，正确率更高，即出现了通道转换消耗效应，这证明了概念加工具有与知觉加工相类似的属性，概念加工包含感知成分（Lebois, Wilson – Mendenhall, Simmons, Barrett, & Barsalou, 2018；Pecher, Zeelenberg, & Barsalou, 2004）。同样的实验范式检验情绪概念的转换消耗（Vermeulen, Niedenthal, & Luminet, 2007）以及情绪属性与其他感觉通道之间的转换（Tucker & Ellis, 1998），该范式也被用于否定的研究（Hald, Hocking, Vernon, Marshall, & Garnham, 2013）。

　　（2）词对匹配范式。词对匹配范式是指通过探测两个在指代物上存在某种关联的词在语义判断上是否会受到其指代物的知觉性质的影响，从而考察词语加工中是否存在知觉表征的方法（Zwaan & Yaxley, 2003, 2004）。词对匹配范式有多种形式，下面以词对与其指代物形状的匹配范式为例加以说明。Zwaan 和 Yaxley（2004）控制启动词与目标词的指代物在形状上相似或不相似，例如，词的指代物形状相似的：启动词"比萨"和目标词"钟表"的指代物；形状不相似的：启动词"比萨"和目标词"脸颊"的指代物，要求被试判断启动词与目标词的语义相关性。虽然两组的反应都是否定，但是却发现形状相似组比不相似组的反应时间短、正确率高。这说明词语加工过程中自动激活了其指代物的形状信息。

　　（3）句图匹配范式。句图匹配范式所基于的假设是：阅读一个句子就会激活被试对所描述的情境进行模拟，认为句子描述的情境会启动与之相关的表象，从而促进与之相关的知觉信息加工。Stanfield 和 Zwaan（2001）的实验证明了这一点。研究中，被试先看屏幕上的一个句子，句子有两个版本，分别描述同一事物的不同状态；间隔极短时间后，屏幕上出现一张图片，图片也有两个版本，都与句子描述的状态相匹配。被试的任务是判断图片中的事物是否在前面的句子中被提及。例如，呈现完句子"冰箱里有鸡蛋"与"平底锅中有鸡蛋"后，分别呈现"完整的带壳鸡蛋"或"打开的平摊鸡蛋"的图片。句子的两种条件与图片的两种条件交叉匹配就构成了：句子—图片匹配条件与句子—图片不匹配条件。实验结果表明，读完"冰箱里有鸡蛋"后，对匹配的图片要比不匹配的图片的判断反应时间要短。这表明人们阅读句子时会自动激活与之相符的知觉表征，这与具身认知的假设相一致。这一范式得到了广泛应用（Barsalou, Niedenthal, Barbey, & Ruppert, 2003；Kaup, Lüdtke, & Zwaan, 2006b；Kaup, Yaxley, Madden, Zwaan, & Lüdtke, 2007），也衍生出了句子—垂直空间匹配范式（Burdelski, 2010）与句子—水平空间匹配范式（Yang & Kleinman, 2008）。

（4）语篇内容探测范式。具身的语言理解观点认为，阅读过程中读者是一位语言所描述的场景、事件的浸入式的、身临其境的理解者。理解者往往采取主角的视角来体验所描述的情境，情境中提及的人或物会表现出经验性特点。基于这一假设，具身的语言理解研究中采取了语篇内容的探测范式。通过控制某一具身因素，例如，时间、是否在主角的视野中、过去时还是进行时等，来探讨语篇加工中是否存在知觉经验模拟。例如，Kelter 等（2004）研究中让被试阅读一段语篇，在第一句中放一个关键的最后要探测的词，中间插入一句话，这里操控的自变量是时间。例如，插入的句子持续时间短（进入厨房把饼干放到盘子里）和持续时间长（进入厨房用烤箱烤饼干），最后一个句子呈现完后，呼应第一句中的探测词，记录探测词的阅读时间。结果支持具身的观点，长时间条件下的反应时间长于短时间条件。

2. 认知与运动的匹配性

具身理论中支持动作模拟在认知作用的研究多采用认知与运动的匹配范式，包括动作—句子匹配范式（Action-sentence Compatibility Effect, ACE）（Glenberg & Kaschak, 2002）和动允性匹配效应（Affordance Effect）（Borghi et al., 2017）。

（1）动作—句子匹配范式。动作—句子匹配往往采取一个包含特定动作动词的句子，这个动作动词可以是具体的也可以是抽象的，然后要被试作按键反应。这个反应的设计分两类，一是动作方向与动词方向是一致的，另一类是与动词方向不一致的。例如，在 Glenberg 与 Kaschak（2002）的研究中，向被试呈现"打开/关上抽屉"的句子，其中，"打开"和"关上"分别意味着趋向或远离身体的动作方向。看完句子后，要求被试判断句子是否有意义。键盘是竖起来的，键盘上设计了三个键用于实验，一个居中，判断前要求被试把右手食指放在中间的键上，剩下的一个是远离身体的键，另一个是趋近身体的键。控制被试作出有意义的反应键在远离的键上或趋近的键上。结果发现，句子动作暗示的方向与反应动作的方向匹配的条件下反应更快。

（2）动允性匹配效应。心理学家发现，在屏幕中呈现一个可抓握的物品，例如，有把手的杯子，杯子的把手或朝左或朝右，朝左与左手抓握一致，朝右与右手抓握一致。实验要求被试判断物品是正立还是倒立。结果发现，物品把手的朝向会促进执行抓握反应的手的反应。这就是动允性匹配效应，也被称为朝向效应（Tucker & Ellis，1998）。这与具身认知理论一致，知觉客体会自动激活人们与之互动的动作程序。此后，动允性匹配范式得到了广泛的探讨与应用（Pellicano，Iani，Borghi，Rubichi，& Nicoletti，2010；Roux - Sibilon，Kalenine，Pichat，& Peyrin，2018）。

（二）情绪与感知运动的交互作用范式

1. 趋近 - 回避范式

趋近 - 回避范式（Approach - Avoidance Effect）是基于情绪的具身假设，即对积极的情绪刺激人们更容易趋近，而对消极的情绪刺激则倾向于回避（Chen & Bargh，1999；Phaf，Mohr，Rotteveel，& Wicherts，2014）。实验中先向被试呈现要判断的情绪刺激，然后要被试推拉杠杆判断前面刺激是"好"还是"坏"，一半被试被要求"好"趋近，"坏"远离，即匹配条件；另一半被试则要作相反反应，即不匹配条件。结果发现情绪与趋近 - 回避之间有一致性效应。这一范式后来又得到修改（Rotteveel et al.，2015），广泛用于情绪的具身化研究。

2. 情绪加工与面部肌肉控制范式

如果情绪是具身的，情绪扎根于动作，那么主要的动作就应该是面部的肌肉运动，因此，情绪词应该会诱发面部对应的主要肌肉群的运动。研究发现在阅读情绪词语的同时同步记录被试面部的肌电反应，结果发现积极情绪词比消极情绪词在颧大肌上肌电反应强烈，在皱眉肌上则相反（Foroni & Semin，2009）。

反过来，如果激发或抑制面部特定的肌肉运动，将会影响人们的情绪反应。研究者通过不同的咬笔方式（牙齿咬笔和嘴唇咬笔）来控制被试的主要笑肌颧大肌，牙齿咬笔让被试的笑肌处于激活的状态，而嘴唇咬笔则处于抑制状态。在咬笔的同时让被试判断一段漫画的幽默程度，结果发现牙齿咬笔组比嘴唇咬笔组更倾向作出幽默判断（Strack，Martin，& Stepper，1988），嘴唇咬笔会干扰愉快面孔的识别（Neal & Chartrand，2011）。这种激活和抑制控制在情绪词理解上同样起作用（Davis，Winkielman，& Coulson，2015），并得到了肌电和脑电证据支持（Davis，Winkielman，& Coulson，2017）。与之相类似，当研究者控制了悲伤的主要肌肉皱眉肌时，发现被试在理解悲伤的文字上出现困难，但对其他情绪文字的理解并未受损（Havas，Glenberg，Gutowski，Lucarelli，& Davidson，2010）。

3. 情绪与相关动作的匹配范式

研究发现与情绪表达相关的动作会对情绪或情感判断产生影响。例如，要被试判断一款耳机的质量，分别告诉两组被试要不断点头或摇头才能作出真实的检验，结果发现点头组比摇头组更容易给耳机积极的评价（Förster & Strack，1996）。此范式在真相判断中也得到了相类似的结果（Moretti & Greco，2018），身体姿态也发现了类似的效应（Stepper & Strack，1993）。

最新的具身理论研究提出嘴部运动与情绪加工密切相关，并且发现在婴儿期长期使用安慰奶嘴的儿童，其情绪能力会受到损害（Niedenthal et al.，2012）。基于此，有研究者利用运动实验来探讨面部情绪表情的嘴部运动成分对观察者模拟运动的影响。先向被试呈现线索，提醒其要执行的是哪种运动，咧嘴或噘嘴；随后让被试观察四种有意义的嘴形（例如，微笑，愤怒，亲吻和吐口水）和两种无意义的嘴形的其中一种，以持续 3 秒钟的短片形式呈现，在观察过程中，被试的嘴部要保持闭合；最后是一张中性图片，此时要求被试尽快准确地做出所要求的咧嘴或噘嘴的运动。记录并分析反应时间和运动的肢体运动参数（幅度、持续时间和平均速度）。结果发现，所观察的运动效价会影响模拟运动，但依赖于具体的运动需要（Tramacere，Ferrari，Gentilucci，Giuffrida，& De Marco，2017）。

（三）抽象概念表征的具身研究范式

抽象概念的表征一直是命题理论与具身理论争论的核心，在这方面具身认知理论基于抽象概念的隐喻加工，认为抽象概念通过隐喻映射与具体的感知运动特性建立联系，实现具身表征，发展的研究范式在形式与方法上与上面介绍的感觉运动范式接近。也有心理学家认为，抽象概念的表征是多维度的，而非仅限在感知运动和情绪方面，因此发展出多维度评价范式。

1. 抽象概念的感觉运动属性研究范式

这类范式基本上分为两类，一类是探讨抽象概念表征中的感知运动属性（Farias et al.，2013），另一类是探讨身体的姿态或运动对抽象概念表征的影响（Fay & Maner，2012）。

第一类具身研究范式包括，描述刻板想象的文字（"粗鲁"或"礼貌"）会启动相对应的行为（Bargh，Chen，& Burrows，1996），表达不同明暗度的词语会引发瞳孔不同的收缩程度（Mathôt，Grainger，& Strijkers，2016）。以道德概念的垂直空间隐喻范式为例，要求被试出声读出屏幕中央的道德词后，对屏幕上方或下方的希腊语非词进行二择一迫选，发现被试读出道德词后倾向于选择屏幕上方的非词，读出不道德词后倾向于选择屏幕下方的非词（Wang，Lu，& Lu，2016）。这种实验范式用于不同卷入欺负行为儿童的道德概念垂直空间隐喻研究，得出了有价值的结果（鲁忠义，郭娟，冯晓慧，2017）。

第二类具身研究范式包括改变触觉感受会改变人们对他人的态度和看法的研究（Ackerman，Nocera，& Bargh，2010）。例如，不同的温度觉带来不同的友好感的判断（Williams & Bargh，2008），垂直空间上的"上"与"下"会影响人们的权力判断（Schubert，2005b），视觉上的明暗线索对道德判断的影响（殷融，叶浩生，2014）等。以权力姿态为例，研究者分别安排两组被试保持某一权力姿态两分钟，高权力组以双手叉腰双足叉开站立，低权力组双手交叉于身前，双腿交叉站立。然后要两组被试在他人面前发表一段应聘演说，结果发现，高权力组比低权力组表现得更为自信，更受招聘人员的欢迎（Cuddy，Wilmuth，Yap，& Carney，2015）。

2. 多维度评价范式

新的抽象概念的具身理论认为，抽象概念的表征远非只有感知运动和情绪特征这些维度，而是涉及更多维度的参与。使用多维度评价范式来检验不同维度在抽象概念表征中的贡献（Crutch，Troche，Reilly，& Ridgway，2013；Crutch，Williams，Ridgway，& Borgenicht，2012）。例如，Crutch 等（2013）让被试从不同维度，例如感觉、情绪、动作、思维、社会互动、道德、执行功能、量化、时间、空间和极性（polarity）为概念评分。在多维度评分的基础上，产生高维度的语义空间，概念间的语义联系就通过彼此间的距离进行表征。这种方法在失语症患者那里得到了检验，即此类患者在区分语义空间彼此接近的目标词时非常困难。这也得到了眼动研究的支持（Primativo，Reilly，& Crutch，

2017）。与之相似的实验范式还有特征产生任务（feature generation tasks）和标识语言（Borghi et al.，2017）。

三、具身认知的神经心理学成果——镜像神经系统的发现

镜像神经元（Mirror Neurons）是指在用手或嘴执行一个客体相关的动作时会放电，在观察其他个体做出相同或相似的动作时也同样会放电的一种神经元。它最早在恒河猴身上被发现（Rizzolatti et al.，1996），其后在人类大脑中也有相同的报告。镜像神经元发现的意义在于，它的存在意味着在动作知觉和动作执行两个阶段可以是同步的，知觉与动作之间存在紧密关联，这是对传统神经科学的突破。因为传统神经科学认为，感觉神经元和动作神经元是分离的，并不存在"感知－运动神经元"（Rizzolatti & Fogassi，2014）。基于此，镜像神经元的发现被认为是最近十年来神经科学最重要的发现之一（Ando et al.，2015），同时它的功能也是最具争议性的热点领域（陈波，陈巍，张静，袁逖飞，2015；叶浩生，曾红，苏得权，2017）。

（一）镜像神经系统

无论运动是否需要完成，镜像神经元激活的大多数情况是具体的、目标相关的运动动作。它们不仅包括编码执行的/观察的运动动作目标，还编码整体的动作意图。但也发现有的镜像神经元在动作观察的过程中，当所观察的动作并没有目的物时，会表现出完全的激活抑制，这被认为是观察动作时的自我运动抑制（Fogassi et al.，2005）。

在大脑中分布于不同脑区的镜像神经元构成了镜像神经系统（Mirror Neurons System，MNS）。恒河猴的大脑皮层运动前腹侧区域（F5 区）（Rizzolatti et al.，1996）和顶下小叶（PFG）发现了镜像神经元（Fogassi et al.，2005）。而人类大脑中颞中回（middle temporal gyrus，Brodmann 21 区）、颞上沟（superior temporal sulcus，STS）和额下回尾部（inferior frontal gyrus，IFG，Brodmann45 区）、顶下小叶（inferior parietal lobule）、前额皮层腹侧（ventral prefrontal cortex）也证实存在动作观察和动作执行匹配的镜像神经系统（Mukamel et al.，2010；Plata－Bello，Modrono，Marcano，& Gonzalez－Mora，2015）。

镜像神经系统的神经环路包括三个脑区（见图 1－1），即额下回后部、腹侧前运动区的联结处与顶下小叶前部以及颞上沟后部。其中前两个脑区是镜像神经元网络的组成部分，第三个在镜像神经系统核心区域定义之外（Iacoboni &

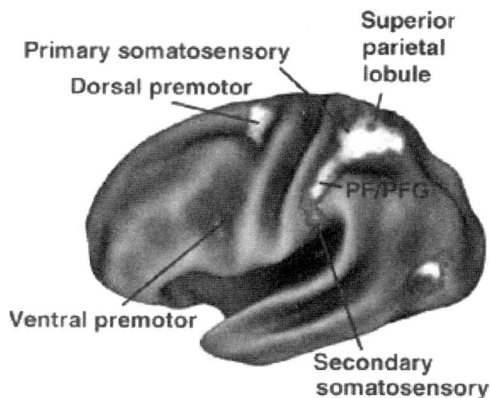

图 1 - 1　人类的镜像神经系统

注：图 1 - 1 摘自（Keysers & Gazzola, 2009）。

Dapretto, 2006）。EEG 研究还发现，动作观察会引起观察者感觉运动皮层内部 μ 波节律的抑制性变化，这种变化与个体在动作执行过程中出现的 μ 波节律变化非常相似（Hobson & Bishop, 2016; Nyström, Ljunghammar, Rosander, & Von, 2011）。"μ 波抑制"（mu rhythm suppression）现象也成为检验人类大脑中镜像神经元系统活动的重要生物学指标（陈波，陈巍，张静，袁逖飞，2015）。

（二）镜像作用——镜像神经机制

"镜像机制"（Mirror Mechanisms）是指灵长目动物大脑中的镜像神经元和人类大脑皮层中的镜像神经系统中把动作知觉和动作执行进行匹配的功能。镜像作用支持了知觉和动作一体化的"直接匹配假设"（direct - matching hypotheses）。动作和知觉的功能契合是高级认知功能中的一个关键机制，支持了认知的"具身"学说。镜像神经机制是将观察他人的动作、情绪或感觉所形成的知觉表征映射到观察者自己的身上，从而形成相应的动作、情绪或感觉表征，好像自身在演练那个动作或体验那种情绪或感觉。镜像神经系统成为模仿、语言理解、理解他人意图、共情和社会交往的神经基础（Gallese & Sinigaglia, 2011）。

1. 模仿

镜像神经元的活动是模仿行为的基础，模仿能力的强弱来自个体对外界接收信息并按此发起新活动能力的大小。大量实验证明了镜像神经系统，如 Broca 区参与了模仿过程，并在模仿过程中被较多地激活（Carr & Winkielman, 2014;

Iacoboni，2005）。儿童在发育与成长过程中，正是这样一种模仿机制起了关键作用。对外界活动所作出的内在镜像神经元的激活，成为人类与灵长类动物喜欢模仿的原因之一（袁逖飞，陈巍，丁峻，2007；陈武英，刘连启，2013）。

2. 语言理解

镜像神经元对运动和视觉都敏感，这在神经生理水平上为共同代码提供了证据。人类的镜像神经元具有独立于观察视角的特点，无论这种姿势是否有目的对象，都会对暗示的动作和社交的手势敏感。重要的是，人类的镜像神经系统也包括布洛卡区，左侧言语产生的中心区（Fischer & Zwaan，2008）。这种发送与接收的直接传递机制，让个体可以不通过认知过程直接理解其他个体所表达的信息。镜像神经系统成为研究语言出现与进化的一个范例（Corballis，2010；Gallese，2008；Knapp & Corina，2010；Moreno，de Vega，& Leon，2013）。

镜像神经系统可以对手势语言作出快速反应，促进了交流的效率；即便没有看到完整的动作，镜像神经仍然可以作出反应。研究证明一些手部对应的运动皮层会在诵读中激活，行为学实验也证明了手部动作与发音动作相关联。镜像神经系统的进化可能伴随了语言的进化，而其功能则很可能牵涉儿童语言的学习，它的缺失或模糊都很有可能引起严重的社会性活动功能失调，如自闭症等（Iacoboni & Dapretto，2006；Rizzolatti & Fabbri‐Destro，2010）。

3. 理解他人意图

镜像神经元针对的是动作目标，是对动作意图的理解，具有某种"认知"属性。镜像神经元在感知和运动之间匹配的属性支持了有关意图理解是基于身体构造、源于身体经验的观点。研究发现，有不同的镜像机制在意图理解、模仿、语言和情绪体验等社会认知活动中发挥重要作用，认为可能存在许多不同的镜像神经元系统（Rizzolatti，Cattaneo，Fabbri‐Destro，& Rozzi，2014）。

4. 共情

镜像神经系统被认为是共情（empathy）的神经基础。通过镜像神经元可以将他人所体会的情感过程转移到自己身上，甚至也可以将类似的动作表达出来。观看他人的情绪与自己体验相同的情绪时，镜像神经系统都会激活。大脑镜像神经元区域（IFG）和情感表征区域（杏仁核）在共情过程中共同被激活（Pfeifer，Iacoboni，Mazziotta，& Dapretto，2008），前脑岛（AI）把边缘系统（limbic system）与镜像神经系统（MNS）连接起来，在共情中具有重要的桥梁作用（Carr & Winkielman，2014）。但也有不一致的结果（Molenberghs，Cunnington，& Mattingley，2012），镜像神经系统在共情中的作用有待进一步研究。

研究者认为镜像神经元的发现对具身认知理论具有认识论、方法论和社会意义（叶浩生，2016）。

除了镜像神经系统，很多其他脑区也在概念表征或语言加工起着作用。例如，颞上回（Superior Temporal Sulcus，STS）会参与动作理解，甚至比镜像系统的神经细胞更为熟练（Perrett，Mistlin，Harries，& Chitty，1990；Perrett et al.，1985）；客体的再认/理解涉及腹侧视觉带，客体的意义加工则位于颞叶（Hickok，2009）；对表达特定效应器的词语（例如，手、手臂、脚等）的理解会激活相应的效应器的对应运动区（Tettamanti et al.，2008）。

认知神经科学的证据为具身认知的理论提供了更为坚实的实证基础，但技术手段的限制与操作定义的不明确也出现了研究结果可复制性较低的情况，因此，仍需更多的证据支持具身认知观点。

第三节　具身理论的应用领域

具身理论与实验研究的蓬勃发展，也激发了认知神经科学领域之外的研究者兴趣，他们探讨了具身理论对实践领域的影响，例如，在教育领域发展出了具身教育课程（embodied education curriculum），医疗领域出现了镜像疗法（mirror therapy）。这些实践成果在推动了其所在领域进步的同时，也对发展和完善具身认知理论提供了佐证。本节将关注具身认知理论在教育教学和医疗领域的应用，探讨这些实践成果的价值与意义。

一、具身教育

具身认知理论的实质是身体，特别是知觉、动作和情绪所涉及的身体系统对"高级"认知加工的重要贡献，这对教育有重要意义（Glenberg，2008；Ionescu & Vasc，2014）。具身认知在语言理解、阅读、数学、科学思维、德育、社会性与审美能力等方面的理论与实验证据都为从具身视角开展教育实践提供了丰富的理论支撑，发展出了具身教育课程体系。

基于具身认知的基本原理，具身学习的基本原则概括为身心一体原则（inseparability principle）、心智统一原则与扎根原则（grounded principle）（叶浩生，2015）。在这些学习原则基础上，发展出具身教育。具身教育的核心内涵是构建身体与精神共同参与的整体课程模式，在实施过程中要将身体从理论架构中还原到课程的诸要素之实践场域中，同时注重由身体生成的体验学习与生活环境，强调人与人之间的身体互动，摒弃"学习绑架"和"单向灌输"，倡导由学习者的身体行动引发社会性知识建构和概念生成。在此基础上，实现传统的抽象的教学关系向身体间性（inter‐body）的转变（陈乐乐，2016）。具身教育课程的核心观念是身体成为个体概念形成与意义建构的构成部分，是身体和心智参与其中的"整合的知识建构学习活动"，这种整合包含身体、空间和社会情境的思维意识。具身课程模式中，身体成为学习的构成部分和中介因素（陈乐乐，2016）。

目前具身教育已经取得了一定的实践成果，主要体现在智育、德育和艺术教育方面。

（一）智育

1. 数学的具身教学

Lakoff 和 Núñez（2000）提出在数概念、算术和一般意义上的数学运算创建和概念化扎根于概念隐喻和想象运动。数概念的隐喻是"数是客体集合"（Lakoff & Núñez，2000），一个从物理客体域到数域的映射，算术呈现空间表征的特性，想象运动在算术运算概念化上起着重要作用。已有的实验也验证了数学的具身观点。研究表明，手指感知运动与数量表征密切相关（Crollen，Dormal，Seron，Lepore，& Collignon，2013；Patro，Nuerk，& Cress，2015），手指的知觉丧失或动作缺陷与数认知能力缺陷相关。数量的大小与物体的大小匹配性、抓握运动加工相关（Andres，Ostry，Nicol，& Paus，2008）。数量与空间的这种对应关系，会因为全身运动的参与而得到增强（Glenberg，2008；Link et al.，2013）。

目前，基于具身思想的教育实践已经在数学教学中有所实践。例如，有教师认为数学实验在小学数学教学中有重要作用，提出了通过数学实验实现身体、环境、心智共同参与的学习方式（卢琴，2018）。也有教师开始在小学数学课程中，尝试通过"环境中的行走，加强对度量单位的感知"来完成长度单位的教学；"基于操作中的探究"来加强对立体几何的认识；通过"寓于想象中的推理，形成结构化的知识体系"来进行空间推理的教学（王翠，2017）。

2. 语言的具身教学

对于语言的获得、理解与产生具身认知理论已经进行了深入的研究，并取得了丰硕的成果。研究表明语言加工扎根于感觉－运动区（Newcombe，Campbell，Siakaluk，& Pexman，2012；Pecher et al.，2004），表现出知觉和运动属性（Bridgeman & Tseng，2011；Casado et al.，2018；Guan，Meng，Yao，& Glenberg，2013），其中嘴部的运动在其中起重要作用（Borghi & Zarcone，2016）。基于这些理论成果，具身性质的教学实践在从小学到大学的语言教学中得到了蓬勃发展，被广泛应用于母语教学和第二语言教学（Glenberg，2008；邵楠希，王珏，2017）。

例如，在小学语文教学中，有教师就基于具身认知原则突出了身体的重要性，提出可以从身体式的情境创设、身体式的感受和理解到基于身体自由的朗读和朗诵（董芬，彭亮，2016）。具身认知思想也被用于指导学生写作的教学思考中，提出情绪调动和情境营造在习作教学中都扮演着重要角色，"认知—身体—环境"的一体化，更能激发学生的表达欲望，提升写作能力（张忠艳，2016）。

这种身体卷入的教学操作在小学英语教学中也得到了尝试（尹菊芬，2016；周倩，2012），强调环境的创设与身体各感官的全面参与。在大学应用教学中，具身的教学模式则突出了问题导向、师生互动、动态情境、在身的学习过程和延展性的教学方式，并对该模式进行了深入的讨论（崔中良，王慧莉，2017）。

此外，在其他学科的教学中具身教育也有所发展（胡扬洋，2015）。具身教育还渗透到学前教育（陈巍，陈喜丹，2015）与家庭教育中（陈建翔，陈建淼，2012）。

（二）具身德育

具身思想在德育领域产生了广泛的影响，并推动了具身德育（Embodied Moral Education）在我国教育界的产生（史娟红，2017）。具身德育立足于道德学习过程，认为道德学习是社会价值的内化，是个体经验类化和知情行整合的结果，本质上是体验式学习（王健敏，2017）。

具身德育是指源于具身认知的德育，是指身体经验同道德认知与判断等心理过程相互嵌入和相互影响的过程。具身德育主张德之根在心，人之本在劳，强调正心立德，劳动树人，德福一体，正心和劳动成为教育立德树人的"根""本"，将心理、体力、脑力以及产生心理的客观现实、劳动（体力和脑力）的情景和成果等有机结合起来，将道德融入身体、心灵深处，融入言谈举止生活习惯细处，成为人全面发展完整的有机成分，成为通向幸福人生的桥梁和保障（孟万金，2017）。具身德育模式指"身体、情境、行动、认知、情感、养成、开放"七位一体的育人模式。其中，强调了身体及其行动与情境在德育中所起到的关键作用，并认为道德的知、情、行要统一于德育过程中，融入开放的环境中（孟万金，2018）。

有研究者将具身认知理论引入到高校大学生的思想政治教育中，教育理论上强调心智模式培养，教育内容与方法上强调"身体"参与其中，教育环境上注重与各因素之间的积极互动（许先文，王丹青，2013）。

以上都是将具身认知的思想与理论成果积极应用到德育教育中的思考，但仍缺乏实践成果，仍需要进一步的深入研究。

（三）艺术教育

镜像神经系统被认为具有知觉、共振、联结的功能，在人类知觉客体而产生共振的过程中起着关键作用，是在同情心的基础上发展出审美能力的生物学基础。具身认知理论为艺术教育中如何理解自我、客体与他人之间如何产生共鸣提供了理论解释（Jeffers，2009）。镜像神经元与艺术和审美活动中的模仿、内模仿、审美感知和审美理解等心理现象相关联（王庆卫，2011）。

在此基础上，有研究者提出小学生的美育新途径应注重引导学生利于自己的感官"情悟美"，校园环境与文化建设要追求"环境美"，在音乐、美术以及书法等艺术类课程教学中要培养审美的感知、理解、欣赏和创造能力（姜晓芳，陈彦垒，2013）。

虽然具身认知理论还不够成熟，仍需提炼，理论上还缺乏在教育实践中的针对性，教学模式上也不够完善，特别是缺少严格的教育实验加以验证，但是已经开始影响、渗透甚至应用于具体的教育教学活动中。不过具身理论自身的分歧性与争议性，特别是镜像神经元研究结论的不一致性，也限制了具身理论在教育领域中的应用（陈建翔，陈建森，2012；陈巍，汪寅，2013）。因此，对具身教育应秉持开放但严谨的态度，稳步推进，谨慎观察，以促进教育教学的进步。

二、具身理论与医疗

(一) 镜像疗法与运动能力康复

镜像疗法（Mirror Therapy）又称镜像视觉反馈疗法，1995 年首次提出并应用于幻肢痛患者疼痛治疗中（Ramachandran, Rogersramachandran, & Cobb, 1995）。镜像疗法是指利用平面镜成像原理，将健康一侧肢体活动的画面复制，让患者想象患病一侧肢体的活动，通过视错觉、视觉反馈以及虚拟现实，结合康复训练项目而组成的治疗手段，现已被应用于幻肢痛和脑卒中后偏瘫肢体功能康复。镜像疗法机制被认为与镜像神经元有关。

研究发现镜像治疗能够有效地改善脑卒中患者患病一侧肢体的运动能力（Ezendam, Bongers, & Jannink, 2009；Thieme, Mehrholz, Pohl, & Dohle, 2010）；李怡君，林克忠，郑筱儒，2015；刘雪枫，柳维林，谢秋蓉，何坚，2015；郑苏，胥婧，彭力，2018），这表现在 μ 波段脑电波的抑制（即 μ 抑制），被认为与镜像神经元的活动相关（刘雪枫等，2015），病灶区的结构改善（张晓钰，桑德春，王丽华，2013）。此外，镜像治疗结合其他疗法也被广泛应用于脑卒中后的康复治疗中（吴艳，杨建全，2017；张国兴，丘开亿，2017；郑苏 等，2018），并且不仅限于肢体运动，还有吞咽障碍（陆绍勇，2017）。这都表明镜像治疗有助于脑卒中后运动能力的康复。

幻肢痛是指截肢后主观感觉客观缺失的肢体出现不同类型、不同程度的疼痛。镜像疗法应用于幻肢疼痛的治疗，也取得了较好的疗效（Ezendam et al., 2009；王杨，王季，何爱群，2017；张国兴，丘开亿，2017）。

此外，镜像疗法还被用于周围神经损伤后、面神经炎与脑性瘫痪等的康复治疗（姚淑珍，勾丽洁，刘旭东，王芳，2017），以及肢体移植再造术后复合感觉的训练等（傅育红，莫兰，李月玲，2016）。

(二) 孤独症患者治疗

孤独症，也称自闭症，全称自闭症谱系障碍（Autism Spectrum Disorders, ASD），是一种广泛性的发育障碍，其主要症状表现为社会交往能力不足，语言沟通能力障碍，行为刻板、重复和兴趣缺失。关于孤独症的病因，有很多假设，而目前很多具身取向的研究者认为，孤独症患者的障碍可能部分上与镜像神经系统异常相关（Rizzolatti & Fabbri - Destro, 2010；王丽娟，陈鑫，2009），并提出破镜理论（broken - mirror theory）（Iacoboni & Dapretto, 2006）。镜像神经系统与孤独症在动作以及模仿缺陷、心理理论、共情缺陷和语言缺陷都有内在关联（潘威，陈巍，汪寅，单春雷，2016；汪寅，陈巍，2010）。

对孤独症的治疗和训练，有研究者从具身角度出发，提出孤独症学习的特殊性体现了孤独症个体基于自身具身性的另一种存在方式。身体上的特殊性带来了主体经验世界的方式改变。看似"反常的"和"无意义"的行为和情绪，对于孤独症个体而言，是连贯且有意义的特殊方式。基于此提出各种干预都应以对身体的尊重为起点，鼓励他们用更为灵活多变的方式与人相处，关注孤独症的隐性学习能力等（何静，2016）。需要注意的是，孤独症教育与治疗中还未出现可操作性的具身治疗手段，这需要不断探索。

此外，也有研究者开始探讨物质成瘾的心理渴求神经机制与镜像神经系统的相关性，即相关线索激活动作脑区（镜像神经），并成为镜像神经功能参与并促进渴求形成的起点（曾红，2012；曾红，叶浩生，杨文登，2013），这已经得到了脑成像研究的证实（苏得权，曾红，陈骐，叶浩生，2016），但这种发现是否发展出成瘾的科学戒断方法还有很长的路要走。

除了上述具身认知理论对教育与医疗的推动以外，具身认知为管理学（翟贤亮，葛鲁嘉，2017）、教育技术学（罗川兰，李建生，2016）等其他学科的发展也提供了新的思路。

第二章　抽象概念表征的具身理论

具身认知理论自 20 世纪 80 年代以来迅猛发展，对传统认知心理学提出了挑战。具身认知理论认为认知、思维和语言根植于感觉、运动（Arbib，2008；Barsalou，1999，2008；Glenberg & Gallese，2012；Glenberg，Sato，Cattaneo，et al.，2008；Horchak，Giger，Cabral，& Pochwatko，2014；Lakoff & Johnson，1980）。其中，具身理论认为抽象概念与具体概念是一样的，它们都具有具身性，表征的基础都在感觉运动，抽象概念往往通过隐喻，即通过将源域的图式结构（具体的感觉运动信息）映射到目标域（非感觉运动信息）上来表达和理解目标域（Lakoff & Johnson，1980）。对具身认知理论的解释力的挑战主要来自抽象概念的理解，即抽象概念没有外在的物理指代物，并且不容易想象（Arbib，2012；Arbib，Gasser，& Barres，2014；Dove，2009；Mahon & Caramazza，2008；Volta，Fabbri – Destro，Gentilucci，& Avanzini，2014），那么人们是如何理解抽象概念的呢？

"如何解释抽象概念"成为具身认知理论与传统符号认知理论激烈交锋的热点，也是具身认知理论内部的分化带，更是具身认知理论提高理论解释力，成为成熟的理论体系的立足点和突破点。因此，本章将着力讨论在抽象概念解释上具身理论的内部分化、主要的理论及今后的发展方向。

第一节　抽象概念——具身理论的分化带

一、具身理论的分化——强具身理论与弱具身理论

随着具身认知理论的迅猛发展，这方面的研究取得了丰硕的成果，认知、

语言与思维扎根于感知运动的基本观点得到了各种研究范式、各个领域以及行为和神经科学研究的支持（Balconi & Bortolotti, 2013；Barca, Mazzuca, & Borghi, 2017；Bechtold, Ghio, Lange, & Bellebaum, 2018；Borghesani & Piazza, 2017；Desai, Herter, Riccardi, Rorden, & Fridriksson, 2015；Erk, Toet, & Van Erp, 2015；Gallese & Cuccio, 2017；Hoffman, 2016；Schaller, Weiss, & Muller, 2017；Tipper, Signorini, & Grafton, 2015；Vatakis, Sgouramani, Gorea, Hatzitaki, & Pollick, 2014；Volta et al. , 2014；陈丽竹，叶浩生，2017；李惠娟，张积家，张瑞芯，2014；杨惠兰，何先友，赵雪汝，张维，2015）。面对这些成果，持传统符号表征观点的研究者也不得不承认，并对原有的符号表征理论进行修正，但仍坚持认为这些感觉运动属性是认知加工的副产品（Khemlani, Orenes, & Johnson – Laird, 2012；Weiskopf, 2010）。

　　具身认知理论也面临着挑战，抽象概念的表征成为备受批评的热点。符号表征理论认为抽象概念没有外在的物理指代物，难以想象，其表征是符号性的，并且指出如果抽象概念加工每次都要调用初级皮层或联合皮层的感知信息，那抽象概念的加工将是一个繁复浩大的工程，这与人们日常熟练地进行抽象概念加工，完成复杂的思维推理的事实并不相符（Patterson, Nestor, & Rogers, 2007；Zwaan, 2014）。同时，在具身认知理论内部，对抽象概念的表征也产生了分歧，争论的核心就在于概念表征中是否需要计算（张博，葛鲁嘉，2015，2017），据此，具身认知理论分化为温和/弱的具身理论（moderate/weak embodiment）和激进/强的具身理论（radical/strong embodiment）。温和的具身理论并不排斥表征计算的观点，而是试图通过引入一些新的概念和方法对传统的认知研究加以改进；而激进的具身理论反对表征计算的观点，认为认知是一种活动。温和的具身理论与传统的观点能够相容，而激进的具身理论则持完全否定的态度（何静，2012；叶浩生，麻彦坤，杨文登，2018）。近来有人又提出了知觉符号表征与命题符号表征共存，在不同任务中共同起作用的看法（Zwaan, 2014, 2016）。有学者也对已有理论进行了梳理，认为目前主流的认知理论是从非具身到激进具身的连续体（Horchak et al. , 2014；Meteyard, Cuadrado, Bahrami, & Vigliocco, 2012），详见表 2 – 1。

表 2-1　具身性的连续体（A continuum of embodiment）

标签	非具身性（unembodied）	次级具身（secondary embodiment）	温和具身	激进具身
语义内容	符号性（symbolic）/非模态的（amodal）	非模态的（amodal）	跨模态整合的（cross-modal integration）/超模态的（supramodal）	类比的（analogue）/多重模态（通道）的（multimodal）
神经结构	语义区与感觉运动区间或空间上没有时的重叠	非模态语义内容脑区+编码具体经验的模态脑区	编码整合的模态信息的分布式的脑网络区，接近初级感觉和运动区	初级感觉运动系统中的分布式的脑网络
与感觉-运动系统的关系	完全独立的	独立的，但是有关联	部分依赖	完全依赖
交互作用的解释	间接激活	次级激活	调节（mediation）	调制（modulation）
理论	（Collins & Loftus, 1975）；（Landauer & Dumais, 1997）	（Mahon & Caramazza, 2008）；（Patterson et al., 2007）	（Barsalou, 1999）；（Pulvermüller, 1999）；（G. Vigliocco, Vinson, Lewis, & Garrett, 2004）	（Gallese & Lakoff, 2005）；（Glenberg & Kaschak, 2003）；（Zwaan, 2004）

从左到右：(1) 非具身性理论：语义信息是符号性的/非模态化的，完全独立于模态内容，解剖结构上与感觉运动系统完全无重叠。
(2) 次级具身理论：语义内容是非模态的，但是与表征模态信息的独立脑区有关联。
(3) 温和的具身理论：整合的模态信息的表征接近于感觉运动的脑区，这构成了语义内容的基础。
(4) 激进的具身理论：通过模拟以分布式的脑网络在初级感觉运动区表征语义内容。

注：表 2-1 摘自（Meteyard et al., 2012）。

通过上面的对比可以看到，符号表征理论与具身理论的本质区别在于认知是模态还是非模态的，即认知是否基于身体；而温和的具身认知理论与激进的具身认知理论的观点冲突在于认知对感觉运动的依赖程度。温和的具身认知理论认为，除了感觉运动，情绪的、语言的、社会的信息也会以具身的形式参与认知表征；而激进的具身认知理论认为，概念的表征扎根在感觉运动。

心理学中主要的温和具身认知理论认为概念以多重的、分布式的脑网络进行表征，反映了以概念的指代物为特点的经验性品质。主要理论包括语言和情境模拟（Language and Situated Simulation，LASS）（Barsalou，Santos，Simmons，& Wilson，2008）、符号相依性系统（Symbol Interdependency System）（Louwerse，2007）、情感具身解释（Affective Embodiment Account，AEA）（Kousta，Vigliocco，Vinson，Andrews，& Del Campo，2011；Kousta，Vinson，& Vigliocco，2009；Vigliocco et al.，2014）、扎根和标记追踪（Grounding and Sign Tracking）（Prinz，2012）和语言社会工具论（Words As social Tools，WAT）（Borghi & Binkofski，2014；Borghi et al.，2017；Borghi & Zarcone，2016）。

激进具身认知理论认为，概念扎根于感知运动，以感知脑区进行表征。主要理论有知觉符号系统理论（Perceptual Symbol Systems，PSS）（Barsalou，1999）、索引假设（Indexical Hypothesis，IH）（Glenberg，1997b；Glenberg & Robertson，1999，2000）、浸入式经验框架（Immersed Experienced Framework，IEF）（Zwaan，2004）、基于动作的语言（Action - based Language，ABL）（Glenberg & Gallese，2012）以及概念隐喻理论（Conceptual Metaphor View，CMV）。

二、抽象概念与具体概念

激进具身理论与温和具身理论争论的焦点集中在抽象概念的表征上，即抽象概念的表征是只依赖于感觉运动还是仍需要其他表征通道的参与。要讨论抽象概念的表征，首先涉及的重要问题就是具体概念与抽象概念是否存在差异。

具体概念一般指指代物与外在世界中可感知的物理实体绑定的概念，它们可以被直接感知，例如，事物、工具、建筑、动物、食物、乐器等。在操作上，具体概念通常被定义为在自我报告的"具体性"量表上高于一定阈值。与具体概念相比，抽象概念通常被定义为其指代的实体不与外在世界的物理实体绑定，在"具体性"量表上低于一定阈值（Barsalou，Dutriaux，& Scheepers，2018）。例如，表示认知加工的（如焦点、沉思）、情绪的（如热忱、担心）、社会活动的（例如，聚会、谣言）和其他的用以解释经验的概念。

在具身理论内部关于具体概念与抽象概念表征的区分有两种观点：一种观点强调具体概念与抽象概念的相似性，例如，动作表征观点（ABL）。它认为抽象概念与具体概念一样，加工时都要重新启用经验其指代物时所激活的感知运动脑区（Glenberg，Sato，& Cattaneo，2008）。而另一种则强调二者的差别，认为二者可能存在显著的不同，具体概念与抽象概念是在本质上和结构上完全不同的信息（Crutch & Warrington，2005，2007，2010），或二者是从不抽象到非常抽象的连续体的两端（Wiemer - Hastings & Xu，2005）。具体而言，具体概念主要依赖于类别相似性关系（例如，"theft - burglary"），抽象概念则依赖于语义关联（例如，"theft - punishment"）。在对具体概念加工时表现出具体化效应，即具体概念比抽象概念在词汇判断任务、词汇命名任务和回忆中加工得更快速、更准确（Connell & Lynott，2012）。最新研究中，使用大量与不同经验相关（感觉的、运动的、空间的、时间的、情感的、社会的和认知的经验）的一组因素，就535个英语抽象的和具体的名词、动词和形容词的属性进行判断，例如，颜色属性，就名词问"是否有典型的颜色"，动词问"在颜色上有变化"，形容词问"具有颜色属性或一种颜色"；对来自1743名被试的判断进行聚类分析，结果发现在65个因素中有57个可以区分抽象概念与具体概念。更具体来说，抽象概念在与时间经验、因果经验、社会经验、情绪经验等相关的因素上得分高于具体概念，而在感觉经验上的得分低于具体概念（Binder et al.，2016）。抽象概念的主要具身理论详见表2-2。

脑成像证据也发现抽象词汇比具体词汇更多地涉及左侧裂语言网络（Wang，Conder，Blitzer，& Shinkareva，2010），其中左侧额下回被认为是抽象词汇与具体词汇的分界点，它在抽象词汇加工时激活水平高于具体词汇（Della Rosa，Catricalà，Canini，Vigliocco，& Cappa，2018；Hoffman，Binney，& Lambon Ralph，2015）；与抽象概念相比，具体概念加工中视觉相关皮层有更多激活，包括左侧颞下叶和左侧海马旁回（left parahippocampal gyrus）（Bonner，Price，Peelle，& Grossman，2016；Wang et al.，2010），并且右脑的作用更为重要（Huang，Lee，& Federmeier，2010）。在脑损伤患者的研究中发现，额颞退化的行为变异患者（behavioral variant of Frontotemporal Degeneration，bvFTD）的抽象概念加工能力受损严重，具体概念保存相对较好（Cousins，York，Bauer，& Grossman，2016）；存在语义变异的原发性进行性失语症患者（semantic variant Primary Progressive Aphasia，svPPA）的抽象概念保存较好，而具体概念受损

表2-2　抽象概念的主要具身理论

序号	理论	区别：抽象与具体概念	分类	是否认同多重表征	获得的作用	证据类型	机制还是内容
1	运动理论（Motor theory）	没有：抽象概念=具体概念	激进具身	否：感觉运动	无论述	行为的（语言-动作匹配效应（ACE效应），趋近—回避效应）	机制，但受限于内容（例如，转移的句子，或效价刺激）
2	情境和内省观点（Situation and introspective view）	有：抽象概念更多激活情境的社会方面和内省属性	温和具身	无论述	无论述	行为的（特征产生）	机制，但可能受到内容的限制（例如，内省概念主要在心理状态概念时有激活）
3	情感具身解释	有：抽象概念激活更多情绪	温和具身	是：情绪和感觉运动；也包括语言的	情绪作为引导机制	行为的（词汇决策）、fMRI、ERPs、病患	可能是机制，但受限于内容性（例如，情绪属性在情绪概念时有更多激活）
4	概念隐喻观	有	激进具身	否：感觉运动	不太可能的发展性映射	主要是行为的、语言的心理学的	机制，但受限于内容原因
5	语言与情境模拟	有	温和具身	是：感觉运动和语言（语言意义作为通达意义的捷径）	无论述	行为的（特征产生、fMRI）	主要是内容。机制与任务相关，而不是概念类型

续表

序号	理论	区别：抽象与具体概念	分类	是否认同多重表征	获得的作用	证据类型	机制还是内容
6	表征的双重性（Representational pluralism: Dove）	有：抽象概念激活更多语言信息	混合的	是：感觉运动和语言模态的编码。非模态也有非具身的语言系统	无论述	非直接的（但间接证据，来自支持 Paivio 双重编码模型的证据）	机制
7	扎根和标记追踪	有	温和具身	是：多重策略。聚焦于感觉运动、情绪和语言	无论述	非直接的（但间接证据，都来自其他理论证据）	既是内容也是机制干采取的策略
8	语言社会工具论	有：抽象概念比具体概念更多语言（和情绪的）和社会信息	温和具身	是：感觉运动、情绪、语言和社会信息	非常相关：获得限制表征	行为学的（例如，分拣、分类、特征产生）、fMRI、TMS、标记语言研究	机制：与内容无关，但与抽象水平相关（概念越抽象，激活的语言越多）。与内容效应不矛盾

注意：考虑具身的水平，采取以下分类：激进具身观指在概念加工中仅有感觉运动区参与的理论；温和的具身观指概念加工过程中感觉运动区和语言区都会参与；混合观点指概念加工中具身的与非具身的成分都会激活。（Borghi et al., 2017）

严重（Catricala, Della Rosa, Plebani, Vigliocco, & Cappa, 2014；Cousins et al., 2016；Joubert et al., 2017），并且这两组患者在两类概念的产生中也表现出相同的趋势（Cousins, Ash, Irwin, & Grossman, 2017）。这反映了两类概念在神经解剖定位上不同。具体概念的表征扎根于感觉运动系统，而抽象概念的表征则不能简单地用动作具身解释（Volta et al., 2014）。

从强弱具身理论的划分来看，弱具身理论一般支持第二种观点，而强具身理论既支持第一种观点，又支持第二种观点。

基于具体概念与抽象概念的这种划分，以及抽象概念表征的特征性，本章将分别从激进具身认知理论/强具身认知理论和温和具身认知理论/弱具身认知理论的角度，介绍抽象概念表征的具体理论与实证证据，以期为抽象概念的具身认知研究探求可能的方向。

第二节　抽象概念的激进具身认知理论

抽象概念的激进具身认知理论主要是抽象概念的模拟理论和概念隐喻理论。模拟理论强调概念加工理解中运动加工的重要性，最初是发现抽象动词加工中的 ACE 效应（Glenberg & Kaschak, 2002），其后关于抽象概念中感知运动系统的作用得到了更多探讨（Beltrán, Muneton – Ayala, & de Vega, 2018；Boulenger et al., 2009；Vukovic, Feurra, Shpektor, Myachykov, & Shtyrov, 2017）。概念隐喻理论（Lakoff & Johnson, 1980），基本观点是抽象概念通过参照更具体的具身性经验来进行隐喻性理解。概念隐喻理论是最早探讨抽象概念理解的具身理论，成果相当丰硕。

一、抽象概念的模拟理论

抽象概念的模拟理论认为，抽象概念与具体概念一样，其意义扎根于感觉运动和内感经验，与其所指代的事物共享着相同的感觉运动系统；其表征的方式是模态化的，不是抽象的符号。抽象概念也是情境化的，特定的情境决定了模态表征的哪个方面将会被启用。鉴于感觉运动的模拟理论在第一章已经有所介绍，这里我们着重介绍情绪概念的模拟理论。

（一）主要理论观点

具身认知理论认为，概念在知觉、思维记忆中的应用涉及与刺激相关的原始经验的部分性的再实例化（reinstantiation），这依赖于情境，概念绝不是通达对经验的非模态化的再描述（redescription）（Barsalou，1999，2008）。情绪概念，相对指向具体的物体或事件的具体概念，作为一种抽象概念（Ghio & Tettamanti，2016），被认为具有其特定的具体通道，是对情绪状态和反应的具身模拟（Niedenthal，2007；Niedenthal，Barsalou，Winkielman，Krauthgruber，& Ric，2005；Niedenthal，Winkielman，Mondillon，& Vermeulen，2009）。在遇到诱发情绪刺激时，感觉运动与情感状态同时被激发，并被捕捉到存储在具体通道以及其他关联的区域。当在意识中回顾这种经验时，当初产生感觉运动和情感状态的原有通道将被再次激活。在情绪的知觉、理解、学习和加工中，感觉运动的主动参与是其中的一部分。感觉运动与情绪在真实情境和意识回顾中的多次共同发生，使之为情绪刺激提供了更多的信息，并超越之前建立的联系（Winkielman，Niedenthal，& Oberman，2008）。

在神经机制上，情绪的具身认知理论认为外围的输入与大脑的具体通道系统共同工作，具体通道系统可以快速地模拟必要的改变。模拟机制的脑区在基质聚合区（convergence zones），这一区域保留刺激的通道（感觉运动）特征信息，而先进的"高级"区域则用于表征更抽象的方面。因为表征中保留了信息的通道内容，当感知者需要建构模拟时，通过注意机制有选择性地再次激活感觉运动表征。

目前关于情绪概念的具身化研究主要集中在三个方面：第一，情绪概念的知觉属性；第二，情绪概念的运动模拟；第三，情绪作为一种通道类型。下面我们详细介绍每个方面的具体内容与相关证据。

1. 情绪概念的知觉属性

情绪概念的知觉属性主要探讨了情绪概念的隐喻性理解，认为情绪词通过映射到具体概念获得知觉和运动属性。例如，情绪概念与亮度的隐喻性联系，即白色呈现方式会促进积极词加工，黑色呈现方式则促进消极词加工（Meier，Robinson，& Clore，2004）；情绪概念与空间的隐喻性关联，即快乐在上，悲伤在下（Gozli，Chow，Chasteen，& Pratt，2013；Meier & Robinson，2004）；吕军梅，鲁忠义，2013）；快乐在右，悲伤在左。其中，情绪概念与垂直空间隐喻受到的关注最多，这里简单介绍一下。

早期研究发现人们的情绪状态会影响空间位置知觉，高兴时对呈现在上方的事物知觉快，悲伤时对呈现在下方的事物知觉快。Meier 和 Robinson（2004）

使用情绪词——垂直空间匹配的启动范式来探讨情绪词与垂直轴上空间位置的关系，结果发现，呈现在上方的积极词比呈现在下方的积极词辨别得快，呈现在下方的消极词比呈现在上方的消极词辨别快。之后，该研究组将抽象的方位"北""南"（地图上的"上"与"下"）与生活的房间位置结合起来，结果被试会表现出对生活的"北"面房间的偏爱（Meier，Moller，Chen，& Riemer - Peltz，2011）。最近的研究则证明，这种关联既出现在内隐任务中也出现在外显任务中，可以是在阈上也可以是在阈下呈现（Ansorge & Bohner，2013；Ansorge，Khalid，& Konig，2013），含情绪词的句子中也发现了情绪词垂直空间的对应关系（Marmolejo - Ramos，Montoro，Elosua，Contreras，& Jimenez - Jimenez，2014）。

此外，也有研究者基于身体特异性假设（the body - specificity hypothesis），探讨了情绪效价与水平空间的隐喻关系。Casasanto（2009）的研究中对比了右利手与左利手被试情绪效价与水平空间的关系差异。结果发现，右利手被试倾向于将右边空间与积极效价联系起来，左边空间与消极效价联系起来；而左利手被试则正好相反。但其后的研究则发现，效价词与水平空间的关联仅出现在外显的反应映射条件下（de la Vega et al.，2012）。

有研究者对比了情绪概念效价的垂直空间与水平空间。研究中，让英语和日语被试内隐地将消极和积极的人格特质映射到垂直和水平的空间轴上，结果表明，垂直空间较水平空间在情绪效价表征上更具优势，即积极情绪在上面，消极情绪在下面。说明情绪词可以映射到空间轴上，特别是垂直空间（Marmolejo-Ramos，Elosua，Yamada，Hamm，& Noguchi，2013）。这些结果表明，情绪词与垂直空间之间的关联是自动化的，与水平空间的关系则不是。

然而，最近的研究对情绪概念与空间关系的隐喻性提出了质疑。近年的研究发现，情绪词与垂直空间的关系并不是隐喻性的，而是与具体经验相关联的（Dudschig，de la Vega，& Kaup，2015）。国内研究者发现情绪效价与水平空间的对应关系是极性编码的结果（宋晓蕾，张俊婷，李小芳，游旭群，2017）。

2. 情绪概念的运动模拟

具身认知理论认为情绪概念表征中，运动模拟起着重要作用。最早的情绪概念的运动模拟发现了情绪效价与趋近和回避（e. g.，love，hate）动作的匹配效应，这意味着抽象的效价表征与具体的运动动作相关联，效价与动作方向具有一致效应（Chen & Bargh，1999；Dantzig，Zeelenberg，& Pecher，2009）。也有研究者使用通道转换范式探讨了情绪概念与身体感受的关系，发现躯体感觉（somatosensory）通道向情绪通道转换没有出现转换耗费，但由情绪通道向身体感觉通道转换却出现了转换耗费（Dagaev & Terushkina，2014），这表明情绪表征中具有身体感觉运动属性。在情绪概念的运动模拟中，目前引起研究者很大兴趣的是情绪概念表征与面部肌肉运动的关联，下面我们详细介绍一下。

研究已经充分证明，感知一个微笑或皱眉会激活执行相应的面部表情时对应的面部肌肉运动（Dimberg，Thunberg，& Elmehed，2000）。依据具身认知理论，这种面部运动中的镜像作用指引人们总体上去理解他人，理解自己的情绪状态（Niedenthal，2007）。研究发现，面部肌肉的感觉运动在表情识别中扮演着重要作用（Barsalou，1999；Niedenthal et al.，2005；Sel，Calvo - Merino，Tuettenberg，& Forster，2015）。例如，微笑的动作，作为幸福状态的部分模拟，可以通过面部反馈证明自己的状态与正在模仿的人的心情之间是匹配的。人们通过模拟这些表情来理解知觉到的情绪的面部表情，这是通过感觉 - 运动系统相关因素的再次激活实现的。研究中，操纵（抑制或促进）躯体感觉资源会影响情绪刺激的知觉和理解（Strack et al.，1988）；限制被试与特定表情相关的面部肌肉活动会损害他们对与肌肉相关的特定面部表情的反应（Neal & Chartrand，2011；Oberman，Pineda，& Ramachandran，2007；Pitcher，Garrido，Walsh，& Duchaine，2008），即"具身的情绪感知（Embodied Emotion Perception）"假设。

那么，面部的运动模拟与情绪概念表征之间是否也有关联呢？Havas，Glenberg，Gutowski，Lucarelli 和 Davidson（2010）首次使用皮下注射肉毒杆菌素（Botox）短暂地麻痹被试面部的皱眉肌（主要在悲伤情绪时涉及），然后让被试读一段情绪性的句子。结果表明，被试在读涉及悲伤情绪的句子时会表现出理解速度下降，而理解高兴句子则不受影响。并且，情绪概念的加工中所涉及情绪的面部肌肉的激活运动只出现在情绪性任务中，而不在知觉性任务中，这说明这种具身过程并不是反应性的，而是依赖于特定任务背景的情境化模拟，依赖于背景（Niedenthal et al.，2009）。另一项研究中，研究者对比了情绪的面部表情（例如，微笑和皱眉）和阅读与这些表情相关的状态（例如，高兴和生气）的词语时，肌电图（EMG）记录的有关面部肌肉（颧大肌和皱眉肌）的激活情况，结果发现词语可以直接引发相应肌肉的激活。这种现象在意识阈下呈现言语刺激时也会出现，但在肌肉激活受阻（用嘴唇咬笔）时，则会消失（Foroni & Semin，2009）。新近研究发现，面部运动不仅影响编码阶段，也会影响情绪词的记忆提取（Baumeister，Rumiati，& Foroni，2015），并且这种控制只会有针对性地影响积极词（Davis et al.，2015）。神经科学研究表明，面部肌肉的抑制和促进涉及相关情绪脑区的抑制或激活（Chang，Zhang，Hitchman，Qiu，& Liu，2014），包括右侧后部扣带回（right posterior cingulate gyrus）、布罗德曼31区（Brodmann Area 31，BA31）和左侧中间额回（BA9），这部分脑区与积极情绪的起始，注意的控制和分配有关。

3. 情感作为一种通道类型

情绪本身可以看作一种通道（Vermeulen，Niedenthal，& Luminet，2007）。Vermeulen 等（2007）的实验中借鉴经典的通道转换范式（Pecher，Zeelenberg，& Barsalou，2003），被试要判断一个名词的属性特征，例如，TREASURE – bright，其中"TREASURE"是给定的名词，"bright"是要判断的属性。实验时屏幕被垂直分成三部分，最上面是给定的名词（例如，"TREASURE"），中间是"can be"，最下面是要判断的属性"bright"。被试的任务就是要判断上面的名词是否具有下面的属性。同时控制名词的效价（中性的、积极的或消极的）。每个目标项（如 TRIUMPH – exhilarating）的前面都有个启动项（如 COUPLE – happy）。实验控制启动项与目标项的结构，让被试连续判断的名词属性有相同或不同通道（视觉的、味觉的、听觉的和情感的），还有相似的或不同的效价（积极的或消极的）。例如，相同通道—相同效价的"TANK – khaki / WOUND – open"，相同通道—不同效价的"TANK – khaki / CHEDDAR – orange"，不同通道—相同效价的"TANK – khaki / SOB – moaning"，不同通道—不同效价"TANK – khaki / VICTORY – sung"。结果表明，判断概念的属性特征时，来自不同通道比来自相同通道会产生多余的耗费，即更长的反应时间和更高的错误率。关键是，这些耗费同样发生在情感通道与其他通道的转换中，并且这种跨通道加工耗费在效价保持不变时仍然发生。

其后的研究则对比了情绪概念（例如，愤怒和高兴）与认知概念（例如，思考和记忆）在通道加工上的不同。许多心理状态有清晰的内部成分——人们处于某种状态时会以一定的方式来感受（例如，愤怒时感觉热，记忆提取时感受到努力）。当人们的理解指向心理状态的概念时，这些相应的内部经验可能会被模拟。然而，心理状态也可以从外部的角度进行描述。在这种情况下，视觉上看到的外在特征的模拟也可能与理解更相关（例如，愤怒使脸变红，记忆提取涉及挠头）。在转换耗费范式中，被试看一个语义不相关的句子，描述情绪的或非情绪的心理状态，同时控制被试内部的或外部的关注点。结果表明，转换耗费发生在被试从情绪句子到认知句子的转换中，也发生在从内部关注点到外部关注点的转换中（Oosterwijk et al.，2012）。这些结果表明，模拟的不同形式构成了从不同角度理解心理状态的基础。即使是非常抽象的概念，也是扎根于知觉的，受视觉效应影响的。这提示了抽象心理状态具有不同属性。

（二）评价

情绪概念的模拟理论是抽象概念模拟的重要组成部分，特别是面部肌肉与情绪的具身对应关系的建立，对于情绪的模拟机制研究和情绪调节都具有重要的理论和实践价值。然而，情绪模拟理论也存在一些问题。第一，情绪与运动具身对应关系是自动的，还是有认知参与的，存在争议。例如，情绪效价与趋近–回避运动的具身关系受到更高级的表征（例如，自我的符号性）的调节（Markman & Brendl，2005）；作为消极情绪的一种，愤怒情绪是与趋近还是回避相对应仍然存在争议（Gable & Poole，2014）。第二，情绪的动作模拟研究多集中在面部肌肉动作，而情绪反应涉及心脏、自主神经系统和内分泌系统的参与，反映在 HVR、心率、皮肤电等指标上，这些方面却没有具身方面的探讨，具身模拟理论是否在这些方面成立仍然未知。第三，情绪自身的复杂性，情绪反应本身是复杂的，如果它需要有高级认知的参与，那么，情绪还能与视听等感觉并列为一种具身通道吗？

二、抽象概念的隐喻理论

Lakoff 和 Johnson（1980）提出概念隐喻理论，是最早的用于解释抽象概念的具身理论，也是关于抽象概念的最具影响力的具身理论。概念隐喻理论认为与具体概念不同，抽象概念通过隐喻实现具身化（Lakoff & Núñez，2000）。依据概念隐喻理论，隐喻不仅涉及我们使用语言的方式，例如，"时间就是金钱"，也涉及我们思考这个世界的方式，反映了人类认知演化发展过程和思维的基本方式。

概念隐喻理论中"隐喻是人们借助有形的、具体的、简单的始源域（source domain）概念（如空间、温度、动作等）来表达和理解无形的、抽象的、复杂的目标域（target domain）概念（如道德、心理感受、社会关系等），从而实现抽象思维"，即抽象概念通过简单具体的概念迁移而来，这种迁移过程就是隐喻映射的过程（Lakoff & Johnson，1999）。概念隐喻理论以"映射"这一迁移过程作为抽象和复杂概念形成的成因，帮助确立了概念 - 感知觉之间的联系。概念迁移能够帮助个体从仅能依靠感知和条件反射生活的婴儿逐渐成长为能够熟练运用时间、道德等抽象概念和进行抽象思维的成人。在概念隐喻理论中身体是认知的源头和载体，对认知起着基础性作用，概念隐喻理论属于强具身理论。

（一）概念隐喻理论的主要观点

本质上，隐喻是人们以熟悉的具体经验为基础构造陌生的抽象概念。具身认知理论中，身体经验是主体认识世界的起点，是具体概念产生的基础，但人类还有复杂的抽象概念与思想，其产生必须要借助已知的具体概念，将其映射到未知的抽象概念领域。抽象概念的理解、范畴和关系的把握，是通过具体事物经验的映射来实现的。对于重要的抽象概念要通过多重概念隐喻进行理解，例如，抽象概念"communication"可能通过从一个容器（头）向另一个容器传送观点来理解，也可以通过用思维供给某人来理解（Lakoff，2014；Walker & Cooperrider，2016）。

首先，抽象概念要用具体概念的概念结构来"架构"（scaffolding）（Williams，Huang，& Bargh，2009）。人们基于感知经验构建具体概念的图式结构（schema structure），涉及空间远—近结构、空间上—下结构、空间前—后结构、温度冷—热结构、亮度明—暗结构等。然后，这种图式结构再隐喻化，将具体概念的图式结构"架构"到抽象概念，成为其概念结构、范畴和关系，从而获得新的知识和理解。所有不是直接源自身体经验的概念在本质上都是隐喻性的。这种架构机制符合人类一些最基本的认知特征，隐喻映射在时间消耗上更经济，具有进化适应意义（Jamrozik，McQuire，Cardillo，& Chatterjee，2016）。例如，因为空间关系在人类的生活中无时无处不在，因此，空间隐喻在人类的认知和抽象概念系统的形成中占据着中心地位（李惠娟等，2014；宋宜琪，张积家，2014；唐佩佩，叶浩生，杜建政，2015；吴念阳，刘慧敏，徐凝婷，2009）。

其次，具体概念架构抽象概念不仅存在于言语层面上的联系，还有心理表征层面上的关联，是深层的概念性机制。具体概念对抽象概念的映射，是用具体概念的图式结构建构抽象概念表征的内在逻辑结构，因此，与具体概念有关的感知运动经验也成为抽象概念表征的必要部分（Landau，Meier，& Keefer，2010）。这同具身认知的基本假设是一致的，即概念表征扎根于主体的感知运动系统。

最后，抽象概念加工过程中会具有感知觉的体验性。抽象概念通过具体概念的映射获得意义，而具体概念扎根于感知运动，因此，抽象概念加工也有感知运动属性。人们的经验局限于身体所能体验的，并且基于身体经验来概念化抽象概念（Lakoff & Johnson，1999）。不管抽象概念多么复杂，多么难以直接感知，仍可以利用隐喻映射机制进行体验式表征与加工。

（二）概念隐喻理论的支持证据

目前有大量证据支持概念隐喻理论，如空间隐喻（Farias et al.，2013，2016；Schubert，2005a）、温度隐喻（Williams & Bargh，2008）、洁净隐喻（Rothschild，Landau，Keefer，& Sullivan，2015）、明暗隐喻（Sutton & Altarriba，2016）、触感和重感隐喻（Schneider，Parzuchowski，Wojciszke，Schwarz，& Koole，2014）、距离相似性隐喻（Boot & Pecher，2010）、容器隐喻（Boot & Pecher，2011）等方面的研究。

1. 空间隐喻

在人的生存发展过程中，空间的重要性体现在多种抽象概念的隐喻中（Casasanto & Bottini，2014b）。研究发现，要求被试观察一个点在线条上移动长距离时，被试更倾向于判断所需的时间长，而实际上点的移动时间是一致的，这证明距离的感知影响了时间加工（Casasanto & Boroditsky，2008）。最新的研究更进一步证明，时间的表征在空间上是以等级进行组织的，过去的、早期的时间在空间的左边，将来的、后来的时间在空间的右边，事件往往按时间顺序从左向右排列（Leone，Salles，Pulver，Golombek，& Sigman，2018）。

此外，近年来的研究发现，权力概念（Schubert，2005a）、情绪概念（Dudschig et al.，2015）、道德概念（鲁忠义，贾利宁，翟冬雪，2017）、政治概念（Farias et al.，2013，2016）、数学概念（Anelli，Lugli，Baroni，Borghi，& Nicoletti，2014）、亲属概念（和秀梅，张夏妮，张积家，肖二平，王娟，2015；汪新筱，严秀英，张积家，董方虹，2017）等的空间隐喻具有心理现实性，并且空间隐喻不仅包括水平空间隐喻还包括垂直空间隐喻，不仅有空间位置的隐喻还有空间体积大小（Yu，Sun，Zhou，Xu，& Shen，2017）的隐喻。最近的研究甚至发现了语言抽象程度与空间远近的关系，指向城市越远，时间点越远，人物关系越疏远，人们使用的语言越抽象（Snefjella & Kuperman，2015）；垂直空间中高位比低位更易引发抽象水平的建构（Slepian，Masicampo，& Ambady，2015）。这些研究说明，空间经验对架构抽象概念具有重要的作用。

2. 温度隐喻

Williams 和 Bargh（2008）让被试分别手拿热或冷的咖啡，同时评价一个中性人物，结果发现，持热咖啡的比持冷咖啡的更容易用"温暖"的人格特质来评价目标人物。这表明温度冷暖影响人际判断与人际互动。另有研究者发现，回忆一段被社会拒绝或者社会包容的经历，会影响人们对实验室温度的判断，那些回忆被社会拒绝的被试，比那些回忆被社会包容的被试更倾向将实验室的温度判断得更加寒冷（Zhong & Leonardelli，2008）。脑岛皮质可能是温度知觉与人际互动共同的神经机制（Kross，Berman，Mischel，Smith，& Wager，2011；Kross，Egner，Ochsner，Hirsch，& Downey，2007）。

3. 洁净隐喻

"洁净 – 美德"结构的隐喻广泛存在于不同文化和宗教中。研究发现，身体洁净能减轻不道德情绪，清洁的身体自我会提升道德自我意象（Zhong & Leonardelli，2008；Zhong，Strejcek，& Sivanathan，2010；阎书昌，2011），增加道德判断中的严苛性（丁凤琴，王喜梅，刘钊，2017），降低决策公平感的追求（Lee & Schwarz，2010）。一项在真实情境中的研究发现，体育馆中锻炼的人在洗澡后比洗澡前更倾向于作出欺骗性的回答；相似地在向慈善项目捐款中，接受宗教净化前要比净化后捐款更多，这说明身体清洁减轻了人们不道德感（Lobel et al.，2014）。此外，研究还发现，对他人不道德的惩罚会减轻不道德感和身体的污秽感，并且减少补偿性的道德行为（Rothschild et al.，2015）。

4. 重量隐喻

重感是人们普遍存在的重力知觉，在许多语言中都可以找到用重感来表达抽象的重要性隐喻。人们对抽象的重要性概念表征可能涉及重感体验。大量来自不同文化的研究表明，重感体验会影响对抽象的重要性判断。例如，研究者让被试手持不同重量的书，判断书的主题的重要性，结果发现手持重物的被试倾向认为书的主题更为重要（Ijzerman，Padiotis，& Koole，2013）。同样的方法用于判断书籍的历史意义（Chandler，Reinhard，& Schwarz，2012）、鼠标的价格（王汉林，莫雷，2017）得到了相似的结果，这表明重量的机体感受对社会性的抽象判断影响。最近发现，重量还会影响元认知判断（Alban & Kelley，2013），也有证据发现被告诉有重要意义的事物一般被判断重量更重。例如，被试被告知 U 盘储存着重要或不重要的内容，然后要被试估计 U 盘的重量，结果被试判断储存重要信息的 U 盘更重（Schneider et al.，2014）。这种倾向在书籍的重要性——重量判断中也得到证实（Schneider, Rutjens, Jostmann, & Lakens, 2011）。

此外，"重量 – 负担"结构与"重量 – 秘密"结构也得到了相似的结果（Liu, Li, & Rao, 2018；Slepian, Masicampo, & Ambady, 2013；Slepian, Masicampo, Toosi, & Ambady, 2012）。

除了上述四方面隐喻证据，还有明暗 – 情绪隐喻（Song, Vonasch, Meier, & Bargh, 2012）、软硬 – 温和严厉（Ackerman et al., 2010）、冷热 – 创造性隐喻（Ijzerman, Leung, & Ong, 2014）等。研究还发现具体源域的图片会启动更多隐喻表达（Sato, Schafer, & Bergen, 2015）。这些研究证实了具体的感知域在抽象概念表征中的具身作用，为概念隐喻理论的基本假设积累了大量的实验证据。

同时研究发现，隐喻映射的建立是有条件的，影响因素包括早期经验观、身体构造观（殷融，曲方炳，叶浩生，2012）、进化观（殷融，苏得权，叶浩生，2013）。具体映射过程又会受到具体文化（Casasanto & Bottini, 2014a；汪新筱等，2014）、情绪背景（Samur, Lai, Hagoort, & Willems, 2015）等因素影响。

（三）评价

概念隐喻理论作为第一个解释抽象概念表征与加工的具身理论，其重要性与历史地位是毋庸置疑的（Holyoak & Stamenkovic, 2018），但其同样面临一些重要问题需要解决。

1. 抽象概念与感知体验的对应问题

具体源域向抽象域的映射关系是如何对应的，又是如何利用源域去建构抽象概念的，概念隐喻理论在面临这些问题时没有给予明确的回答。事实上，人们使用同一具体概念去构建多个抽象概念，如空间隐喻中的上下具体源域就与道德、权利、情绪等多种抽象概念存在映射关系。另一方面，某一抽象概念范畴的表征和认知又使用多重具体概念，例如"道德"同时与洁净概念、空间概念、亮度概念等建立隐喻连接（Matusz, Wallace, & Murray, 2017；殷融，叶浩生，2014），甚至存在多重交叉，例如，"时间"与空间概念和数字概念有关，而数字也与空间有关（Winter, Marghetis, & Matlock, 2015），温度隐喻与空间隐喻相互作用影响人际关系（Fay & Maner, 2012）。

此外，抽象概念与感知觉的对应并不总是稳定的，例如，重要性 – 重量的隐喻映射对应道德事件的重要性判断就没有发生（Rabelo，Keller，Pilati，& Wicherts，2015）；在秘密－波度结构的研究结果也并不一致（LeBel & Wilbur，2014；Pecher，van Mierlo，Canal－Bruland，& Zeelenberg，2015；Slepian et al.，2012）。这说明抽象概念的建构并不是单一的一一对应的映射关系，很可能存在多通道的复杂关联（Walker & Cooperrider，2016），而各通道信息是如何选择和起作用的将是未来研究要解决的问题。

2. 隐喻映射的双向性问题

概念隐喻理论认为隐喻的映射是不对称的，即从感知觉经验向抽象概念的映射是单向性的。这得到部分研究证实，例如，人们用空间映射时间，而不会用时间映射空间（Casasanto & Boroditsky，2008）。但很多研究却发现，源域与目标域相互影响，例如，温度－人际情感（Williams & Bargh，2008）、重量－重要性隐喻（Ijzerman et al.，2013；Schneider et al.，2014）、方位－道德（鲁忠义等，2017）以及体积－权力（唐佩佩等，2015）等都具有隐喻的"双向映射效应"，这都说明，隐喻的映射既有单向作用，又有双向作用（郑皓元，叶浩生，苏得权，2017）。

3. 隐喻发展与概念获得的时间不匹配

概念隐喻理论认为抽象概念的意义通过概念隐喻而扎根，例如，"人生是旅行"。当儿童学会这些隐喻，他们就发展了概念隐喻回路，这些回路架构日常的思维（Lakoff，2012）。问题是儿童获得隐喻性思维的时间远远落后于儿童学习使用抽象概念的时间。儿童获得隐喻的时间相当晚，8—10岁之前很难理解隐喻，但是抽象概念已经占两岁儿童总词汇的10%左右。这一事实很难解释使用隐喻来理解抽象概念。因此，有观点认为，即使概念隐喻在抽象概念的表征中起作用，但它并不是必要条件。隐喻映射可能对抽象概念的理解有影响，但不可能局限于此，隐喻并不能代替直接经验（Borghi et al.，2017）。

4. 缺乏神经机制证据

支持概念隐喻理论的证据主要来自语言学和行为学，但神经科学证据依然匮乏（Aziz－Zadeh，Koski，Zaidel，Mazziotta，& Iacoboni，2006；Boulenger et al.，2009）。ERP研究中并没有发现涉及感知觉信息整合的相关指标（如P1，P2，P300），即未对认知的"具身特性"作过多考量（李子健，张积家，乔艳阳，2018）。近来研究中，被试边上下移动弹子边阅读表达字面或隐喻的空间关联的词语（例如，"ascend""descend" vs. "inspire""defeat"），记录这一过程的 ERP。结果发现在运动一致条件下，对字面词语反应在早期正成分（200—300 ms），而对隐喻词语的成分则在 500 ms 之后（Bardolph & Coulson，2014）。这一结果提示，被试对隐喻概念与垂直空间的关联并不是快速的、自动的。

尽管有大量证据支持概念隐喻理论，但概念隐喻理论并不能适用于所有领域的抽象概念，抽象概念也不能完全被概念隐喻理论解释。

第三节 抽象概念的温和具身认知理论

一、抽象概念的情绪表征

抽象概念的情绪表征是新的具身认知理论，直接用来解释抽象概念的表征难题（Kousta et al.，2011；Kousta et al.，2009；Vigliocco et al.，2014）。他们认为，在抽象概念的表征中，不仅包括感知运动模拟与隐喻方式，还有另一种具身经验——情绪，即抽象概念以情绪表征实现具身化，这就是抽象表征的具身理论观点（Embodied Theoretical View of Abstract Representation），Borghi 等（2017）称之为情感的具身解释（Affective Embodiment Account，AEA），为突出其理论中强调的情绪表征，我们将该理论称为抽象概念的情绪表征。

（一）主要理论观点

具身认知理论中，概念表征的基础在于身体状态、模态模拟和情境化的动作（Barsalou，1999；Barsalou et al.，2003；Rizzolatti & Craighero，2004）。以往的模拟理论更多侧重感知运动模拟在概念表征中的作用，内部感受在概念加工中的作用却知之甚少。然而，作为重要的内部感受，已有研究表明情绪因素在认知中起着更为广泛的作用，情绪材料较中性材料具有加工优势（Kuchinke et al.，2005；Yang et al.，2014），这在概念加工中尤其突出（Niedenthal et al.，2009；Wilson – Mendenhall，Barrett，Simmons，& Barsalou，2011）。更有研究发现，情绪与视、听等感觉通道之间存在着类似的通道转换耗费（Vermeulen，Niedenthal，& Luminet，2007）。因此，情绪也被视为是与感觉运动相并列的具身经验，是经验信息的另一种类型（伴随着感觉运动信息），在学习、表征和加工中起着重要作用（Barsalou，2008；Havas，Glenberg，& Rinck，2007；Havas，Glenberg，Gutowski，Lucarelli，& Davidson，2010）。

在此基础上，Kousta 课题组提出了一种既能解释抽象词汇也能解释具体词汇的具身观点，即概念的情绪表征假设。第一，所有概念（既包括具体的又包括抽象的）的表征都涉及两类信息，即经验的（感觉的、运动的和情感的）和语言的（言语的联结通过同时发生的模式和句法的信息而产生）。第二，具体的和抽象的词语意义的区别（也包括具体词语与抽象词语内部的意义区别），源自他们所提取的经验和语言的信息确切类别以及相对的比率上的差别。第三，具体与抽象词语意义之间的表面上的二分，是因为构成具体词汇意义的感觉运动信息在统计上有数量优势，而对于抽象词汇，构成其意义以情感和语言的信息为主。感觉运动信息在统计上对具体词语意义有优势，而情感和语言信息对抽象词语意义有优势，这种趋势存在于儿童的语言获得与成人的表征系统中。具体事物和动作知识源自我们与外部世界的互动，并且会扎根在与调节我们的物理经验相同的神经系统中。相反地，我们内部的情感经验将为抽象概念至少提供最初的具身扎根基础（指向内部经验而仅限于情绪）。第四，人类在语义表征的学习中整合两类不同信息，使之适应外在的物理环境与语言环境。这种统计上的整合可以使用贝叶斯学习和推理加以模式化，为学习所有领域知识提供一种有效的机制（Vigliocco，Meteyard，Andrews，& Kousta，2009）。抽象概念将植根于调节非语言情绪加工的神经系统中。情绪在语言获得中起特别重要的作用：即指代情绪状态、心境，或者说情绪词可以为这个词提供一个最初的范例，这个范例不是外面可以观察的而是机体内可以感受的。这将为存在于物理世界的实体与那些存在于人类心理上的即所谓"抽象实体"之间的区别，提供理论发展的进阶石。

Kousta，Vinson 和 Vigliocco（2009）的研究发现，情绪词比中性词汇加工快，而且无论情绪词的效价是积极的还是消极的，都没有发现负性偏向。并且，这种加工优势并不局限在情绪词汇（快乐和悲伤），还扩展到了有情感联结的其他词汇（例如，victory 和 destroy）。这些结果提示，情感联结应该被视为连续的变量，跨越所有的词汇类型，而不是局限所确认的具体情绪词。这一发现，可以将情感联结词的加工优势效应用于直接解释抽象词加工优势效应，因为抽象词可能比具体词有更多的情绪负荷。

为了证明这一点，Kousta 等（2011）选取了 40 个抽象词和 40 个具体词，两类词在背景可利用性、可想象性、熟悉性、获得的年龄、词频、字母数、音素数、音节数等 13 个属性上保持匹配，结果发现，抽象词比具体词在词语判断任务中反应更快，正确率更高，表现出抽象效应。而决定这种抽象效应的因素是抽象词较具体词有更高的效价负荷。Vigliocco 等（2014）使用 1446 个词汇组，效价评级显著预测具体性评级，甚至考虑到可想象性后，这种关联性依然存在。换句话说，一个词的效价越高，它就越抽象；相反一个词越倾向于中性，这个词就越具体。在其后的 fMRI 研究进一步证明，喙状前扣带回皮层（the Rostral Anterior Cingulated Cortex，rACC）在很大程度上参与了抽象词汇加工，该脑区的激活受到情绪效价的调节，与情绪加工有关（Hunter，Korb，Cook，& Leuchter，2013；Swartz et al.，2014）。总之，这些发现驱动人们从词汇的情绪内容去探讨抽象效应。

在语言获得研究中得到的结果，与情绪表征理论是相一致的，在语言获得中，人们首先习得指向情绪状态的抽象词汇（Kousta et al.，2011）。儿童情绪的发展先于语言的发展，那些指向情绪状态、心境或感受的词汇提供了一个不可观察却存在于机体内的关键例证。获得指向情绪、心境或感受的词汇实际上可能是一个关键的步骤，是抽象语义表征发展的一块基石。研究发现，指向情绪状态的词汇出现在语言发展的早期，大约 20 个月龄，并且在前三年获得的词汇量增加得很快（Wellman，Harris，Banerjee，& Sinclair，1995），有情感联结的抽象词汇比中性抽象词汇的获得时间更早（Kousta et al.，2011）。

（二）支持证据

对于抽象概念的情绪表征观点，除了上述 Kousta 团队的研究可以作为佐证，其他的相关研究也提供了证据。

研究者使用 Stroop 范式的变式，把抽象词语的情绪性高低与词频、获得年龄、正字法、字母数等因素都作为 Stroop 字体颜色命名反应时的自变量，建立多层线性模型，结果发现，高情绪性词的 Stroop 反应显著变慢，即出现了具身性损害的 Stroop 效应。这表明情绪性是一种重要的具身通道，是抽象概念表征的重要方面（Siakaluk，Knol，& Pexman，2014）。后续研究证明，情绪经验会促进抽象词汇的加工，而不会促进具体词汇的加工（Moffat，Siakaluk，Sidhu，& Pexman，2015）。将与疼痛相关的词语的情绪属性分为情绪经验、效价和唤醒水平三个维度，发现情绪经验在词汇决策任务和语义分类任务中都是重要影响因素，效价在一定程度也有影响（Duris et al.，2017）。在第二语言学习的研究中则发现情绪效价会促进抽象词的学习，对具体词则无影响（Ferre，Ventura，Comesana，& Fraga，2015）。这一结果与其他许多研究结果相一致（Newcombe et al. , 2012；Siakaluk et al. , 2014；Siakaluk et al. , 2016；Zdrazilova & Pexman，2013）。国内研究也发现，高情感负荷的积极抽象词的加工显著比低情感负荷的积极抽象词快（Yao & Wang，2014；Yao et al. , 2016）。在高志华和鲁忠义（2019）的研究中更直接证明，否定加工过程也会产生消极情绪。

在新的脑成像研究中，假设概念按上下文情境化，并且扎根到产生经验状态的神经系统中，加工心理状态概念会动员经验的不同方面相关的神经区域。神经影像学的数据表明，额下回（inferior frontal gyrus），一个与动作表征相关联的脑区，会在描述外部句子时比描述内部句子有更高的激活。相反，腹内侧前额叶皮层（ventromedial prefrontal cortex），一个与内部状态产生相关的脑区，在阅读内部情绪句子比阅读外部情绪句子时有更高的激活（Oosterwijk, Mackey, Wilson－Mendenhall, Winkielman, & Paulus, 2015）。这些结果提示，表达心理状态的语言是以动态的方式，使用上下文相关的内感的和感觉运动资源进行表征的。这提示如果抽象词汇更多指向个体内部的状态，如与情绪状态相关联，那么，它要调用的可能是与内部状态相关的脑区，而不是感觉运动区。另一项研究系统考察了人类的负性道德评价中涉及的愤怒、厌恶和鄙视的表情，并认为这些面部表情已经进化成为人类语言中的语法标记（grammatical marker），并且这些表情表现出 θ 波的振荡（3—8 Hz），而该波段的振荡常见于言语和信号的音节和口语产生中。这提示人类的语言成分是由情绪的面部表情进化而来的，并且这可能就是语法标记出现的一种进化途径（Benitez－Quiroz, Wilbur, & Martinez，2016）。甚至隐喻研究中也发现，相比具体的字面表达，抽象的隐喻表达更具情绪性（Mohammad, Shutova, & Turney, 2016）。总之，这些研究可以表明，抽象的语言成分是可以具身化的。

（三）评价

抽象概念的情绪表征观点（Kousta et al. , 2011；Vigliocco et al. , 2014）为具身认知理论解释抽象概念提供了一种新的思路，为具体概念与抽象概念的区分提供了一种新的角度。抽象概念的情绪优势支持证据既有行为学的，也有 fM-RI 的。情绪作为与感知运动经验相当的具身经验，如果感知运动经验是外感经验的话，那么情绪则与内感经验相对应，内感经验与外感经验共同作用构成我们经验这个世界的基础，当然也是表征这个世界的基础。这扩展了具身认知理论的范围，提升了解释力（姚昭，朱湘茹，王振宏，2016）。

然而，抽象概念的情绪表征观也面临着诸多的问题。

　　第一，不是所有的抽象词都与情绪有语义上的联系。研究者用阿尔兹海默病（AD）患者与原发性进行性失语（sv - PPA）患者完成 Della Rosa 等（2014）使用的相同的具体和抽象词语的任务（Catricala et al.，2014）。结果发现，AD 患者与控制组相比，在具体和抽象项目的所有任务中表现都差，而 sv - PPA 组在具体词语任务中的表现比控制组差，抽象概念任务中只在补句任务中差，即损害只发生在抽象概念的产生，而不在抽象概念的理解。为了深化分析，作者将抽象概念分为社会概念和情绪概念。他们证明，sv - PPA 患者仅在社会概念上受损，AD 患者除了情绪概念之外所有抽象概念都受损。

　　有研究者提出词汇的三分分类法，即抽象词—具体词—情绪词（Altarriba，Bauer，& Benvenuto，1999）。情绪有非常基础的功能，可以被初级的刺激激发。情绪可以被看作是抽象概念中的一个独立的子系统，对具身认知的解释更为直接和基于直觉，因为其与具体的身体表达或状态有更典型的联系。有研究者不满足于抽象 - 具体的二分法，将抽象概念分为心理状态概念（例如，"thought"）、情绪概念（例如，"love"）和数学概念；而将具体概念分为与嘴部运动相关、与手部动作相关和与脚部运动相关的概念（Ghio，Vaghi，& Tetta-manti，2013），并在脑结构上发现了与这些分类相对应的脑区（Ghio，Vaghi，Perani，& Tettamanti，2016）。一项 fMRI 研究就发现，与嘴部运动有关的概念（如"convince"）表征在心理化的社会认知脑区（例如，内侧前额叶皮质，颞上沟），而与数学有关（如"arithmetic"）的概念表征则涉及数字认知脑区（例如，双侧顶内沟）。这意味着概念依据其内容以分布式方式表征（Wilson - Men-denhall，Simmons，Martin，& Barsalou，2013），有人甚至将抽象概念分为情绪概念、心理状态概念、人格特质概念、科学术语、关系概念和事件概念等（Pexman，2017）。已有研究表明情绪表征的机制与感觉运动加工的机制是相同的，都基于对与世界互动时所经验到的情境模拟和再现（Wilson - Mendenhall et al.，2011）。而其他的抽象概念与情绪概念不同，因此，仅用情绪表征进行解释是不足以解释所有抽象概念的。总之所有的情绪概念都具有一定程度的抽象性，但是不是所有的抽象概念都具有情感/情绪内涵则未知。近年来在方法上采取特征产生任务与标识语言编码成符号来研究抽象概念的子类，区分各子类之间的表征差别已成为一种趋势（Primativo et al.，2017）。

　　第二，抽象概念情绪表征研究的结果不一致，抽象性与情绪性很可能存在混淆。在近来的一项 ERPs 研究中，控制了刺激的可想象性、上下文的可利用性和效价后，抽象效应在反应时中得到复制，但 ERPs 中却得到了相反的具体效应（Barber，Otten，Kousta，& Vigliocco，2013）。还有研究发现，与情绪相关的皱眉肌只在具体概念加工时激活，在抽象概念时不激活（Kunecke，Sommer，Schacht，& Palazova，2015）；ERPs 研究中也发现与情绪相关的具体词的 EPN 成分的峰值比抽象词语出现得要早，即对具体词的情绪反应出现得要早（Palazova，Sommer，& Schacht，2013）。同样地，肌电研究发现，具有积极效价的抽象概念加工中，相应的面部肌肉并没有得到激活（Kunecke et al.，2015）。这些结果与抽象概念的情绪表征观点相矛盾。有研究者（Vigliocco，2014）认为喙状前扣带皮层 rACC 的激活并不是由抽象性所驱动的，而是由效价驱动的。他们将实验材料进行抽象水平与效价水平的两个水平的操作，结果发现，喙状前扣带皮层对效价反应敏感，而对抽象性反应不敏感（Skipper & Olson，2014）。

第三，情绪的扎根问题也限制抽象概念的情绪表征的解释力。因为情绪并不像感觉运动扎根一样，提供类感觉层次的语义扎根的可能性。一种情绪状态的呈现标准来自典型的情绪表情动作（Moseley et al.，2012）。具体而言，Moseley et al.（2012）提出，面部运动和手部运动区对抽象的情绪词语加工的作用是与所观察到的早期婴儿学习情绪词时的情绪表现相一致，这可能对将意义与词语形式联结起来很重要，这被定位在抽象情绪词的子类激活情绪 - 边缘区，包括前脑岛和前扣带皮层，并伴随着运动系统的激活，包括手和面部相关的前中回（Moseley et al.，2012）。就是说，情绪表征表现出更为复杂和网络分布式的神经系统，因此对情绪表征的解释需谨慎对待。

二、语言社会工具论

语言社会工具论（Words as Social Tools，WAT）由 Borghi 和 Binkofski 提出来，是一种弱具身的多重表征观点（multiple representation view）。这一理论认为，概念表征不仅涉及感知运动，还涉及语言社交经验（Borghi，Capirci，Gianfreda，& Volterra，2014；Borghi & Cimatti，2012；Borghi，Pichat，& Bucci，2009）。

（一）主要观点

1. 语言社会工具论：一种多重表征观

多重表征观认为抽象概念表征中仅有感觉运动经验是不够的，表征应该是多元的，包括语言本身、社会因素和情境因素（Barsalou，2016）。多重表征观与近年来的研究结果更符合，很可能成为解决抽象概念表征的理论框架（Borghi et al.，2017）。

作为具身认知理论，WAT 认同其基本假设，即具体概念和抽象概念都是具身的，概念表征源自知觉运动系统，需要激活感觉运动模拟以掌握概念的意义。WAT 认为感觉运动和语言经验在抽象概念与具体概念表征中共同起作用，但分布不同。不仅是感觉运动系统，还包括语言区——特别是听觉加工、语言产生与语音等相关的脑区，以及负责社交的脑区，它们都参与到抽象概念意义的表征中。因为抽象概念并不指向具体的明确绑定的客体，而是指向各种各样变化的情境和状态；因为抽象概念比具体概念的成员更为分散，彼此间差别大，所以语言对抽象概念的获得更为重要。

社交生活在人类的认知活动中扮演着重要作用，WAT 不仅要考虑到个体的扎根经验，还特别加入了人们在社交背景中的具身经验，其中包括我们在具体的社会实体中使用的词语。换句话说，WAT 将词语和句子作为我们在日常生活经验中使用的社交工具，即将词语和句子作为社交工具来考察。

2. 语言信息与社交信息的作用

任何语言的使用都要遵循一定的规范，符合一定的社会规则。个体使用规范语言意味着个体不能随心所欲使用，而要通过规则来组织语言。这一过程中，社会规则的力量超越了每个遵循它的个体力量。语言的活动性角色与语言的规范化社会角色相关联，使词语成为一种我们使用的工具；同时词语作为一种通道实体，为我们提供了一种多产的活动方式，使我们不仅能够在习得情境中使用它（例如，学习的客体就在眼前），在其他的情境，特别是客体不在眼前时仍能使用它。WAT 认为，将规范的成分加入到具身认知理论中，就能解决抽象问题（Borghi et al.，2009）。

在社会背景下，语言表达的信息对抽象概念尤为关键，而感知运动信息对具体概念更为关键。与具体概念一般需要通过感知运动与词语的指代物交互作用不同，要获得抽象概念，我们更多从语言和社会输入信息中获益，因为抽象所指代的并不是清晰的可感知的事物/客体。语言和社交经验与抽象概念的获得有特定关联。语言对抽象概念的重要性归于多种原因。首先，语言作为一种标签，能够像胶水一样，将多变的与混杂的经验聚拢到一起。其次，他人提供的解释对于帮助理解词语的意义很关键。因为抽象概念的获得要晚于具体概念，语言上表达的信息更能帮助人们理解抽象概念的含义，并且这个过程受到社会背景的影响更多。最后，内部语言能够帮助我们重新解释抽象词语的意义，它比具体概念更易受到语言间差异的影响。语言信息的激活将导致概念加工过程中更多嘴部的参与，与之一致，语言理解和语言产生都会涉及运动系统（Borghi & Setti，2017；Borghi & Zarcone，2016）。

Borghi 和 Binkofski（2014）将语言信息分为三类：语言表达的信息（linguistically conveyed information）、语言的形式信息（linguistic form information）和句法语言信息（syntactic linguistic information），这些具身形式同时存在于表征中。语言表达的信息仅指语言传达的信息，而不需要直接指向世界中的指代物（如通过指向、手势或使用指示术语）。语言表达的信息在表征中具有具身性，使用感觉运动和情感系统。语言的形式信息是指字面上的词语本身与其表征。例如，一个词可能是一个声音系列或视觉系列。这类信息也可以是具身的，声音可以通过听觉系统表征，字形可以通过视觉系统表征。句法语言信息是指词以外的概念，如句法关系。

近年来理论研究发现，语言不仅是一个沟通系统，也是一个控制系统，它控制着人类心理来操控感觉运动经验（Lupyan & Bergen，2016）。语言指向他人，内在语言提供了建立预测的重要方式，例如，听一个词有助于人们的视觉系统加工噪声输入（Lupyan & Clark，2015）。语言也涉及身体经验，即产生声音，听到语言，并且很有可能在思考抽象词语时，会重新产生这些经验，重新演练语言获得的经验，自我解释语言意义，形成预测以应对评价中的感觉经验。更为重要的是，语言在抽象概念和与其相对应的词语的加工中的作用，相比具体概念及具体词语显得尤其关键和重要（Borghi et al.，2017）。

3. WAT 主要观点

（1）具身概念和抽象概念以不同的获得通道为特征。WAT 认为抽象概念的指代物并不是单一的、具体的，而是稀疏和分散的，它们既可通过感觉运动经验获得，也可通过语言输入获得。此外，物理环境可以支撑具体概念获得，但难以支撑抽象概念获得，语言本身在抽象概念获得中起着脚手架的作用。获得通道研究表明，一些词语主要是通过感觉运动经验获得的（例如，"bottle"），更多的抽象词语则主要通过语言输入获得（例如，"philosophy"），而有一些其他词语处于中间状态（例如，"tundra"）（Granito，Scorolli，& Borghi，2015）。在儿童认知发展研究中，抽象概念比具体概念习得要晚，要在已经掌握了大量词语的基础上进行。为了获得抽象词语，儿童需要大量的词语、语言知识、句法和语义等（Gleitman, Cassidy, Papafragou, Nappa, & Trueswell, 2005）。儿童习得具体词语大多数情况是将自己置于词语与它们指代物之间的联结机制上，而抽象概念的学习可能不仅需要语言知识，也需要熟练的社会交往能力。不同的获得通道成为具体概念与抽象概念的区分特征。

（2）抽象概念与具体概念在大脑中的概念表征不同。抽象概念与具体概念因获得的通道不同，而使其在大脑中的概念表征也有所不同。假设抽象概念的指代物具有多样性和分散的特征，那么其所涉及的脑区就比具体概念涉及的脑区分布更广，更缺乏集中性（Rodríguez – Ferreiro, Gennari, Davies, & Cuetos, 2011）。当具体概念与抽象概念都会激活感觉运动网络，作为语言加工系统的部分脑区在抽象概念加工时比具体概念加工时激活程度要高。

（3）抽象概念与具体概念的具身对应不同。既然抽象概念的获得在很大程度上依赖于语言信息和社交环境，那么抽象概念的表征和加工中将更多激活语言活动的主要效应器——嘴部相关的运动系统，而具体概念更多与操作动作相关，激活手部相关的运动系统。嘴部运动的限制很可能会影响抽象概念的加工和理解，而对具体概念影响不大；而手部相关运动限制则主要影响具体概念的加工。语言和嘴部的参与是因为获得经验的语言性激活，或是使用内部语言形式帮助重新解释意义，或两者兼而有之（Borghi, Caramelli, & Setti, 2016）。

（4）抽象概念比具体概念更可能受到语言间差异的影响。抽象概念比具体概念更易受到社交背景的影响和限制，不同的文化对语言的限制和影响可能更多地反映在抽象词语和抽象概念上，而对具体概念影响较少，因此，抽象概念更可能受到语言间差异的影响。

（二）支持证据

1. 抽象概念与具体概念的获得通道不同

现有的语言获得研究支持抽象词语与具体词语的获得通道不同，具体词语以感觉运动通道直接获得，而抽象词语更多通过语言获得。例如，以获得的年龄（Age of Acquisition, AoA）和获得通道（Mode of Acquisition, MoA）作为区分抽象与具体词语的属性，与词语的具体性和抽象性作相关分析，结果两者都与词语的具体性负相关，与抽象性正相关。即词语越具体习得得越早，通道越偏感觉运动；词语越抽象习得得越晚，通道越偏向语言（Della Rosa, Catricala, Vigliocco, & Cappa, 2010）。在认知老化的研究中，也发现相比具体概念，老年人的抽象概念保持较为完好（Borghi & Setti, 2017），这也证明老年人相对完好的语言能力和语义知识在老年人抽象概念的保持上起到了作用。

　　社交能力也与抽象词语学习有特定关联。抽象概念能够被理解是与一些重要的社交技能的出现和发展相对应的。当儿童能够追随他人的目光，发展出联合注意，才有能力确定哪些是他和别人"都知道的"（Carpenter，Nagell，Tomasello，Butterworth，& Moore，1998）。社交技能的发展成为很多抽象概念获得的前提。根据抽象词语习得的研究发现，因为抽象概念缺少对应的指代参考物（例如，"all gone" 和 "eat"），儿童要在大约 10 个月时才会初步理解，理解变得稳定要到 14 个月（Bergelson & Swingley，2013），而对具体概念（例如，"apple"）在 6 个月时已经能够理解。最近的研究发现，在语言学习过程中，仅有语言刺激并不能使婴儿理解特定词语的意义，社交互动起着关键作用（Hakuno，Omori，Yamamoto，& Minagawa，2017；Roseberry，Hirsh - Pasek，& Golinkoff，2014），这种交互性同样会促进成人的第二语言学习（Verga & Kotz，2017）。

　　2. 抽象概念与具体概念有不同的脑机制

　　与通道效应相似，研究者发现，人们对同抽象或同具体的动宾组合短语（抽象 - 抽象，例如 "describe a concept"，或具体 - 具体，例如，"grasp a flower"）要比不匹配（抽象 - 具体，"describe a flower" 例如，"grasp a concept"）的反应快（Scorolli et al.，2011），这意味着抽象和具体概念以不同的局部回路表征，从一个回路到另一个回路（例如，从核心感知运动到语言系统），意味着加工时间的耗费。脑成像研究中使用与 Scorolli 等（2011）相同的思路，发现抽象内容和具体内容都会激活核心感觉运动区，它们是左侧（前中回）和中间（辅助运动区）前运动皮层；纯具体内容（例如，"to caress the dog"）诱发左侧额下回（三角部 pars triangularis）和左侧顶下皮层的两个点，而纯抽象词语对（例如，"to think of the idea"）涉及左侧中间颞叶回的前部，该部分被认为是语言加工系统（Sakreida et al.，2013）。这表明抽象概念与具体概念的表征共享着感觉运动神经网络，但具体概念加工更倚重感觉运动系统，而抽象概念加工更依赖语言系统。Hoffman，Binney 和 Lambon Ralph（2015）确认，具体概念更多与视觉经验相关，抽象概念更多与听觉经验相关，表现在背侧颞区对抽象概念的高度激活，腹中颞叶区对具体概念的高度激活，两种概念一致激活腹侧前颞叶（ventrolateral Anterior Temporal Lobe，ATL）。

　　此外，表达心理状态和社会认知的抽象词在中间前额皮层和颞上回有更多激活，而表达计算的抽象词主要激活区则在双侧顶内回，这支持抽象概念以分布式网络结构进行表征的观点，认为抽象表征受到所表达内容的限制（Wilson-Mendenhall et al. ，2013）。

3. 抽象概念与具体概念对应的具身效应的不同

WAT 认为抽象概念表征更多依赖于语言，而语言主要的效应器在嘴部，因此与抽象概念对应的具身效应将表现在嘴部运动上。Borghi 的研究初步证明了这一点。研究中让被试对抽象和具体的定义与抽象和具体的词语作匹配性判断，判断的部位分为手部反应和嘴部反应。结果发现，词语类型（抽象和具体）与反应效应器（手部和嘴部）有交互作用，在具体概念上手部反应比嘴部反应快，但在抽象概念上手部反应明显下降（Borghi & Zarcone，2016）。其他研究也有类似的发现（Borghi, Flumini, Cimatti, Marocco, & Scorolli, 2011；Ghio et al. ，2013；Granito et al. ，2015），这意味着抽象概念与具体概念不同，嘴部反应与其加工更具对应关系。

此外，控制嘴部的运动也将影响抽象概念的加工。一项研究中，让 35 名发育正常的儿童在两种条件下边观察涉及说 15 个词的无声视频，边完成了《修订的 Craig 唇读问卷》；两种条件：一是水平方向在他们的牙齿之间放一个压舌器（用以阻断面部/嘴动作），二是用一只手挤压球（控制条件：让嘴部可以自由运动）。结果发现阻断嘴部动作比控制条件下的词语理解的正确率下降（Turner, McIntosh, & Moody，2015）。更有研究发现，过度使用安慰奶嘴可能会对儿童抽象概念的掌握有不利影响（Barca et al. ，2017）。

4. 抽象概念比具体概念更易受语言内容的影响

抽象概念比具体概念更容易受语言内容的影响。例如，对具体概念"容器"，中国人、西班牙人和英国人的反应具有一致性（Malt, Sloman, Gennari, Shi, & Wang，1999）。而抽象概念在不同语言中不仅命名不同，其概念内容也有差别。例如，因文化环境不同，中国各民族的亲属词在内涵上就存在较大差异，摩梭人因其原有社会为母系社会，其对母系亲属词的反应比父系亲属词快，而汉族人则无差别（和秀梅等，2015）。

（三）评价

WAT 是针对抽象概念提出的理论，认为概念越抽象，语言表达的信息和语言形式就越重要，因为它们可以弥补知觉经验的下降，并且聚拢不同的成分。作为一种具身认知理论，WAT 并不认为，语言表达的信息与语言形式信息与抽象概念激活的内容相矛盾。此外，WAT 不仅能够集中解释概念表征，也能解释词语获得。因此 WAT 提供了一种可能，将两种研究取向——儿童的词语获得和成人的抽象概念表征——结合了起来。但 WAT 也存在一些问题。

第一，概念获得影响概念在脑中的表征，这种看法需要推敲和进一步研究。视觉功能的脑功能研究也许会为这个问题的解决提供思路。例如，海马旁区（Parahippocampal Place Area, PPA）对景观或大型的无法操作的事物会作出选择性激活。研究发现，正常被试（有视觉经验）在观看图片和听觉的体形大小判断任务中这一脑区都表现出对大型的不可操作的事物的选择性激活，更为重要的是先天盲人在完成听觉体形大小判断任务时，该脑区也出现了同正常被试一样的选择性激活反应。这说明至少海马旁区的功能并不直接与获得的视觉通道相对应，在没有视觉经验的情况下也能得到发展（Schwager & Rothermund, 2013）。与此相似，负责事物形状的枕颞皮层也被发现不仅表征视觉通道获得的事物（正常被试），也表征非视觉通道获得的事物（先天盲人）（Li, 2017）。这些证据提示，认知获得的通道与脑中的表征的关系并不是一一对应的，需要更深入的研究。视觉研究发现，视觉皮层中的枕叶皮层与后外侧梭状回与视觉经验相关，即通过视觉通道发展其功能，而腹侧视觉皮层的前中后侧则可能与其他的经验相关（Fu, Yu, Ni, & Li, 2018）。

第二，概念的获得通道和时间问题。概念意义的获得通道是指最初的获得通道还是使用某一特定的词语重新解释时的通道。例如，"算账"的引申义为"吃亏或失败后与人较量"。这个词很可能是在争议的情境中首次获得，但其后可能在课本上经过老师的解释重新加深语义理解。那么，哪个是它的确切的获得通道？哪个才是"获得"的时间？还是说多个通道都会在表征中起作用？这都需要进一步探讨。

第三，概念意义是必须通过社交加工还是也可以通过书面文本的方式获得？面对面的社交会促进概念的获得，那么网络的交往是否也具有这一功能呢？人类历史的发展过程中，书本是人类知识传递的重要途径，那么其在概念获得中是否也具有社交加工的作用呢？这都需要进一步的研究。

第四，WAT 认为语言解释能促进抽象概念学习，语言的获得使学习和表征抽象概念成为可能。语言为儿童提供了新的表征能力（例如，语言知觉符号能力），这对抽象概念表征尤为重要（Borghi et al., 2011）。但 WAT 的证据主要来自成人的词语获得和抽象概念的神经机制，并未得到儿童概念发展研究的证实（Pexman, 2017）。下一步应收集婴儿和儿童概念获得的数据，进行跨文化的研究，以检验抽象概念是否比具体概念更多地受到语言变化的影响。儿童在不同年龄阶段使用什么策略来学习和提取抽象概念，这将有助于我们了解哪个机制会帮助我们拓展具身和扎根的认知理论体系。Pexman（2017）认为概念隐喻、语言信息和情绪都在抽象概念的学习与表征中起作用，甚至还可能涉及其他机制。具体哪种机制在何时起作用，这依赖于儿童的认知发展水平、抽象概念的类型和任务条件。抽象概念的最初习得可能是通过情绪，随后在一定程度上通过语言和语境，然后是概念隐喻。这一发展过程可能有助于我们理解在儿童情绪理解发展、语言技能发展与隐喻思维能力发展中的差异。总之，对儿童抽象概念习得与发展的研究将有助于研究者深化对抽象概念的认识，拓展具身认知理论。

三、温和具身认知理论——具身理论发展的新取向

抽象概念的情绪表征与 WAT 作为温和具身认知的主流理论，分别强调了情绪与语言信息在抽象概念表征中的突出作用，但是其共同的假设概念是以多重方式进行表征的，抽象概念的表征具有多元性和情境性。

（一）抽象概念的多重表征

研究者要求被试分别就具体概念和抽象概念产生 10 个特征，让另外的被试依据他们的描述来猜测目标词。实验材料词语的语义丰富性（semantic richness）从特征数量（Number of Feature，NF）、上下文分布程度（Contextual Dispersion，CD）和语义邻居数（Number of Semantic Neighbors，NSN）（Pexman, Hargreaves, Siakaluk, Bodner, & Pope, 2008）等方面加以测量，结果发现，语义相关词的数量直接促进抽象词加工，即抽象词的早期加工与语言信息更相关，而特征数量直接促进具体词加工（Recchia & Jones, 2012）。之后的研究也支持这一结果（Danguecan & Buchanan, 2016）。这表明抽象概念受益于丰富的语言背景，而具体概念受益于丰富的物理背景。有研究者认为概念的抽象程度依赖于扎根感觉运动的程度，而同时也整合了语言的、社会的和内感的特征及经验（Goodhew, McGaw, & Kidd, 2014；Thill & Twomey, 2016）。Zdrazilova 和 Pexman（2013）的研究则发现对于抽象概念，知觉、情绪和语言的维度都在其表征中起着作用。

在脑机制方面，前颞叶被认为是负责整合白质联结和与特定通道相联系的皮层（Patterson & Lambon Ralph, 2015；Patterson et al., 2007）。前颞叶在表征抽象概念中起中枢作用。支持这一假设的证据主要来自语义性痴呆患者（semantic dementia）的研究。语义性痴呆由双侧颞叶前部（ATLs）退化引发，因为发病的具体脑区不同，在对不同类型词的命名和记忆受损上表现出个体差异，出现广泛性的语义功能损害。因此，前颞叶被认为是人类大脑中负责所有通道信息的整合的脑区，在那里信息以多重通道或"多异通道"（heteromodal）形式聚合（McCaffrey，2014）。

此外，在词汇判断任务的一项研究中，背外侧中枢感觉运动系统（dorsolateral central sensorimotor systems）受损的患者在再认工具词上受损，而在左侧辅助运动区有比较明确病灶的患者则在抽象 - 情绪词的加工上受损（Dreyer et al.，2015）。这表明，感觉运动系统对于抽象概念加工是必要的，具体概念与抽象词的系统并不是完全分离的，至少有部分的重叠。因此，具体概念与抽象概念都扎根在分布式的动作 - 知觉回路上。

（二）概念表征的情境性

近来的研究发现，概念加工在很大程度上会受到任务要求的影响，不同的任务要求为概念加工提供了不同的背景要求（Deutsch，Kordts - Freudinger，Gawronski，& Strack，2009）。例如，Moffat 等（2015）发现背景情境的可利用性在概念加工，特别是抽象概念加工中起着重要的促进作用。

Barsalou 的情境概念化框架（Situated Conceptualization Framework，SCF）认为，概念是大脑中动态的分布系统，用以表征环境或经验中的类别，控制与类别中的事例的交互作用（例如，自行车的概念表征并控制与自行车实物的交互作用）（Barsalou，2016）。概念系统的首要功能就是支撑人们在某一情境中的动作，同时概念的建立又依赖于情境，这样构成情境化的概念。情境概念化框架用于类化和解释当前的情境，预测情境可能发生的事件，并为达到预期的结果而采取行动。当遇到相似的情境时，记忆中相关的情境化概念激活，产生通过多重通道的预测推理。作为情境架构的大脑，其基本功能就是加工情境，包括情境成分和整合成分（Barsalou，2016）。Barsalou 等认为，传统的抽象与具体概念的划分是没有意义的，并重新定义抽象和具体概念。其中，具体概念是指加工情境中的外部成分，包括背景（settnings）、事物、实施者、外部动作和外部结果；抽象概念分两类，第一类源自情境的内部成分加工，包括情绪、动机、心理化和自我相关（例如，目标、价值、规范和确认）；第二类是整合的外部和内部成分的概念，即关系概念（Barsalou et al.，2018）。Barsalou 认为，唯有从情境角度出发考察概念，才能得到有意义的结果。近来的研究还发现，抽象概念的语言背景与语义特征在大脑中的表征是分离的，语言背景在高水平的语言加工系统中表征，而语义特征信息则以分散方式表征，表现出全脑激活的模式（Wang et al.，2018）。

总之，多重表征的观点能够利用神经心理证据，更好地解释抽象词语和具体词语之间的重叠又分离的关系，可以将语言信息与感觉运动信息结合起来进行思考，在传统的具身认知理论与分布式的解释之间寻求一种整合的可能性。

第三章　否定加工的心理学理论述评

　　否定是所有人类语言中被广泛使用的语言现象，也一直都是哲学家、逻辑学家、心理学家和语言学家研究的主题（Horn，1989）。否定（negation）通常是用来对事实、命题的成立，以及事物、属性、状态等概念的存在进行否认的。这一重要并且使用频率较高的语言单元，无论是在日常的人际交往中，还是在语言学、逻辑学、心理学中都具有十分重要的作用。通常人们将否定看作是否定句所要表达的意义，是一种思维方式，属于逻辑范畴；否定句是用来表达否定的句子，是一种语言单位（郑红明，1996）。否定既可以在语境中表达，又能够在单句中呈现。没有上下文语境，用来表达否定含义的单句称作独立否定句。

　　在各种语言中普遍存在"否定"这一语法特征，人们经常采用增加否定词的方法来变换句子的真值（Horn，1989；Zanuttini，1997）。自 20 世纪 60 年代后，否定研究便得到了众多心理语言学家的青睐（Clark & Chase，1972；Kaup，2001；MacDonald & Just，1989）。21 世纪初再次掀起了一股研究的热潮，大多心理语言学家依旧在研究语言理解中否定加工的时间进程及机制这一核心问题。

　　汉语常常被划分为语音、语义、语法三个层面，与现实生活中日常的语言交流息息相关，其中语义层面的作用尤为重要，否定词，如"不，不是，没，没有"等，只有出现在特定的词语前才能表达出否定意义（陈鹤，2010）。否定词可以用在动词前，否定动词所表征的动作（如"她不运动"）；用在名词或代词前，否定名词和代词所指代的人或事（如"这不是老虎"）；用在形容词、副词前，否定事物的性质或状态（如"这条路不宽"）；用在表示时间、地点以及状态的副词前，否定事物或事件的时间、地点以及其他的行为方式（如"这件衣服不是昨天买的"，"这些椅子不应摆放在这儿"）（张佑中，1982；宋来惠，2000；周国光，2002）。否定句的种类繁多，因此，要研究否定句加工时间进程和机制研究就要选定某一种类型来进行。

在心理学领域，否定的加工最先得到研究（Wason，1959），而发展到今天否定研究涉及否定加工的时间进程（Kaup，Lüdtke，& Zwaan，2006a，2007a）、被否定信息的通达（Giora，Fein，Aschkenazi，& Alkabets - zlozover，2007）、否定对情绪的调节作用（Herbert，Deutsch，Platte，& Pauli，2013；Herbert，Deutsch，Sutterlin，Kubler，& Pauli，2011）等重要问题。但核心问题——否定加工的实质依然莫衷一是，心理学家们还未有普遍共识。这些理论大体上分为两类，即命题理论与具身理论。否定加工的命题理论，主要集中在思维和推理研究中，将否定视为外显的逻辑符号，是对否定辖域中信息的一种外来的影响，如建构互补的心理模型（Khemlani et al.，2012）。而否定加工具身理论则认为否定是通过感知运动来表征的，它以时间耗费（Kaup，Lüdtke，et al.，2007a）或空间的延展（Anderson，Huette，Matlock，& Spivey，2010）实现具身化。本书旨在通过对否定加工的理论与相关研究的分析，提出自己的一点见解，以引发广大研究者的关注，加快对否定加工机制的深入研究。

第一节　否定加工的命题理论及其局限性

一、早期的命题理论对否定加工的解释

否定加工的早期研究集中在句子的极性（polarity：肯定或否定）与句子所表达命题真值的交互作用上（Wason & Johnson - Laird，1972）。Wason（1959，1961）最早发现否定论断较肯定论断难以进行核证，核证否定论断的反应时长、正确率低；进一步研究发现极性与真值之间存在交互作用，即真值肯定句比假值肯定句的核证快，但假值否定句比真值否定句核证快（Wason & Jones，1963）。Wason（1959，1961）的研究为其后的否定与真值关系的研究奠定了基础（Clark，1974；Clark & Chase，1972；Dale & Duran，2011）。

基于第一代认知科学的理论假设，命题理论认为思维、语言与认知等高级心理机能与身体无关，是以抽象符号的方式在人们的头脑中进行编码和存贮的（Kintsch & van Dijk，1978）。命题理论经历了从命题表征理论（Propositional Representation Theory）到情境模型理论（Situational Model Theory）（Kintsch & van Dijk，1978）和心理模型（Model of Mind）（Johnson - Laird，2006）的发展。

在这一发展过程中，主要是对表征的内容与形式进行了理论修正。例如，Clark 和 Chase（1972）使用句子 – 图片核证任务，得到了句子极性与真值的交互作用，即在读到肯定句"加号在星号上面"后核证 $\genfrac{}{}{0pt}{}{+}{*}$ 要比 $\genfrac{}{}{0pt}{}{*}{+}$ 反应快，而读到否定句"加号不在星号上面"后核证 $\genfrac{}{}{0pt}{}{*}{+}$ 比 $\genfrac{}{}{0pt}{}{+}{*}$ 快。对于这一结果，命题表征理论认为，存在两种不同的加工策略，即表征比较加工策略和真值相同的转换策略，不同的反应模式是由于对这些命题表征操作的不同造成的。情境模型理论则认为，人们不用将图片转换成命题，而是建构句子所描述的情境模型，再与图片进行比较作出判断。心理模型理论与情境模型理论相似，认为语言的主要功能是使人们用施事者（agent）的经验，依据别人的言语构建一个针对某一情境的心理模型。这样首先提取词的意义（内容）以及它们之间的语法关系，然后再根据这些内容建构或更新心理模型，即利用知识先在心理词典中提取加号、星号、上面以及"不"的意义，之后建立三者关系的心理模型。但无论是哪一种命题表征的理论，其中否定作为一种高度抽象的语言现象，被认为是一种外显的逻辑符号，表达了对被否定内容的背离，被外显的表征。

二、否定加工的"图式＋标签"模型

Mayo，Schul 和 Burnstein（2004）将 Clark 和 Chase（1972）对否定加工进程的解释命名为"图式＋标签"模型（Schema – plus – tag Model）。他们认为，否定算子（negation operator）是一个标签，它可以与信息的核心概念分离或分割开。例如，"加号不在星号上面"，核心假设就是"加号在星号上面"，这是一个认知单位，而否定算子"不"则是一个标签，在加工"加号不在星号上面"这个句子时，"不"这个标签在一定的时间点内与核心假设是分离或分割开的，而核心假设首先得到加工。研究中，以"Tom is a tidy person"和"Tom is not a tidy person"为人格特征描述句，后面设了两种行为探测句：如"Tom's clothes are folded neatly in his closet"（肯定句：一致，否定句：不一致）与"Tom forgets where he left his car keys"（肯定句：不一致，否定句：一致），要被试作出前后两种是否一致的判断。结果发现，肯定句的一致条件比不一致反应快，而否定句却是不一致条件下比一致反应快。这说明，在 500 ms 的探测时间内否定标签并未与核心假设整合，核心假设首先得到加工（Mayo，Schul，& Burnstein，2004）。

不难看出，"图式＋标签"模型非常明确地认为否定是一个标签，即一个抽象符号。从否定加工的进程上看，支持否定加工阶段论，即被否定的信息首先得到加工，否定的标签与被否定信息的融合要在其后进行，并且是否融合还要受到诸如被试的情绪状态（Haran，Mor，& Mayo，2011）、认知特点（Schindele，Lüdtke，& Kaup，2008）以及是记忆系统还是态度系统（Grant，Malaviya，& Sternthal，2004）的影响。

三、否定加工的模型理论

Khemlani 等（2012）将心理模型理论应用于否定的表征、理解和使用，即否定加工的模型理论（Model Theory of Negation）。心理模型理论认为，心理模型的建构是依据知识的，在言语所描述的基础上建构可能的模型，即个人使用肯定论断（assertion）的意义去设想它所指代的各种可能性：每种不同的可能性都是以图像（iconic）的模型在心理上进行表征的，图像模型对于各种可能的状态都是适用的。该理论认为，否定指代的是对应的肯定或对应的肯定成分所指代的模型的互补模型。例如，"花不是红的"对应的肯定论断是"花是红的"，那么"红色的花"的互补模型就非常多，因为花可能是"黄色的""蓝色的""粉色的"等。因此，要理解否定句，人们就要建构起所有可能的模型。这样，对否定的理解，特别是含有"如果""和"以及"或"等逻辑形式的否定句的理解，就会变得非常困难。对此，他们没有理由认为逻辑形式具有心理现实性，而对于理解否定的个体而言，则倾向于为否定只指派小范围的辖域，使他们必须要考虑可能的模型的数量最小化。而小的否定辖域减少了工作记忆中要保持的模型数量，提高了加工速度。否定的核心意义是为模型集合提供互补的模型。该课题组其后证明了在否定加工后期，在两极（非此即彼）背景下，人们把他们的视觉注意转换到替换的版本上，但是在多极背景下，视觉注意转移到被否定的论题上，作者认为这证明在没有明确互补模型的情况下，否定是以符号形式表征的（Orenes，Beltrán，& Santamaría，2014）。

需要指出的是，否定加工的模型理论中，虽然认为心理模型的内容可以是图像的，但模型中的大部分内容不能用知觉表征，其中就包括否定本身。在该理论中否定是以符号表征的，这个符号必须通达否定的意义。因此，否定是外显表征的。同样，国内学者提出的锚激活与限制满足模型也基本上属于这种折中的理论（陈广耀等，2014），这里不再详述。

此外，否定的模型理论强调上下文在加快否定加工中的作用，但上下文的作用是否就是减除其他不合适的可能模型，还需要进行针对性的研究加以证明。

四、否定加工的命题理论的局限性

综上所述，否定加工的命题理论始终将否定看作是高度抽象的逻辑符号，对否定加工的机制持一种极端的观点，这对全面了解否定加工的实质是有局限的。否定加工的命题理论在解释一些否定加工的研究结果上是有困难的，它具体表现在以下三方面：

第一，否定加工的命题理论无法解释确定性无边界否定的结果。对反义词的研究发现，对不同类型的反义词对而言，否定的结果是不同的。例如，对于"生—死"的反义词，否定其中一端就意味转向其对立面，"没有死"即"活着"。但对于"美—丑"一类的确定性无边界反义词，否定其中一端只是意味着此端的弱化或减轻，和向另一端的趋近。例如，"不美"不等于"丑"，而"不丑"也不代表"美"。因此，不管否定"美—丑"的哪一端，其结果是界于美丑这一连续体之间的某个位置，或偏于"美"或偏于"丑"（Fraenkel & Schul，2008）。国内的研究也证明了这一点，例如，理解"门不宽"这一否定句的中后期对"偏窄而不是窄"的门的反应更快（崔如霞，高志华，唐艺琳，何皓璠，鲁忠义，2016）。按命题理论推理，"宽—窄"之间有无数的备选模型，最终表征结果就是符号性的"不 + 宽"。"偏窄而不是窄"的结果是命题理论无法解释的。

第二，否定加工的命题理论无法解释否定加工的即时性。越来越多的实证研究发现，否定加工是非常迅速的，在句子呈现完之后 0 ms（Aravena et al.，2012；Autry & Levine，2014；Bartoli et al.，2013；Foroni & Semin，2013；Tomasino，Weiss，& Fink，2010）或 250 ms（Deutsch et al.，2009）就表现出对所否定内容的抑制作用。最新的研究以"Almost every weekend Mary bakes some bread but no cookies for the children"为实验材料，控制探测的位置，结果发现对被否定信息"cookies"的抑制会出现在 0 ms，但这种抑制作用在 500 ms 和 1000 ms 却消失了，即被否定的信息表征或事件的被否定状态的模拟则在工作记忆中占据优势（Autry & Levine，2014）。命题理论认为否定加工的第一步是核心的肯定论断或"锚点"，然后才是否定符号与核心命题的结合。据此，它对否定的即时性加工是无法解释的。

第三，否定加工的命题理论也难以解释否定加工中记忆与态度的分离。研究发现否定对记忆与态度的作用呈现出分离现象，即否定只影响对信息的记忆，而不影响态度和判断。换言之，被否定信息在判断中的通达性很高，而在记忆中通达水平则下降（Grant et al.，2004；Mayo，Schul，& Rosenthal，2014；Tybout，Calder，& Sternthal，1981）。这一现象也很难用命题理论加以解释。

第二节　否定加工的具身理论及其局限性

具身认知（embodied cognition）或体验认知，受到具身哲学（embodied philosophy）的影响，并整合了认知科学最新的研究成果，提出了"认知、记忆和思维的基础在于感觉运动"的观点。目前，在具身认知的理论背景下，语言理解研究成为一个热点。语言理解的体验观认为，语言理解是以人们已有经验为基础对句子或语篇所描述的情境建立心理模型，是对事件所描述状态的心理表征，是当前的经验与以往的经验痕迹的共振（resonance）过程，即语言理解是对语言描述的情境的再次经历（鲁忠义，高志华，段晓丽，刘学华，2007）。经过大量研究，相继提出了索引假设（Indexical Hypothesis）（Glenberg & Robertson，1999）、浸入式经历者框架模型（Immersed Experiencer Frame）（Zwaan，2004）、多模态假设（Multimodality Hypothesis）（Barsalou，2008）、语言聚集假设（Linguistic Focus Hypothesis）（Taylor & Zwaan，2009）等体验性的语言理解观点。

一、否定加工的两步模拟假设

Kaup，Zwaan 和 Lüdtke（2007）提出了否定加工的具身观点——两步模拟假设（Two - Step Simulation Hypothesis）。两步模拟假设认为否定句加工是分阶段进行的，第一步，建立事件的期望状态的心理模拟，即建立与之对应的肯定句所描述状态的模型或模拟句子中被否定的事件状态；第二步，建立事件的实际状态的心理模拟。值得关注的是在否定加工的时间进程方面，两步模拟假设与"图式＋标签"模型看似一致，但实则不同。两步模拟假设认为否定算子的表征是知觉性质的表征，是以时间上的消耗、注意焦点转移和期待的落空等知觉运动内容相联系的具身表征，是一种内隐表征（Kaup，Lüdtke，& Zwaan，2007b）。之后，Kaup 等人（2006，2007）鉴于两步模拟术语上的绝对化倾向，为避免误导，改称为否定的经验模拟观（Experiential Simulations of Negation）（Kaup et al.，2006a；Kaup，Yaxley，et al.，2007）。但是，无论是两步模拟假设还是否定的经验模拟观，否定在该理论中可以概括为时间耗费，即否定的表征是两种事件模拟的转换及时间上的消耗。Kaup 等人（2006，2007）设计了一系列实验验证了该理论，发现在加工的初期（250 ms）模拟事件的被否定状态，中期（750 ms）为注意力转换期，加工后期（1500 ms）模拟事件的实际状态，最终完成加工。一项 ERP 研究（Lüdtke，Friedrich，De Filippis，& Kaup，2008）也支持了这一假设。

二、否定加工的知觉模拟理论——空间的轨迹

Anderson 等（2010）提出了否定的知觉模拟理论（Negated Perceptual Simulations）。他们认为语言可以表现为一种神经状态的空间轨迹。语言表征的神经活动的内部模式同时伴随着与感觉和运动皮层的神经活动相关的模式。本质上讲，在时间上连续相互作用的知觉、认知和运动表征，与状态空间中部分重叠的邻近空间表征结合起来，使得语言的感觉运动具身性成为一个无可争辩的事实。

在 MacDonald 和 Just（1989）的研究中，使用探测词再认任务，发现在否定辖域中的词再认困难，但与该词语义高度相关的词的再认却不受影响。例如，在"Almost every weekend，Elizabeth bakes no bread but only cookies for the children"这个句子中，否定算子会减弱"bread"概念的启动，却不会减少"butter"概念的启动。据此，Anderson 等（2010）认为，否定的加工过程是一个激活与抑制的过程，否定概念"no"可能和概念"bread"同时激活，但否定概念通过侧向连接（lateral connection）逐渐修改"面包"概念，不是默认面包出现（default sense），而是确认"面包缺席"（absence of bread）。"面包"概念的确将其最初的激活扩散到了语义空间中与之相近的概念上，但由于在概念的整合过程（conceptual blending process）中，否定概念对"bread"概念有充分的抑制作用，因此，否定加工需要耗费一定的时间。

Anderson 等（2010）借鉴了 Fauconnier（1994）的心理空间框架的观点，提出否定表征是一个状态空间上的替代性轨迹（alternative trajectory）。在 Fauconnier（1994）的理论中，被否定的陈述就是建立一个与肯定陈述相对立的替代性空间。Anderson 等（2010）设想，肯定状态和否定状态分处于一个渐变的心理

空间的两端，句子理解随着时间逐渐展开。以句子"饭橱里没有饼干"为例来说明，两种互补的选择性心理空间以渐变的形式分布在状态空间中，一端是肯定状态区域（饭橱里有饼干），另一端是被否定状态区域（饭橱里没有饼干），加工过程就是要在这个空间中穿行。即加工就是状态空间轨迹（state – space trajectory）的具身化，是建构这两种心理空间的时间依赖性。在加工的过程中，首先是一个背景独立阶段，其次才是背景整理阶段。对应于神经网络，形成否定的动态性概念，就是在神经网络的状态空间中形成轨迹。否定是对所在状态空间中不同区域内容的修饰者，而不是独立的基于逻辑规则的离散符号。否定的神经模型的运行是以并行的分布加工框架为基础的，并不是正式的逻辑框架。否定是一种背景，它激发的轨迹与某一事件或可能的替代者基本上等距，然后，一旦听到否定词后面的某个词，就能很容易甚至更快地选择这一版本，而不是肯定版本，到达替代版本的意义或位置或状态的默认。因此，Anderson 等（2010）认为，否定加工并不一定是两步，而很可能是一步完成的。其后该课题组运用计算模拟技术，以否定的知觉模拟理论为基础设计程序运用于否定的加工，结果发现，该程序具有较高的加工成功率，证明了将否定视为空间轨迹有一定的心理现实性（Huette & Anderson，2012）。而 Dale 和 Duran（2011）使用鼠标 – 运动轨迹测量技术（mouse – movement trajectories）直观地考察了否定对认知动态性的影响，结果表明，理解否定句比肯定句出现了鼠标运动轨迹的偏离，这不仅仅是一个反应速度问题。其后同样使用鼠标技术进一步证明否定加工是一个知觉调节的累积加工建构过程（Huette，2016）。

三、否定加工的具身理论的局限性

两步模拟假设与知觉模拟理论虽然都认为否定本身是具身表征的，但它们之间主要有三点不同：一是知觉模拟理论视否定为一种背景信息。否定加工是随时间变化而变化的动态知觉模拟（就像在持续的空间轨迹中穿越），而不是两幅静止图像的转换。二是知觉模拟理论视否定为心理空间的轨迹，而两步模拟假设则认为否定是时间上的耗费。但需要指出的是，其实时间与空间是相互关联的，但不是完全对应的。三是两步模拟假设认为否定句（后期强调独立呈现）的加工要经历从被否定状态向实际状态的两步转换；而知觉模拟理论则认为模拟不一定要两步完成，一步内也能完成对实际状态的模拟。两步模拟假设是具身理论解释否定的发端，知觉模拟理论则是具身理论在否定研究领域的进一步发展。

需要指出的是，Kaup等（2006，2007b）的研究结果既可以用他们提出的两步模拟或经验观来解释，也可以用命题理论或否定的心理模型来解释。换句话讲，使用句子－图片匹配范式得出的结果，只能证明在否定理解的过程中，存在着知觉表征，但不能直接证明否定算子本身是知觉运动表征的。所谓的"两种模拟状态的转换"带来"时间的消耗"的解释，对改良的命题理论（如心理模型理论）来说，也是勉强可以接受的。同样，因在知觉模拟理论的实验中使用的是对立的谓词，因此得出了一步模拟的结果。总之，目前具身理论对于否定加工的机制还处在是两步模拟还是一步模拟的争论上，都还没有触及否定加工的本质问题。

同样，具身理论在面对前面命题理论的问题时也显得解释乏力。第一，否定的知觉模拟理论（Anderson et al.，2010）虽然能够解释否定反义词对中的一端产生的弱化现象，但它却无法解释否定"生－死"这样的反义词对为什么比否定"宽－窄"一类的反义词反应更快的问题。第二，否定的知觉模拟理论虽然支持否定的一步模拟假设，但仍认为否定加工需要一定时间，如在否定句阅读1000 ms之后（Anderson et al.，2010）。据此，无法解释否定加工的即时性。

第三节　否定加工的命题理论与具身理论的争论

综观否定加工的理论，命题理论与具身理论的争论焦点就在于"否定"是如何表征的，否定加工的机制是什么。命题理论认为否定就是对一个背离符号的抽象表达，它对应于表征系统中特定的操作符号，其优点是解释力强。Khemlani等（2012）使用其所提出的否定的模型理论解释非常复杂的推理问题，但问题也正在此，很难从实证角度来验证否定的抽象表征是什么。具身理论则认为否定并不是一个逻辑符号，而是一个由经验重叠而逐步形成的动态模拟的轨迹，是一个随着加工时间推进的模拟过程。其优点是将否定的加工具身为时间进程或在心理空间的穿行，问题是具身化的具体过程仍然含糊不清。

否定到底是抽象的逻辑符号还是可以归结为具身的时空变换依然不清，这其中涉及一个非常重要的问题，即抽象与具体的区分标准是什么。

传统的命题理论认为抽象概念与具体概念一样，都是随意的离身符号，不受具体情境的影响，是一种跨情境确认假设（trans – situational identity assumption）（Tulving，1983）。命题理论的这一看法受到了质疑（Barsalou，1999；Glenberg，Witt，& Metcalfe，2013）。具身理论认为抽象概念与具体概念是一样的，它们都具有具身性，表征的基础在于感觉运动。抽象概念往往通过隐喻，即通过将源域的图式结构（具体的感觉运动信息）映射到目标域（非感觉运动信息）上来表达和理解目标域（张恩涛，方杰，林文毅，罗俊龙，2013）。而次级具身理论（secondary embodiment）则试图将两种对立的理论取向加以融合，一方面，接受具身认知观点，认为语言认知过程中的确存在着感知运动的成分，但其更多的是语言认知的副产品（Meteyard et al.，2012）；另一方面，则抓住具身认知在抽象概念解释中的软肋，抽象的概念依然是以符号进行表征的（Tettamanti & Moro，2012；Weiskopf，2010）。

那么，抽象与具体的划分标准是什么呢？对于具身理论而言这不是一个问题。因为它假设无论是具体还是抽象的表征都扎根在感觉运动中，抽象与具体的区别只在于与感觉运动系统中神经网络重叠和复起的程度（Taylor & Zwaan，2009；Zwaan，2004）。换句话说，具体与抽象概念是相对的，它们处在感觉运动表征维度开放的两端，词汇所指代的意义则处在该维度的某一点上。这一假设在隐喻一致效应的研究中得到了证实（Lakens，Semin，& Foroni，2011；Lakens，Semin，& Foroni，2012），即抽象概念具有相对性。但对于温和的具身认知理论（weak embodiment）与次级具身理论（Meteyard et al.，2012）来说，因为其假设抽象概念与具体概念隶属于不同的表征系统，这样衍生出的问题就是人们是如何快速划分抽象和具体概念的，又是如何应用不同的表征系统对这些概念进行加工的，两种表征系统又是如何相互联系进行信息流动的？对此，目前仍然缺乏普遍认同的解释与相关的实证研究。

Kousta，Vigliocco，Vinson，Andrews 和 Del Campo（2011）提出的抽象表征的具身理论观点也许能为否定的具身表征提供新的思路。该观点认为抽象概念扎根于人类的内部情态，其中最为重要的就是情绪。而从个体的发展来看，情绪的发展先于语言的发展，指向情绪、心境或感受的词汇的获得实际上很可能是语言发展中一个关键的步骤，它是抽象语义表征发展的基石。抽象词汇构成了一种从词汇到世界（即使是内在的世界）映射的可能性（Kousta et al.，2011）。儿童语言发展的研究就表明，76.7% 的年龄在 18—23 个月的儿童已经获得了词汇 "good" 和 "happy" 的意义（Ridgeway，Waters，& Kuczaj，

1985）。该课题组早期的研究发现，有情感联结的词汇比中性词汇加工快，因为抽象词汇负荷更多的情绪，抽象词汇比具体词汇也有其加工的优势（Kousta et al.，2009）。Vigliocco 等（2014）发现，效价评级能够显著地预测具体性评级，甚至考虑到可想象性成分后，这种关联性依然存在。换句话说，一个词的效价越高，它就越抽象；相反，一个词越倾向于中性，这个词就越具体。其后的 fMRI 研究进一步证明，对于抽象词汇，情感联结的评级能够预测喙状前扣带回皮层（rACC）BOLD 信号的调节，该区域与情绪加工有关（Etkin, Egner, Peraza, Kandel, & Hirsch, 2006）。同样作为一种抽象语言现象的否定是否也是通过情绪实现具身表征的还有待进一步研究。

需要指出的是，无论是从命题理论还是具身理论的角度出发，否定加工的研究都是相对于肯定而展开的。也就是说，否定的研究往往是以被否定的内容（对应于肯定）再加上否定之后它的再认时间、判断时间、核证时间、ERPs 潜伏期与波幅的相对变化、眼动轨迹和脑区的激活增加或下降等为因变量指标，通过二者的比较来研究否定加工的实质。这些都基于一种信息的串行加工假设，即否定是在肯定版本的基础上的加工，但有研究已经发现否定加工的即时性（Lüdtke et al.，2008）与无意识性（Armstrong & Dienes, 2013; van Gaal et al.，2014a），这意味着否定的加工很可能是自动化地与肯定版本并行加工，因此，如果否定加工的特征只依赖于与肯定版本的对比，那么在研究方法上是有局限的。

此外，越来越多的研究结果表明，恰当语境会加快否定的加工（Autry & Levine, 2014; Nieuwland & Kuperberg, 2008），有助于被否定信息的抑制或保留（Giora et al.，2007; Orenes, Moxey, Scheepers, & Santamaría, 2016）。我们将影响否定加工的语境因素划分为"直言语境"和"语用语境"两种，指出"直言语境"侧重的是前后文与被否定信息的语义上的前后呼应；而"语用语境"侧重否定表达的恰当性与否和言外之意。其中否定的语用研究日益受到研究者的关注。有语言学家关注否定使用的语用背景认为，否定有其特定的使用意图，用于表达例外，是对读者或听者预期的一种违反（Jordan, 1998）。还有研究者提出"语用推理假设（Pragmatic – Inference Hypothesis）"，他们认为，真实语境中被否定的信息往往在被否定之前就已经被明确提出或在环境中呈现，例如，"小李买了苹果没买梨"，之所以要提到"梨"通常是小李之前说过要买"梨"或通常会买"梨"；如果没有提供恰当的环境或上下文，要加工否定句读者就需要首先推理出这个预设（presupposition）信息——"梨"，推理过程所消耗的时间就是否定加工较肯定加工多用的时间（Levine & Hagaman，2008）。而根据否定使用中语用条件的恰当与否，Nieuwland 和 Kuperberg（2008）划分了语用准许否定（pragmatically licensed negation）与语用不准许否定（pragmatically unlicensed negation）。语用准许否定就是否定一个可能的情况，比如，"鲸不是鱼"，这就是对可行的"错误概念"的否定，是有意义的，有恰当上文的否定也往往属于这一类；相反地，语用不准许否定则是否定一个无意义的信息（如"知更鸟不是树"），这会加剧否定的加工困难。不难发现，目前否定加工的命题与具身理论尚没有将语用因素或上下文条件有效地进行研究。

否定加工的命题理论和具身理论各持一端，或者认为否定加工是抽象的逻辑符号向核心命题（肯定论断）的对立面转换；或者认为否定加工是以时间耗费或空间延展为表征的具身过程。目前，尚未看到两大理论的调和的可能。

第四节　否定加工的抑制—反刍—再抑制理论

为了解决否定加工理论上的困境，我们认为，与其执着于否定加工的理论争论，不如换个角度，从被否定信息的抑制来研究否定的加工过程。从这一点出发，我们提出了抑制—反刍—再抑制理论（Suppression – Reactivation – Resuppression Theory，SRRST）来探讨否定加工的机制。抑制指将被否定信息排除在工作记忆之外，处于"下线（offline）"状态，表现为相关脑区的激活下降，或相关信息在探测时间内的反应时延长；反刍指将被否定信息再次进入工作记忆，处于"在线（online）"状态，表现为相应脑区的激活，或相关信息在探测时间内的反应快；再抑制则指将已经进入工作记忆的被否定信息再次排除到工作记忆之外，取而代之以实际状态的信息。

我们认为，否定句加工的起点是对被否定信息的无条件的抑制，随后是有条件地对被否定信息的模拟，最后是对实际状态的模拟。否定的起初抑制作用是在否定加工过程中立即发生的，即在否定加工的第一步是抑制被否定的信息，并且这种抑制是无条件的、自动化的和具身性的；之后，被否定的信息会被调入到工作记忆中，对其进行更进一步的详尽加工，而这一步的加工是有条件的、策略性的。如果否定出现的语境是合适的，就是说是语用准许的（Nieuwland & Kuperberg，2008），例如，语篇中被否定的信息已经在否定句之前提到了，在加工否定句时，否定的抑制即刻发生且无须反刍。因为被否定的信息在被抑制之前已经处于工作记忆之中，所以这种抑制迅速自然，省却了再次调用的过程，因此阅读顺畅性与迅速性与对应的肯定句几乎无异（Hald et al.，2013；Nieuwland & Kuperberg，2008；Orenes et al.，2016）。换言之，这种情况下的否定加工是一步完成的（Aravena et al.，2012；Bartoli et al.，2013；Foroni & Semin，2013）。如果否定出现的语境是不适合的，即语用不准许否定（Nieuwland & Kuperberg，2008），比如，否定实验中常用的孤立呈现的否定句，其中被否定的信息往往是突兀的，要加工整个句子，人们就需要把被抑制的被否定的信息（或预设）重新调入到工作记忆之中进行推理，即对被否定的信息状态进行加工，或者说是对被否定信息的激活（Kaup，Yaxley，et al.，2007；Mayo et al.，2004；Prado & Noveck，2006）。在这种情况下，在被否定信息得到加工后，最终与否定词整合完成对否定句的加工，而这种整合的结果是条件性的。如果被否定信息的备选项（alternative item）是确定的，那么备选项成为加工的最终结果（Kaup et al.，2006a；Nordmeyer & Frank，2014；Orenes et al.，2014）；但如果备选项是多个，否定模拟的最终结果将是被否定信息的抑制－激活的平衡，即被否定信息将保留一定的激活水平，直至备选项在后面的语境中被确定下来。在 Orenes 等（2014）的研究中当备选项为三个时，对被否定项的关注率有所降低，而对三个备选项的关注度却没有上升。

概括起来，抑制—反刍—再抑制理论有三个主要观点：第一，在否定表征的本质上，认为是具身性的，是一种灵活的抑制激活器，抑制与激活并行；第二，在否定的加工过程上，概括为抑制—反刍—再抑制的过程，解决了一步模拟与两步模拟的争论；第三，整合否定加工的语用理论，将否定加工的过程与语用条件相结合。

许多研究结果为我们提出的抑制—反刍—再抑制理论提供了佐证。首先，是否定的抑制激活性方面的证据。尽管否定的行为学研究结果差异很大，但较为一致的结果是被否定的信息在某一时间点的激活下降（Autry & Levine，2014；Kaup，Yaxley，et al.，2007）。脑研究也有类似的发现，否定会导致与被否定内容相关的脑区的激活下降（Bartoli et al.，2013；Christensen，2009；Tettamanti et al.，2008）。例如，在否定的 fMRI 的研究中，Tettamanti 等

（2008）以具体动作和抽象词为实验材料，发现左侧半球的额—顶—颞系统的激活水平和联结强度都有下降；Tomasino 等（2010）以具体的手部动作词为实验材料，结果发现，左右两侧初级运动皮层（M1）和运动前皮层（PM）的活动下降；而 Christensen（2009）从语义和句法两个方面分析了肯定句与否定句的区别，结果发现，否定表现在左侧前运动皮层 BA6 的激活增强，顶下皮层（SMG，BA40）激活下降，以及扣带回前部和后部的负激活。Tettamanti 等（2008）和 Christensen（2009）都发现，肯定在所谓的"默认模式"网络中激活水平上升，而否定引发该网络的去激活（deactivation）。否定的肌电研究也有相似的结果（Aravena et al.，2012；Foroni & Semin，2013）。而有脑研究发现，否定加工也会引起左侧外侧裂语言网络的激活增强（Herbert & Kissler，2014）。根据上面的分析，我们提出否定是一种具身的抑制激活器（suppressor – activator），即否定加工是一个抑制与激活并行的过程，抑制被否定信息相关的特定脑区，激活语义整合脑区。De Vega 等人（2016）的研究进一步证明，在句子理解中的 Go/NoGo 任务中，NoGo 试次中否定调节额叶的 θ 节律，而 θ 节律被认为是动作抑制和控制机制的标记，这暗示否定与动作控制或抑制共享着相同的神经机制（de Vega et al.，2016）。研究者使用 TMS 技术发现，否定对被否定信息的激活下降与抑制启动都开始于语义加工的最初阶段（Papeo，Hochmann，& Battelli，2016）。

其次，是否定的加工进程方面的证据。Mayo 等（2004）与 Kaup 等（2006，2007）尽管使用的术语不同，但他们都认为否定加工的第一步是加工被否定信息，然后才是被否定信息与否定整合后的实际状态；Anderson 等（2010）则认为否定加工可以一步完成。但近期实验却发现了否定加工的即时性，表现为被信息的激活下降（Foroni & Semin，2013；Bartoli et al.，2013；Aravena et al.，2012；Tomasino et al.，2010）。这些研究结果，为否定加工进程的抑制—反刍—再抑制假设提供了实验支持。

我们认为，SRRST 为否定加工中的许多问题提供了一种较为有效的解决方案。

首先，SRRST 可以较好地解释反义词对加工弱化现象。SRRST 将反义词对构成的语义框架或空间假设为一种语用条件，在没有其他上下文的条件下，"生—死"构成了语用准许条件，"美—丑"构成语用不准许条件，需要反刍过程，因此加工时间要长。

其次，SRRST 可以解释记忆与态度的分离现象。记忆与态度的分离得到了一些研究的支持（Kusev et al. , 2011；Zhao, Wu, Shen, Xuan, & Fu, 2012），说明记忆与态度属于不同的心理系统。具体到否定加工中二者的分离，我们假设二者在否定加工过程中的不同步性，即记忆系统中否定加工更快。"香肠里没蛆虫"被加工成了"香肠是卫生的"，在态度系统中加工缓慢，对负性的"蛆虫"给予更多的关注。当然，这还需要对此作进一步的检验，特别是它是否受到负性偏向的影响。

最后，SRRST 还可以为否定的无意识加工提供解释。Armstrong 和 Dienes（2013）研究发现"not baby"作为启动材料仅呈现 16 ms 到 64 ms，其后的正确判断率在 50% 以上，说明否定得到了阈下加工。SRRST 中，否定加工的起点就是抑制，并且这种抑制是无条件性的、自动化的，因此，其能实现在阈下水平上的抑制，也是 SRRST 所能解释的。

当然，抑制—反刍—再抑制理论还处于理论探讨阶段，需要进一步的实验验证，其中要解决下面两个问题。

第一，抑制的标识问题。除了 De Vega 等人（2016）的研究以额叶的 θ 节律下降作为抑制发生的指标外，而前面引证的被否定信息的抑制的指标基本都是反应时延长或正确率下降以及脑区激活下降，但这些指标都是与被否定信息直接相关联的。换句话说，否定手部相关的动作，导致手部动作相关脑区的激活下降（Tomasino et al. , 2010）；否定情绪词，对与之对应的情绪面孔的脑电波波幅产生变化（Herbert et al. , 2013）。如何寻找确定否定的更为一般性的抑制的标志性的指标将是否定抑制研究亟待解决的问题。

第二，要厘清否定的语用条件，特别是区分"预设"与期望。Jordan（1998）认为，否定的一个功能看起来就是它们暗示的有些事情是非同寻常的，或是与现存的期望相反的。有研究就证明，人们往往在描绘与刻板不相符的行为中更多地使用否定，而描述与刻板相符合的行为则较少使用（Beukeboom, Finkenauer, & Wigboldus, 2010），也就是说人们使用否定来表达对预期的违反。否定加工的语用推理假设和两步模拟假设都认为，读者或听者要首先形成对被否定信息的预设（Levine & Hagaman, 2008），预设在语用学中又叫"前提"或"先设"，是以实际的语言结构意义为根据，靠逻辑概念、语义、语境等推断出的话语的先决条件，是对话双方共同的假设或共同基础（Tian, Breheny, & Ferguson, 2010），例如，"某国国王不是秃子"的预设即"某国有国王"以及"国王是男人"等。可见，预期更关注读者或听者或基于个体经验或基于语篇情境的一种推断（Jordan，1998），预设是对话双方的共同背景的假设。但预期和预设的区别和联系究竟怎样，它们对否定加工又有什么样的影响，当前的否定加工理论均未涉及，需要进一步来探讨。

第四章　影响否定加工的因素

否定加工是心理学研究中的重要课题之一，但研究结果和理论解释不尽相同，例如，加工过程上有"一步说"和"两步说"之分。"一步说"认为否定加工可以一步完成（Anderson et al.，2010），"两步说"认为否定加工要先模拟事件的被否定状态，然后才模拟事件的实际状态，完成否定的整合（Ferguson，Sanford，& Leuthold，2008；Kaup et al.，2006a）。被否定的信息的表征有"抑制说"（或"拒绝说"）还有"保留说"，"抑制说"认为被否定的信息在一定时间内将被抑制，排除到工作记忆之外（Kaup et al.，2006a）；"保留说"则提出被否定信息不会被完全抑制，而会在一定程度上保留在工作记忆中（Giora，2007）。造成实证结果差异和理论分歧的原因是否定加工会受到很多因素影响，这些因素可以归纳为语境、否定的类型、实验任务和个体差异等，本章将分析这些因素如何影响否定的加工。

第一节　语境对否定加工的影响

语境（context）是语言环境或言语环境的简称。语境是语言赖以生存的根基，已经成为语言学家、心理学家、人类学家及认知科学家等共同关心的课题。语言加工不能脱离开语境，不能脱离开上下文来理解一句话，否定句的加工对语境的依赖性更为突出。下面将对语境作出分类，并阐述语境在否定加工中的作用。

一、语境的分类

语境是各种影响语言使用的条件因素，包括语言因素、物质因素、社会文化因素（李桔元，2008）。语言学家弗斯将语境分为两种，一种是上下文语境，来自语言内部的语言语境，这种语境是由字、词、句、篇章之间的相互关系构成，这是狭义语境，小语境，属于微观的语境；另一种是情境语境，来自语言外部的情境语境，它是包括语言与具体的社会环境相互作用过程中所涉的一系列因素，包括参与者的有关特征、参与者的语言行为、参与者的非语言行为三个方面。国内学者提出"语言语境"与"非语言语境"的分类（胡壮麟，2002）。非语言语境的提出体现了语用学的思想，即关注符号与符号解释者之间的关系，研究如何理解和使用语言，如何使语言合适得体（何自然，吴亚欣，2001）。近年来，语境的分类呈现出以语境同语言的关系为出发点的层级分类的趋势，在第一层面将语境分为言内语境和言外语境；在第二层面，言内语境分为语言知识和上下文语境；言外语境的分类争议较大，一般包括背景语境和情境语境，也体现了客观语境和主观语境（李桔元，2008）。鲁忠义和彭聃龄（2013）把语境分成狭义语境和广义语境。狭义语境是指言内语境，即通常意义上的"上下文"，狭义语境按语言单位的大小可进一步分成词语语境、句子语境和语篇语境。广义语境泛指一切语言环境，既包括狭义的上下文，又包括语言本身以外的语言环境，后者包括情境语境和个人语境。

对影响否定加工的语境研究成果进行分析整理，结合语境的分类理论，将否定相关的语境分为"直言语境"和"语用语境"两种类型。如果否定加工研究中侧重的是否定与上下文语义的呼应与连贯，那么我们视这种语境为一种言内语境。它是通过语言上直接的表达所构成的影响否定加工的语境，即"直言语境"。同样，如果研究中虽然也强调上下文的作用，但更多从言语交际的角度考察否定加工，关注否定使用的条件的适宜性，构成影响否定加工的言外语境，那么，我们就把这类否定加工研究中的语境称为"语用语境"。

例如，否定句"Jane did not bake a cake/bread for Tom's birthday/breakfast"，其中"cake – birthday"与"bread – breakfast"的语义联结比"cake – breakfast"与"bread – birthday"要强，存在言语上语义上的呼应，属于"直言语境"。前面呈现语境"Justin got up early to exercise /Justin regularly ate some groceries after his morning exercise. He jogged and stopped at the store afterward"，然后再呈现否定句"Justin bought an apple but not a mango"，其中"ate some groceries"与"got up early to excercise"都没有提到与"mango"直接的语义联系，但"ate some groceries"增强了"bought a mango"的适宜性，这属于"语用语境"。实验证

明，否定句与肯定句的加工差异，随着语境的不断充实而逐步消失，并且"直言语境"与"语用语境"对否定加工的作用存在差异（Dale & Duran，2011）。

二、语境对否定加工的影响

（一）直言语境与否定加工

有研究探讨了直言语境对否定加工产生的影响。如果在否定句前提供前置的连贯的上文，例如，"I live in the neighborhood of millionaires ····. I also invited ··· a woman who is not wealthy"，被试对与被否定信息语义相关的词语"rich"保留至少到否定句阅读后 750 ms（Giora et al.，2007），这表明当前置语境与被否定信息（wealthy）存在语义关联时，被否定信息的保留时间会延长，相对延滞了向实际状态的转换。Giora 等把这种语境因素对否定的影响，称之为"回溯连贯（Backward-Coherence）或逆向共振（Backward Resonance）"，这在眼动实验（Orenes et al.，2016）中也得到了验证，即如果否定辖域中的概念与之前语篇中提到的信息产生共振，这意味着它们是可以通达的，并且与之前提及的信息密切相关。同样地，如果提供后置的与被否定信息呼应的下文，例如"The train to Boston was no rocket"后面跟着"The trip to the city was fast though"，被否定信息可以保留到1000 ms 以后，而如果没有下文，被否定信息只能被保留到1000 ms以内（Giora et al.，2007），这表明后置的语境与前置语境一样，与被否定信息的语义呼应有助于被否定信息的保留。Giora 等（2007）称之为"顺向连贯（Forward-Coherence）或顺向共振（Forward Resonance）"。国内研究也证明了提供恰当的上文不仅有助于被否定信息的保留，也会加快对实际状态的表征。例如，"他听得聚精会神，这个演讲不是催眠药！"其中前置的语境更有利于实际状态的表征，因此被试在否定句理解后 500 ms 时，被试对与实际状态语义一致的词语"有趣的"的反应时间最短，说明与实际状态一致的语境会加快对被否定信息的抑制，促进对实际状态的加工（何先友，王靖，徐妍娜，李龙昭，杨惠，2011）。

不难看出，直言语境的研究中有个基本的假设，就是上文或下文中所用的词语与被否定信息或实际状态信息在语义上具有语义相关性，例如，"millionaires"与"wealthy"，"rocket"与"fast"，"昏昏欲睡"与"安眠药"，并且任务多采取自定步速阅读（Giora et al.，2007，实验1）和语义相关的真假词判断任务（Giora et al.，2007，实验2；何先友等，2011）。在逻辑上，假设对与被否定信息语义相关词语的反应比与实际信息语义相关的词语的反应快，那么可以推论，此时被试还保留着对被否定信息的关注。有研究也证明被否定词的激活水平高于语义相关词（Shuval & Hemforth，2008）。也有研究证明否定会影响对被否定信息的通达，但并不影响对与其语义相关词的通达，例如，"no bread"中"no"使"bread"的通达下降，但对"butter"的激活水平没有影响（Macdonald & Just，1989）。在 Anderson 等（2010）看来这表明了否定的加工过程是一个激活与限定的过程，否定词"no"和"bread"同时激活，否定概念只逐渐修改"面包"概念，而对之前被"bread"激活的"butter"没有影响。由此进行反推，与被否定信息语义相关词语的高通达可能并不能直接证明被否定信息的保留，这一过程很可能是一种扩散激活的语义启动现象。因此，直言语境的研究中语境的控制与任务的采用仍需要更为深入的探讨。

（二）语用语境与否定加工

与上下文语境不同，语用语境是在语言之外探讨否定之所以使用或出现的适宜的非语言条件以及否定表达的语言之外的其他意图。例如，"今天，火车没有晚点"也可以用相应的肯定方式表达成"今天，火车正点到达"。那么两者的表达有什么区别呢？否定形式的"没有晚点"实际上是基于一个前提的，即"火车经常晚点"，而今天火车正点，这是个例外，是个出乎意料的事件，即否定的使用意味着事情的不同、非同一般或与读者的期望相反。因此，否定的语用理论强调否定表达的信息并不比肯定贫乏，相反，在自然语言中，否定的使用还会达到某种特定的目的（Jordan，1998）。早期的研究就证明了用否定常用于表达例外或不同，例如，面对七个红色图片和一个蓝色图片构成的图形，用否定句"It's not red"表达例外（蓝色图片）时要比用否定句"It's not blue"表达一般（红色图片）要顺畅得多（Wason，1965）。否定是说者对听者或作者对读者所形成的预设或期望的否认。语言统计证实了期望与否定的关系，即人们通常使用否定来拒绝一些可能的真实（Moxey & Sanford，2000）；行为实验也证明，否定往往在被用于描绘与刻板不相符的行为（Beukeboom et al.，2010）。

如果否定是用以表达期望相反或例外的，那么否定加工过程又将如何呢？即否定加工过程中，人们通常要先加工什么呢？如前所述，否定加工过程的两步说认为，否定加工的初期是加工"被否定信息"，而"被否定信息"在语用学角度上就是预设。语用学中，预设被定义为"一种语用推论，它以实际的语言结构意义为根据，靠逻辑概念、语义、语境等推断出话语的先决条件"（赵宏，2007）。预设构成了否定加工的前提条件，并且否定的预设比与之对应的肯定的预设更为复杂，这就使预设加工成为否定加工的重要内容与步骤。"语用 – 推理假设（Pragmatic – Inference Hypothesis）"认为，加工一个单独呈现的简单否定时，外显的否定词"not"或词素"un –"与内隐否定形容词（例如，absent）或否定副词（例如，few），都要对它们的预设作出推理，然后再取消或否认这一预设。例如，在读"Justin bought a mango but not an apple"这个句子时，句子中被否定的名词短语"an apple"，就会让读者进行推理，搜索与之有关的预设或命题。在这里，读者推出的预设可能是"Justin 既看到了杧果也看到了苹果"，但也可能是"Justin 是有机会或有意向买苹果的"（Levine & Hagaman，2008）。如果某一预设被外显地呈现在前面的语篇中，或很容易由语言或额外的语言背景推理出来，否定加工就很容易；但如果预设不存在或难以作出推理，否定就违背交流的最大化准则，需要作出语用推理。否定句比肯定句多出来的加工时间被认为反映了语用推理的过程。

　　但语用语境如何解释否定加工的"一步说"呢？即为什么有研究证明否定加工与肯定加工差异并不大呢？根据否定的预设是否易于推理，将否定划分为语用准许否定（pragmatically licensed negation）与语用不准许否定（pragmatically unlicensed negation）。语用准许否定是否认一种可能的情况，比如，"With proper equipment，scuba – diving isn't very dangerous…."，这是对可能担心的否定；语用不准许否定是否认一个无意义的信息（如"Bulletproof vests aren't very dangerous…."），违背了缺省假设，造成交流困难。对否定加工过程研究的梳理中，不难发现，支持"两步说"的实验结果往往使用了语用不准许否定，而支持"一步说"的往往使用了语用准许否定（Nieuwland & Kuperberg，2008）。有研究发现，非准许性否定将注意集中在被否定的概念上，使被否定的概念比非否定的概念激活水平更高（Autry & Levine，2012）。换句话，适当的语用条件，为被否定信息的表征提供了内隐的预设，使否定加工时省去了推理被否定信息的过程，直接抑制被否定信息，实现对实际状态的表征，加快了否定加工。

　　然而，无论直言语境还是语用语境不可能都是静态的，而是不断更新变化的，是动态的。Tian 和 Breheny（2016）以动态观点从对话/语篇水平分析否定的意义，提出了否定加工的动态语用解释（Dynamic Pragmatic Account of Negation Processing）。他们强调自然语言使用的互动性，认为确认和更新语境信息在沟通中起着核心作用。语境不仅会限制更新的言语内容和结构，还与语言的交际维度密切相关。这种话语的相关性，被描述成"讨论中的问题"（Question Under Discussion，QUD）。讨论中的问题（QUD）是指对话中的任何给定点讨论的问题。QUD 关注的是语篇中的那个点是关于什么的，以及将要讨论什么。例如，"我将去巴黎"，可能专注的 QUD 是"读者将去哪儿"。QUD 可以通过提问的会话行为外显表达，但通常是内隐的，要通过使用语言的或非语言的线索进行推理和调节。这些线索使听者重新建构问题，并且把当前的言语与问题关联起来。QUD 会随着语言动态变化而变化（Tian & Breheny，2016）。

否定是一种提取主导 QUD 的线索，即否定使肯定版本的对立面的真值处于争论中心。一般情况下，如果没有其他线索，否定句的最为主导的 QUD 就是它的肯定版本。例如，"门不是开着的"的最为主导的 QUD 就是"门是否开着"。当这一语境问题没有被外显地表达时，否定就激发我们来调节出肯定的 QUD。没有其他的语境信息或语言线索，遇到否定时会渐进地提取肯定的 QUD。这可以解释为什么许多研究中一旦涉及否定就会发现对其肯定版本的表征。但这并不是因为否定加工的第一步是要表征肯定论断，然后再拒绝它，相反，是因为对 QUD 的调节而致。但肯定论断的表征并不是必需的，如果语言的或语境的线索直指主导的否定的 QUD，将不再表征肯定的论断。使用英文中分裂句（如"It was Jane who didn't cook the spaghetti"）与非分裂句（如"Jane didn't cook the spaghetti"）对比，证明 250 ms 时，分裂句后对没有加工过的意大利面（spaghetti）的反应，比加工过的反应更快，也就是说，阅读过分裂句后，其自动调节了否定的 QUD，即没有加工过的意大利面（Tian et al.，2010）。

预设推理假设只提出了预设推理过程是造成否定加工困难的主要原因，但不难想象，即使一个简单的否定句"某国国王不是秃子"就包含着多个预设，比如，"某国有国王""某国国王是男性""有人怀疑国王是秃子"等，那么对否定句加工最关键的预设是什么呢？否定加工的动态语用解释试图回答这个问题，在承认预设的基础上，又进一步提出了 QUD，即随着加工的推进而不断更新变化中的关注点，与否定加工直接相关的预设，是对否定加工的进一步细化。为否定加工研究的进程问题和被否定信息的表征问题都给出了新的解释、新的说明。语用因素也成为否定加工研究中的新主题。

（三）语境对否定加工的影响

语境对否定加工的作用是什么，通过对语境的分类和已有研究的分析，我们认为，不管是直言语境还是语用语境，它们的作用表现在两个方面：一是加快否定加工的速度；二是指明否定加工的方向。

　　语用推理假设认为提供有效的预设语境（语用准许否定）将使读者或听者省去重新调用被否定信息的过程，加快否定的加工；相反，非准许否定条件下，显著的否定效应就消失，说明读者对否定概念保持着相当的激活水平，注意力集中在被否定的概念上（Autry & Levine, 2014; Levine & Hagaman, 2008; Nieuwland & Kuperberg, 2008）。但直言语境却认为与被否定信息共振的上下文语境将有利于被否定信息的保留，即上下文推迟否定加工。总体来看，语境的作用就是减除备选项，将否定加工的最终目标指向实际状态。无论是具身的知觉表征理论（Anderson et al., 2010）还是符号的否定的模型理论（Khemlani et al., 2012）都认为否定的作用就是提供肯定版本之外的替代备选项。语境在其中的作用就是将可能的备选项控制在最小范围内，最终是指明备选项，加快否定加工的速度。正因为如此，二选一的语境下，会加快否定加工（高志华，鲁忠义，马红霞，2011）。

　　正如动态语用解释（Tian & Breheny, 2016）所指出的，语境的推进作用是动态的，语境的核心关注点也是在不断更新与变化的。因此，对于在线加工否定的过程，被否定信息可能会在某一点上保持相对的激活状态以满足与前后文的语义响应，以保证加工的顺利进行；甚至在特定的情况下，被否定信息会被保持相当长的时间，例如，修辞方式（Giora, Zimmerman, & Fein, 2008）。但对于一般的非修辞使用的否定而言，这里关注的是语境对否定内容的最终指向。

　　有研究发现，影响否定句最后加工结果的不是否定词而是描述的情景（Kaup, 2001; Kaup & Zwaan, 2003; MacDonald & Just, 1989）。例如，建构性"build"后面的否定辖域内的词汇的通达水平下降；而毁灭性的"burn"后面的否定辖域内的通达水平却不受影响。这表明，最终加工的结果是语境所描述的情景中出现的事物。这与具身认知的理论观点相一致，在眼前的比不在眼前的更容易激活（Sun, Fuentes, Humphreys, & Sui, 2016; Zwaan, 2004）。这意味着否定的表征实际上是由整个语境的目标决定的，如果语境指向被否定信息，被否定信息会处于突出的位置，这有助于被否定信息的激活和保持；如果语境指向实际信息，那么否定信息的整合将是快速的。但一般而言，按照否定的语用理论，否定的语境通常指向实际状态，并且越来越多的研究发现，否定对被否定信息的抑制作用是即时且迅速的（Beltrán et al., 2018; de Vega et al., 2016; Papeo et al., 2016; 高志华，鲁忠义，崔新颖，2017）。这其中否定词更可能扮演着关键线索的作用（Anderson et al.，2010；Tian & Breheny，2016），在受到语境制约的同时，也引导语境的目标方向（Gotzner，Wartenburger，& Spalek，2016）。

三、语境对否定加工未来的研究方向

首先，影响否定加工"语境"的界定问题。从已有的研究看，有一种语境泛化的倾向，把影响否定加工的所有因素都可以视作"语境"。语言上的背景与言外的语用背景作为"语境"基本上已经确认，但否定本身是否可以视为一种语境呢？这还需要进一步讨论以达成共识。还有，有研究者将相同的感觉通道也视为一种语境，并且发现相同感觉通道较不同感觉通道会加快否定的加工（Hald et al.，2013），那么感觉通道可以视作"语境"吗？此外，不同的实验任务（Herbert & Kissler，2014）与实验范式（Deutsch et al.，2009）也会影响否定加工的结果，而有研究者也称之为"任务语境（task context）"（Bracci，Daniels，& Op de Beeck，2017），那么任务语境是否也可以视为一种语境呢？这都将是未来研究中需要深入探讨与严格界定的问题。语境应该是指向语言或言语活动本身的，应该限定于语言或言语范围内的，而不是无限扩大到所有的背景或环境因素中，只有这样才能更有助于深化和细化语境对否定加工影响的研究。

其次，语境背景下术语的统一整合问题。书中虽然将影响否定加工的语境划分为"直言语境"与"语用语境"，但仍需更多的理论与实证支持。言语的语用因素与语义因素的区分何在？例如，"scuba - diving"相比"bulletproof vests"与"very dangerous"搭配构成的语用准许性否定就更像是语义联系问题（Nieuwland & Kuperberg，2008），语义违反同样会带来较大的 N400（Kuperberg，2007）。也有研究者将外显否定（explicit negation）（例如，汉语的"不"、英语的"not"）视为语义否定，将内隐否定（implicit negation）（例如，汉语的"摧毁"、英语的"burn"）视为语用否定，即其加工需要语用推理，结果发现两者在 N400 和 P600 上都存在差异（Xiang，Grove，& Giannakidou，2016），显然这里的"语用否定"与本书提出的否定的"语用语境"是不同的。因此在表达术语上需要统一。还有，不同理论使用的"术语"也多有混杂、重叠之嫌。比如，在语言加工中，Nieuwland 与 Kuperberg（2008）的"预测（prediction）"与 Jordan（1998）的"期望（expectancy）"都与知识背景有关，但还是有区别的。"预测"更多强调了语义上的联系，例如，"粉笔在讲桌上"就比"粉笔在餐桌

上"有更高的可预测性；而"期望"更强调在交际的背景下，听者或读者根据自身的知识对说者或作者可能持有的想法或观点的推理。再有，如果 Jordan (1998) 的所谓的"期望背离"是基于个体知识对当前情境的推理结果，那么个体自身的期望是否会影响否定加工？此外，尽管 Tian 和 Breheny (2016) 区分了言语"预设"和"QUD"，但其所言预设又与 Levine 和 Hagaman (2008) 所假设的首先推理出的"预设"有所不同。最后，对于否定的语境，什么是语用准许的否定，什么又是语用不准许的否定，目前还是缺乏普遍认同的划分标准。Nieuwland 和 Kuperberg (2008) 使用的偏语义联系，Autry 和 Levine (2014) 使用某一特定情景中某一活动发生的概率进行控制，比如，"购物时买水果"是语用准许的，而"晨跑时买水果"则是语用不准许的。但对比两者，无论从材料使用还是操作手段上都存在很大差异。诸如此类的问题，都需要更多的语言学与心理学研究者厘清这些术语的内涵和外延，进而逐步统一术语的使用，推进否定加工的语境研究。

再次，增强研究的生态化。否定加工的语境应朝着自然语境的方向发展，正如，Beltrán 等 (2008) 研究发现，常用于否定研究的有界否定在人们的自然语言中是极少使用的。换句话说，我们通常使用的此类实验材料并不符合人们的交流实际，这大大降低了否定研究的外部效度。同样对于否定的语境而言，人为的语境设计本身可能就是语用不准许的、生态性差的，这样语境的作用也不能很好地体现出来。因此，今后的否定加工研究中应该尽可能地考虑否定使用的语用复杂性，实验材料选择上采用真实语料，实验设计上模拟自然阅读情境，以提高否定加工研究的外部效度。

最后，否定的语用研究中"语用"环境多是言语的复句 (Nieuwland & Kuperberg, 2008；Tian & Breheny, 2016) 或语篇上的 (Autry & Levine, 2014)，也有视觉线索上的 (Nordmeyer & Frank, 2014)，这意味着语用指向的是包含"否定"的简单句之外的环境上的特征。那么简单的否定句有没有包含语用因素呢？或者说单句的否定都是语用准许的吗？但是，如果依据"语用准许否定是否认一种可能的情况"，那么对于否定某一事物不同的意义就应产生语用准许性的高低之分。例如，"这头犀牛不大"与"这头犀牛不小"的语用准许性是有差别的。如果否定是要表达例外和期望背离，那么，"犀牛—不大"准许性高，"犀牛—不小"准许性低。因为，人们通常预期犀牛大，只有"这头"是例外，个子小，人们才会用否定表达期望的违反。因此，如何在单句水平上考察语用的作用，并且将语用与语义进行有效区别，这将非常有意义。

总之，语境在否定加工的诸多因素中起着主导作用，应引起研究者的关注，作深入细致的研究。

第二节 被否定信息的类型对否定加工的影响

实际状态确定与否是影响否定加工的重要因素，它实际上反映了被否定信息本身的类型对否定加工的影响。

一、补足性与比较性分类

否定研究先驱 Wason 早已发现了被否定信息的类型对否定加工的影响，将其划分为补足性（complementary）和比较性（contrastive）两种（Wason，1959，1961）。如果被否定信息是补足性的，例如，"不是偶数"，就可以用"奇数"来替代，否定很快被否定的对立面替代。如果是比较性的，读者很难找到其替代物，加工则倾向于对被否定状态的模拟（Orenes et al.，2014；陈广耀，陈颖心，邓玉梅，何先友，2016；陈广耀，何先友，刘涛，2018；陈广耀，张维，陈庆，赵雪汝，何先友，2014；崔如霞，高志华，唐艺琳，何皓璠，鲁忠义，2016）。语言学家针对被否定的形容词的分类与 Wason（1959）相近，分为两极形容词（bi - polarity adjectives）和等级形容词（scalar adjectives） （Giora，2008）。

二、反义词对的分类

语言学家根据被否定内容的逻辑关系（尤其是反义词对之间的关系），对被否定概念，尤其是形容词进行了分类。例如，从逻辑关系上将反义词对二者之间的关系分为反对关系（contraries）和矛盾关系（contradictories）。反对关系是当它们用在两个句子中时，不能同时为真，但可以同时为假（例如，咖啡是冷的或热的，或不热也不冷）。矛盾关系是反义词没有遵循中间态的规则，意味着它们可以用在两个句子中，其中之一必须为真（例如，门是开或关，但是门必须不能既开又不开）。而研究表明，否定矛盾关系的反义词的一端，容易被另一端替换；而否定对立关系的反义词的一端，则更倾向将其弱化与缓和（Fraenkel

& Schul，2008）。

与此相类似，Paradis 和 Willners（2006）从现象学角度，将形容词的反义词分为无边界反义词（unbounded antonymy）和有边界反义词（bounded antonymy）。无边界反义词，例如"宽－窄"占据着一个维度的两端，它们在给定的领域中占有或多或少的概念空间。它们在方向上是相反的，即加强一个就是在相反的方向上远离另一个。"宽－窄"的极端价值是朝向极点而永远无法到达。而有边界反义词则是确切的"非此即彼"模式（Paradis，2001），例如，"生—死"，它们在一定意义上是互补的截然分开的，它们将某一概念领域划分为两个不同的部分。对于无边界形容词，否定只起着修饰缓和的作用；而对于有边界形容词，抑制的作用只会出现在极端"生－死"中，其他有边界反义词对的结果并不一致（Paradis & Willners，2006）。

Bianchi，Savard，Burro 和 Torquati（2011）在前两种（Fraenkel & Schul，2008；Paradis & Willners，2006）否定分类的基础上，使用现象学的心理物理学（Phenomenological Psychophysics）方法，以拓扑学（Typology）的极点 A、中间点、极点 B 为特征，将反义词对分为了四类类型。分别为：类型 Ⅰ（原型：im-complete – complete）：维度度量上的特点是强烈的不对称性，可忽略不计的中间区域。拓扑学上，短的一极是一个点或一个边界；而长的一极是无边界的；中间区域是不存在的。类型 Ⅱ（原型：big – small）：维度度量上的特点是轻微不对称，中间区域一般在 1/3 左右。拓扑学上，短的一极是有边界的，长的一极是无边界的，而中间区域是一个范围。类型 Ⅲ（原型：full – empty）：维度的度量特点是稍稍不对称，一个广阔的中间区域在 2/3 左右。拓扑学上，两极是一个点或较少情况下是有边界的范围，中间是一个范围。类型 Ⅳ（原型：inside – outside）：维度的度量特点是最小程度上的不对称，几乎不存在中间区域。拓扑学上，两极是对称的或两点或两个边界或两个无边界；中间是一个点。结果表明否定的功能变化依赖于维度类型（Bianchi，Savardi，Burro，& Torquati，2011），而这一现象学上的反事实空间的状态不是遵循逻辑的，而是根植于知觉的（Bianchi，Savardi，& Kubovy，2011）。崔如霞等（2016）以无边界汉语否定句为实验材料（如"门不宽/窄"）进行研究发现，此类汉语否定句的模拟过程符合两步模拟的假设。

三、否定的层级分类

国内学者对否定句的类型进行了层级式分类，先将否定划分为有界否定

（bounded negation）和无界否定（unbounded negation），再把无界否定分为不确定性无界否定和确定性无界否定（崔如霞等，2016）。所谓有界否定，是指否定与肯定之间有一条明晰的界限，肯定的内容与否定的内容是对立的关系，非此即彼。不确定性无界否定不在同一维度，确定性无界否定中的两端处于同一维度。确定的无界汉语否定句会最终模拟实际状态，但用时较短。否定有界反义词往往会加快否定加工，由反义词一端快速转换到另一端；而否定无界反义词中的一端则往往会使注意保留在被否定的一端（Du，Liu，Zhang，Hitchman，& Lin，2014；Orenes et al.，2014）。

四、否定类型对否定加工的影响

否定类型对否定加工的影响首先表现在对加工结果的限定上。有界否定因其肯定状态与否定状态之间界限分明且处于同一维度上，例如"奇数－偶数"和"生－死"，这样的否定在加工中否定其中的一端，直接导致转向另一端，否定的实际状态明确且清晰。确定性无界否定句是指被否定状态和实际状态是在一个维度上，是单维的，且结果是确定的，如 A—B，只是按照 Bianchi 等（2011）的看法，A—B 之间有中间区域，大约位于 1/3 的中间区域，且小的一极是有边界的。这就决定了此类否定句加工时人们可以方向明确地去搜寻否定句的实际状态，即远离被否定的一端，趋向实际的一端，例如，"不宽"远"宽"近"窄"，"不窄"远"窄"近"宽"。不确定性无界否定句的特点是，否定的结果是多维的且不确定的。否定了 A，其结果（实际状态）可能是 B、C，还可以是 D、E，等等。由于这类否定句否定的结果具有不确定性，在没有恰当语境的条件下，否定加工的结果往往是被否定状态较长时间处于注意焦点上（Orenes，et al.，2014；陈广耀，吴洺仪，魏小平，周苗，何先友，莫雷，2014）。

否定类型对否定加工的影响还表现在对加工速度的限制上。与加工结果相一致的是，否定的实际状态越明确，加工速度越快，由被否定状态向实际状态的转换越快捷，这得到了实验结果的支持。有界否定句在阅读后 250 ms 就完成实际状态的模拟（高志华等，2011）；确定性无界否定句否定趋向大边界在 750 ms 时实现实际状态模拟（崔如霞等，2016），否定趋向小边界在 250 ms 时才完成加工（何皓璠，2016）；但不确定性无界否定句即使到 1500 ms 仍表现出被否定状态占优势（陈广耀等，2014）。

第三节　其他影响否定加工的因素

一、否定在记忆与态度中的分离

早在 1981 年的研究中，先向被试散布一条关于某一产品的谣言，例如，某品牌的香肠使用了有蛆虫的肉，而后又声称"这不是真的"。结果发现，被试尽管都声称他们并没有受到谣言的影响，但其对产品的评价却与没有消除处理的条件下相当（Tybout et al. , 1981）。相类似的结果也出现在其他的研究中（Grant et al. , 2004）。他们要被试读一份品牌说明，其他关键语用否定表达，例如"not difficult to use"，将阅读时间分为长短两组，并将含有否定表达信息的位置分为上面和下面两类，这样就构成了资源分配的三个水平：低、短时＋下面呈现；中、短时＋上面呈现（或长时＋下面呈现）；高、长时＋上面呈现。结果发现，高资源分配情况下否定信息整合完成，被试记忆准确但判断受否定影响；低资源情境下则被否定信息影响对产品的判断；有意思的是，在中等资源条件下，被试能够正确记忆否定，但否定却不会影响其判断。换句话说，人们所知道的并不总是对应于他们作出判断时的信息。这说明否定只影响对信息的记忆，而没有影响态度和判断，被否定信息在判断中的通达更高，而在记忆中通达水平下降。这意味着否定在记忆与判断上的分离。

关于记忆与判断的分离，有学者认为记忆与判断的加工过程不同，再认或回忆是对实际正确输入的记忆信息的直接搜索，而态度或评价则经常以通达的信息为基础（Seamon，Marsh，& Brody，1984）。而近期的研究也发现，在系列呈现不同类别的事物时，被试判断某一类别比另一类别的可能性高，而却对后者能回忆出更多的实例，即回忆项目的分布并不对应于对事件类别的频率估计，表明被试并没有依据抽取记忆中的具体项目来作出频率判断，表现出判断和回忆之间的分离（Kusev et al. , 2011）。这些研究或许提示着记忆与判断之间在机制上的分离，而二者在否定加工中的分离却为否定的加工研究提供了一个视角。

二、实验范式与任务要求对否定加工的影响

在情感启动研究中，有研究者就发现采用错误归因范式（Affect Misattribution Procedure，AMP）（Payne，Cheng，Govorun，& Stewart，2005）和经典启动范式（Bona Fide Pipeline，BFP）　（Fazio，Sanbonmatsu，Powell，& Kardes，1986）在否定的情绪效价启动中会得到不同的结果。研究中两种范式的实验程序是：先呈现启动项"肯定/否定＋情绪词"（a［no］friend）或（a［no］disease），呈现时间为 200 ms，然后呈现目标项。AMP 范式中以汉语的象形文字为目标项，并在目标项后紧接着呈现掩蔽刺激，此时要求被试对目标项的效价作出判断；BFP 范式中则以情绪词（积极词如"音乐"，消极词如"战争"）为目标项，之后无掩蔽刺激，目标项在被试对目标项的效价作出判断后才会消失。归纳起来两种启动范式区别主要在目标项上，表现为三点：一是目标项的效价的明晰程度不同，AMP 范式中的目标项是模糊的，BFP 范式中的目标项则有清晰明确的效价；二是目标项的呈现时间不同，AMP 中目标项呈现 100 ms，BFP 中目标项则呈现到被试作出反应为止；三是有无掩蔽，AMP 中目标项后有掩蔽图片，BFP 中则无掩蔽操作。结果发现 AMP 范式中否定加工呈现自动化加工，即完成否定加工，"no party"更多地启动消极反应，而 BFP 范式中否定的加工则表现出被否定的信息占据主导，即未完成否定加工，"no party"仍更多启动积极反应。这反映出启动范式会影响否定加工（Deutsch et al.，2009）。AMP 中，启动项诱发的情感被（错误地）用来评价目标项（如象形文字），反映的是一种错误归因机制；而 BFP 的启动效应反映的则是反应干扰机制（response - interference，RI），就是说如果启动项与目标项的效价不同，诱发的反应倾向就会相反，表现为干扰作用（Deutsch & Gawronski，2009）。

其后研究者发现，被动听否定句不作任何反应与听否定句后作真假值判断两种任务下，被试在被动听的条件下，N400 和 LPP 上都表现出真值条件诱发更大的波幅，而真假值判断条件下，N400 上真值条件比假值诱发更大波幅，但 LPP 中假值比真值的波幅更大，并且否定句中对真假的敏感程度存在较大的个体差异（Herbert & Kissler，2014）。这表明外显任务与内隐任务中，否定的加工表现出不同过程。

三、个体差异因素对否定加工的影响

有研究对比了正常个体与孤独症患者或阿尔茨海默病患者（HA/AS）在肯定和否定加工过程中对上下文信息的利用情况，结果发现，与正常个体相比，HA/AS 患者在加工过程中几乎不使用背景信息（Schindele et al.，2008），也就

是说，HA/AS 患者之所以较正常个体出现否定加工困难是因为他们不能利用语境信息，即语境信息的利用是正常阅读加工的保障。同样，强迫性冥想患者也存在否定加工困境，特别是当涉及不同情绪背景因素时（Haran et al.，2011）。这证明，语境在不同精神状态下对否定加工也产生了间接影响。

研究发现，年龄也是影响否定加工的重要因素（Nordmeyer & Frank，2014；Yoon et al.，2015），表现出早期的快速发展与老年的下降趋势，并且年龄的作用与语境相关。Nordmeyer 和 Frank（2014）在研究中，将视觉上"有替代物"和"没有替代物"作为上下文条件的两种情况，"有替代物"视为相反属性，类似于补足性的否定；"没有替代物"表达是某物不存在，接近于比较性的否定。对 2—4 岁儿童而言，上下文背景对否定加工有重要作用，并且这种作用随着年龄增长而逐渐增强，即随着年龄的增长，否定加工能力表现在利用上下文语境的能力。

年龄与精神状态之所以对否定加工产生影响，是因为情绪与精神状态造成的否定加工困难往往与个体无法加工对方的意图有关，而语用理论认为否定表达了对读者或听者可能期望的否认，即否定加工是需要个体从对方角度看待问题的，是需要"心理理论"能力的。而这种能力无疑是年龄小的个体与精神患者所缺乏的，因此，年龄与精神状态对否定加工的影响可能反映了个体在利用语用信息上的缺陷。

此外，否定作为修辞手段来表达比喻或反语时，被否定的信息不会被压抑反而会被加强（Giora，Fein，Metuki，& Stern，2010；Giora et al.，2013；Giora et al.，2008），此时否定并不是一个压抑器（suppressor），反而成了提升器（enhancer），用于引入隐喻（Giora et al.，2010）。这表明，语言的表达方式也会影响否定加工。

第五章 汉语确定性无界否定句
模拟加工的时间进程

第一节 汉语确定性无界否定句加工研究取向

否定是哲学家、逻辑学家、语言学家和心理学家都感兴趣的重要研究领域，心理学家关心的是否定句的加工。对否定句加工的理论解释上虽然有命题理论（Grant et al.，2004；Khemlani et al.，2012；Kintsch & van Dijk，1978；Mayo et al.，2004）和具身理论之争，但目前在具身认知理论背景下来研究否定句的心理加工过程仍然是一种重要的研究取向。否定的具身理论认为，否定的加工是以感知和运动为基础的，其加工的过程具有具身性（Zwaan，2008）。否定的具身理论主要是指否定加工的经验模拟观（Experiential simulations of negation）或称两步模拟假设（Two - step Simulation Hypothesis）。该理论认为，否定句中描述的事物的状态分为两种，一种是被否定状态，另一种是实际状态，对于否定句的加工是先后分别对这两种状态进行模拟，第一步是模拟被否定状态，然后再模拟实际状态，最后完成对否定句的通达（Kaup et al.，2006a；Kaup，Lüdtke，et al.，2007b；Kaup，Yaxley，et al.，2007；Kaup & Zwaan，2003）。可见，它强调的具身性体现在否定加工时间进程的演进上。

否定句的经验模拟观一经提出便得到了极大的关注，围绕这一理论进行了一系列的研究（Anderson et al.，2010；Autry & Levine，2014；Huette，2016；S. Huette & Anderson，2012；Huette，Anderson，Matlock，& Spivey，2011；Zwaan，2008；高志华，鲁忠义，马红霞，2011；陈广耀等人，2014a；陈广耀，张维，陈庆，赵雪汝，何先友，2014b）。在这些研究中有的证实了两步模拟假设，有的则不支持。究其原因，可能与各个实验使用的实验材料的类型不同有关。

分析语言学家和心理学家对否定含义和否定类型的研究（Bianchi，Savardi，Burro，et al.，2011；Giora et al.，2007；Paradis & Willners，2006；Wason，1959，1961；陈广耀等，2014b；徐盛桓，1994），我们认为，可以按照否定结果的有界和无界，把否定划分为有界否定（bounded negation）和无界否定（unbounded negation）。所谓有界否定，是指否定与肯定之间有一条明晰的界限，肯定的内容与否定的内容是对立的关系，非此即彼。比如，生－死，在生与死之间有一条清晰的边界，非生即死（Paradis & Willners，2006）。这也就是徐盛桓（1994）所定义的"实情与此对立"中的"否定的结果是被否定对象的对立范畴"。无界否定则是指否定的结果含有许多情况，甚至是无法预测的。这里我们再把无界否定分为不确定性无界否定和确定性无界否定。不确定性无界否定指的是"实情并非如此"（徐盛桓，1994）。比如，"它不是老虎"，"实情"不是被否定的对象（老虎），是什么不确定，可能是其他的任何一种事物。即便在一定语境下，被否定的结果也难以预测，如"裙子不是红色的"，备择的情况也是多种多样的，如绿的、蓝的、黄的等。确定性无界否定是指在否定和肯定之间有一个区域，被否定的结果处在某个形容词与其反义词所构成的一个维度上，否定意义代表的是这一维度上的某一个点，这个点靠近与这个形容词相反的那一端。比如"宽－窄"中的"不宽"，它所表示的意义只能无限地趋向于"窄"，但是永远达不到"窄"的边界。就是说，"不宽"并不意味着"窄"。简单说，否定的结果是可以预测的，是确定的。这种情况就是Bianchi等（2011）所说的中等不对称型（moderately asymmetrical dimensions）否定，也是陈广耀等（2014b）所说的连续型否定。

使用有界否定句（即具有对立谓词的状态确定的否定句）进行否定句加工的心理模拟研究，其结果并不像两步模拟假设所设想的那样遵循着先模拟被否定状态再模拟实际状态的顺序，而是在加工的早期就完成了对事件的实际状态的模拟（高志华等，2011）；而使用不确定性无界否定句进行研究，结果发现，它是按照两步模拟来进行的，即在否定句加工的早期模拟事件的被否定状态，到了晚期才模拟到事情的实际状态（Autry & Levine，2014；Hasson & Glucksberg，2006；Kaup et al.，2006a；陈广耀等，2014a，2014b）。

确定性无界否定句与有界否定句和不确定性无界否定句，既有联系也有不同。它既有有界否定句有界的一面，但又是无界的。不过它的无界不像不确定性无界否定句那样，其否定的结果（实际状态）不是不可预测的，而是可以预测的。对于这种确定性无界否定句的加工是像有界否定句的加工那样，在加工的早期就完成了心理模拟，即一步模拟，还是像不确定性无界否定句那样遵循两步模拟的过程，抑或有它自己的特点？本章设计了三个实验来回答这些问题。根据以往的研究（Kaup et al.，2006a；Kaup，Lüdtke，et al.，2007b；高志华等，2011；陈广耀等，2014a），本章选取 250 ms、750 ms 和 1500 ms 分别作为汉语确定性无界否定句加工心理模拟过程的早期、中期和晚期的三个时间点。实验 1 考察汉语确定性无界否定句加工早期的心理模拟。由于确定性无界否定句既有有界的一面，又有无界的一面，因此实验的逻辑是：它的加工可能不是一步完成的，而可能是依据否定句加工的两步模拟假设，先模拟被否定状态，再模拟实际状态。这样，可以预测的实验结果是句子加工的早期对与被否定状态匹配的图片的判断的反应时会显著短于与否定句实际状态匹配的图片的反应时。实验 2 和实验 3 分别考察汉语确定性无界否定句加工中期和晚期的心理模拟。根据上述实验 1 的分析，汉语确定性无界否定句的加工如果是符合两步模拟假设的，那么实验 2 和实验 3 的实验逻辑是：如果在中期已经完成心理模拟，那么，与否定句实际状态相匹配条件下图片判断的反应时会显著快于与实际状态不匹配的反应时，否定句加工完成，实验 3 只是对它的确认。如果实验 2 还没有出现否定句实际状态加工的优势效应，实验 3 就是要考察汉语确定性无界否定句的加工是不是在晚期才完成。

第二节　实验 1　汉语确定性无界否定句加工早期的心理模拟

本实验以时间间隔为 250ms 来探索汉语确定性无界否定句加工早期的心理模拟过程。

一、汉语确定性无界否定句加工早期研究方法

（一）被试

随机选取某大学在校生 32 人（男生 14 人，女生 18 人），年龄为 $M = 20.94$，$SD = 2.04$。所有被试视力或矫正视力正常，母语为汉语，没有任何阅读

或识图障碍，未参加过本实验的材料评定。

（二）实验仪器

联想台式电脑，E - prime2.0实验心理学编程软件。

（三）实验材料

1. 否定句的编写依据

否定句实验材料是根据Bianchi等（2011）中等不对称否定句的界定来编写的，这种否定句我们称之为确定性无界否定句。所编写的否定句的基本形式是"A不X"。这种句子中"A"指的是一个事物，也是句子的主语，"X"代表的是确定性无界形容词，如"梳子的齿距不密"，或者为"这个A不X"，如"这扇门不宽"。这种确定性无界否定句的形容词是成对的，如"宽"和"窄"，表现在句子中则是"这扇门不宽"和"这扇门不窄"。虽然确定性无界否定句中的"不宽"不是指的"窄"，"不窄"也并非指的"宽"，但为了使研究材料明确、具体和规范，本实验只选择了确定性无界否定句趋向大边界一端的句子作为实验材料，例如，在"门"这个例子中，只选择了"这扇门不宽"。对于趋向小边界的否定句，如"这扇门不窄"，我们将另做实验与之对照。另外，根据本研究所选取的研究对象的特征和这种实验材料在汉语中与否定词的习惯性搭配，实验中只选择了含有"不"的否定句。实验中还把由确定性无界形容词构成的肯定句作为实验句，以更好地说明确定性无界否定句加工过程。

2. 实验图片的选择

实验共用96张图片，其中24张是与趋向大边界的无边界肯定句所对应的图片，24张是与趋向小边界的无边界肯定句相对应的图片，24张是与无边界否定句所对应的图片，还有24张是与填充句相所对应的图片。实验所采用的这些图片的色彩和大小是统一的，色彩为黑白，长和宽都是314像素。实验图片中，每组图片都包含描述趋向大边界的无边界肯定句和否定句所对应的图片、描述趋向小边界的无边界肯定句和否定句所对应的图片。这些图片表示的是同一种事物，只不过这种事物的状态不同。比如，图片表示的是同一事物"门"，但它的状态可以是"宽门"，也可以是"窄门"。24个填充句后也会有24张填充图片，这24张填充图片是另外选取的，不会和填充句或实验句中的图片重复。

3. 实验材料的评定与筛选

为了筛选出句子意义和图片意义相符的实验材料，编写了关于30个事物的实验句子（90个），这些句子分别是30个趋向大边界的无界肯定句，30个趋向小边界的无界肯定句，30 个趋向大边界的无界否定句。把这些实验材料按句子类型和描述的状态进行拉丁方匹配，形成 3 套材料，每个事物在每个系列中只出现一次。另选取 30 名大学生对实验材料进行评定，要求评定者对句子的意义和图片描绘内容的相符程度进行 1—7 分打分，1 代表一点也不符合，7 代表完全符合，同时要求被试指出表达不恰当、不清晰的句子。

从含有描述 30 个物体的实验句子中选出平均分大于 5 分的句子作为实验材料，选出 3 套实验材料（每套 24 个句子），进行单因素方差分析，$F_{(2, 23)} = 0.803$，$p > 0.05$，说明实验材料有效。简言之，最后选择出来的是关于 24 个事物的 72 个实验句。

对实验句（含否定句和肯定句）的字数作了控制，趋向大边界的无界否定句的长度为（$M = 6.46$，$SD = 1.79$），趋向大边界的无界肯定句（如"这扇门是宽的"）的长度为（$M = 7.29$，$SD = 1.57$），趋向小边界的无界肯定句（如"这扇门是窄的"）的长度是（$M = 6.96$，$SD = 1.23$）。对三种类型的句子进行单因素方差分析，$F_{(2, 23)} = 1.76$，$p > 0.05$，结果表明这三类实验句子的长度差异不显著。

4. 实验材料与图片的搭配

从 24 个趋向大边界的肯定句，24 个趋向小边界的肯定句，24 个趋向大边界的否定句中分别选取 12 个肯定句（6 个趋向大边界的肯定句，6 个趋向小边界的肯定句），12 个趋向大边界的否定句。对从每种实验材料中选取的句子按照拉丁方的顺序进行搭配，最后形成 12 个系列的组合。然后再把 12 个系列的实验材料与实验图片进行匹配。6 个趋向大边界的肯定句中，3 个句子与图片在意义上是匹配的，另外 3 个句子与图片的意义是不匹配的；6 个趋向小边界的肯定句中 3 个句子与图片的意义相匹配，3 个句子与图片的意义不匹配。12 个否定句中，其中 6 个否定句与 6 个表示句子被否定意义的图片匹配（即与句子的实际意义不匹配），另外 6 个否定句和表示句子实际意义的图片匹配。就 24 种事物的某一事物（如"门"）来说，描述它的三个句子与其图片的搭配会有 6 种情况（见表 5 – 1）。因此，实验中的 24 个事物，会有 144 种情况的搭配。实验还包含 24 个填充句，其中 12 个其他类型的肯定句和 12 个其他类型的否定句（如"凉席铺好了""和平鸽没有飞走"）。24 个填充句和其后面所跟着的图片意义不同，图片中的事物在前面任何句子中没有被提到过。

就每名被试来说，他只接受上述 12 个系列中的一个系列，每个系列为 24

个实验句，这24个实验句其中包括12个确定性无界否定句和12个确定性无界肯定句（其中趋向小边界的肯定句6个，趋向大边界的肯定句6个），再加上24个填充句，每名被试共阅读48个句子。

　　为了保证被试认真阅读句子，实验过程中还在16个填充图片的后面呈现理解性判断句，要求被试在理解前面句子意义的基础上作出是否和前面提到的句子意义一致的判断，其中8个肯定句，8个否定句，在每个句型中，4个要作"是"判断，4个要作"否"判断。

表5－1　实验1材料的示例（以"门"为例）

句子	图片	匹配状态
这扇门是宽的		匹配
这扇门是宽的		不匹配
这扇门是窄的		匹配
这扇门是窄的		不匹配
这扇门不宽		与实际状态不匹配 （与被否定状态匹配）
这扇门不宽		与实际状态匹配 （与被否定状态不匹配）

（四）实验设计与程序

实验采用"2（句子类型：汉语确定性无界肯定句和汉语确定性无界否定句）× 2（图片描绘的事物状态与句子描述的事物状态的匹配类型：匹配与不匹配）"的被试内实验设计。

实验过程中给每个被试呈现 48 个句子，包括实验句和填充句各 24 个。在实验句后呈现的图片中的事物与句子中的事物是同一个事物，被试要作出肯定的判断；在填充句后面呈现的图片中的事物与句子中的事物不是同一个事物，被试要作出否定的判断。所有的句子 – 图片是以随机的顺序呈现的。

实验过程中，被试坐在电脑前，眼睛与屏幕水平保持 50—80 厘米的距离。首先，在计算机屏幕的中央出现一个蓝色字体的句子，被试阅读完这个句子后按空格键，这个句子消失，如果被试 3000 ms 没有作出按键反应，这个句子自动消失。紧接着在计算机屏幕的中央呈现时间为 250 ms 的一个"＋"，之后屏幕中央会出现一张图片。图片中描绘的事物可能是前面蓝色句子中提到过的，也可能没提到过，要求被试对图片中的事物是否在前面的句子中提到过作出按键反应，提到过按"F"键，没有提到过按"J"键。之后，下一个试次开始，直到全部实验试次完成。16 张填充图片后各有一个判断句，被试需要判断这句话和填充图片前的句子意义是否一致，如果两句话意义相符就按"F"键，否则按"J"键。整个实验所需时间大约 5 分钟。

二、汉语确定性无界否定句加工早期结果与分析

对图片判断的反应时进行统计，删除反应时长于 3000 ms 或者短于 300 ms 的数据，以及每个被试在各个条件下平均数加减 3 个标准差以外的数据，删除的数据占总数据的 9.5%。采用 SPSS 16.0 对实验数据进行统计分析，被试对图片判断的反应时和正确率的平均数和标准差见表 5 – 2。

表 5 – 2　被试图片判断的平均反应时（ms）和正确率（%）

匹配状态	否定句		肯定句	
	反应时	正确率	反应时	正确率
匹配	1283 ± 365	0.97 ± 0.06	1145 ± 314	0.98 ± 0.06
不匹配	1136 ± 326	0.93 ± 0.10	1246 ± 380	0.89 ± 0.11

对图片判断的反应时进行重复测量方差分析，句子类型主效应不显著，

F_1（1，31）=0.14，$p>0.05$；F_2（1，23）=4.23，$p>0.05$。匹配状态的主效应不显著 F_1（1，31）=0.28，$p>0.05$；F_2（1，23）=0.98，$p>0.05$。以被试为变量的方差分析中，句子类型和匹配状态的交互作用显著，F_1（1，32）=11.77，$p<0.05$，$\eta_p^2=0.275$，而在以项目为随机变量的方差分析中，二者的交互作用差异不显著 F_2（1，23）=0.08，$p>0.05$。对句子类型和匹配状态的交互作用进行简单效应分析，句子类型在匹配与不匹配上的简单效应显著，肯定句匹配条件下的反应时（1145 ms）显著短于肯定句不匹配条件下的反应时（1246 ms），否定句不匹配条件下的反应时（1136 ms）显著短于否定句匹配条件下的反应时（1283 ms）。

对图片判断的正确率进行重复测量方差分析，只有以被试为变量的方差分析中匹配状态的主效应显著，F_1（1，31）=23.57，$p<0.05$，$\eta_p^2=0.42$；其他效应均不显著。

为了排除被试加工否定句时忽略否定句中的否定算子的这种可能，在填充句后增加了理解性判断句子。分析填充句后理解性判断句的正确率，结果表明肯定句的正确率（$M=81.16\%$，$SD=0.11$），否定句的正确率（$M=78.5\%$，$SD=0.10$），对其进行 t 检验，差异不显著，t（62）=0.992，$p>0.05$。这表明，被试在阅读句子的时候并没有忽略句子中的否定词。

否定句加工的两步模拟假设认为，否定句的加工过程依次表征的是被否定状态和实际状态。据此假设，句子加工的早期对与被否定状态匹配的图片的判断的反应时显著短于与否定句实际状态匹配的反应时。实验1的结果与此假设相符。在否定句加工的早期即时间间隔为 250 ms 时，句子类型与匹配状态的交互作用显著。简单效应分析的结果是与实际状态不匹配（即与被否定状态匹配）的图片的反应时显著短于与实际状态匹配的反应时。如果从否定句的被否定状态看，否定句和肯定句条件下的反应时模式是一样的，都是匹配实验结果符合两步模拟假设的第一步模拟。

在确定性无界否定句加工的早期，确定性无界否定句像两步模拟假设预期的那样，进行了第一步的模拟，那么随着时间进程的推进，确定性无界否定句加工的中期又会怎样加工呢？实验2把时间间隔延长到 750 ms 来作进一步考察。

第三节 实验 2 汉语确定性无界否定句加工中期的心理模拟

一、汉语确定性无界否定句加工中期研究方法

（一）被试

某大学在校生 32 名（男生 15 人，女生 17 人），年龄为 $M = 20.89$，$SD = 2.1$。所有被试裸眼或矫正视力正常，母语为汉语，无任何阅读或识图障碍，均未参加过本研究中实验材料的评定。

（二）实验材料

同实验 1。

（三）设计与程序

同实验 1，与实验 1 不同的只是在句子阅读完毕后间隔 750 ms 再呈现图片。

二、汉语确定性无界否定句加工中期结果与分析

剔除反应时长于 3000 ms 或者短于 300 ms 的数据，以及每个被试在各个条件下平均数加减 3 个标准差以外的数据，删除的数据占总数据的 1.6%。采用 SPSS16.0 对实验数据进行统计分析，被试对图片判断的反应时和正确率的平均数和标准差见表 5 - 3。

表 5 - 3 被试图片判断的平均反应时（ms）和正确率（%）

匹配状态	否定句		肯定句	
	反应时	正确率	反应时	正确率
匹配	910 ± 229	0.99 ± 0.49	963 ± 269	0.98 ± 0.06
不匹配	993 ± 306	0.96 ± 0.11	966 ± 259	0.94 ± 0.12

图片反应时的重复测量方差分析表明：句子类型的主效应不显著，$F_1 (1, 31) = 0.58$，$p > 0.05$；$F_2 (1, 23) = 0.23$，$p > 0.05$。匹配状态的主效应不显著，$F_1 (1, 31) = 2.32$，$p > 0.05$；$F_2 (1, 23) = 0.02$，$p > 0.05$。句子类型和匹配状态的交互作用中，以被试为随机变量的方差分析差异显著，

F_1（1，31）= 4.78，$p < 0.05$，$\eta_p^2 = 0.13$。对句子类型和匹配状态的交互作用进行简单效应分析，结果发现，肯定句匹配条件下的反应时（963 ms）和不匹配条件下的反应时（966 ms）之间的差异不显著。否定句匹配条件下的反应时（910 ms）显著短于否定句不匹配条件下的反应时（993 ms）。句子类型和匹配状态的交互作用，以项目为随机变量的方差分析差异不显著 F_2（1，23）= 0.046，$p > 0.05$。

图片判断正确率的重复测量方差分析表明：句子类型主效应不显著，F_1（1，31）= 1.21，$p > 0.05$；F_2（1，23）= 0.076，$p > 0.05$。匹配状态主效应显著，F_1（1，31）= 4.31，$p < 0.05$，$\eta_p^2 = 0.12$；F_2（1，23）= 9.89，$p < 0.05$，$\eta_p^2 = 0.30$。句子类型与匹配状态的交互作用，以被试为随机变量的方差分析不显著，F_1（1，31）= 0.61，$p > 0.05$。二者交互作用以项目为随机变量的方差分析显著，F_2（1，23）= 4.61，$p < 0.05$，$\eta_p^2 = 0.17$；进行简单效应分析发现，肯定句匹配条件下的正确率高于不匹配条件下的正确率，否定句的差异不显著。

对填充问题的正确率进行统计，肯定句（$M = 83\%$，$SD = 0.12$）与否定句（$M = 81.12\%$，$SD = 0.13$）两者在理解的正确率上没有显著差异，t（62）= 0.65，$p > 0.05$。

在确定性无界否定句加工的中期，否定句和实际状态相匹配条件下图片判断的反应时，显著快于其和被否定状态匹配（即与实际状态不匹配）条件下的反应时，出现了实际状态加工的优势效应。这说明确定性无界否定句的加工过程是符合两步模拟假设的，并且，这一模拟是在否定句加工的中期就完成了。

从实验 1 和实验 2 的结果中可以看到，汉语确定性无界否定句在 750 ms 已经完成了否定句加工的两步模拟，但为了确认这一点，并把汉语确定性无界否定句的加工过程与其他类型的否定句的加工过程进行比较，所以我们接着进行了实验 3。在实验 3 中再把汉语确定性无界否定句加工的时间间隔延长到 1500 ms。

第四节 实验 **3** 汉语确定性无界否定句加工晚期的心理模拟

一、汉语确定性无界否定句加工晚期研究方法

(一) 被试

某大学在校生 35 名 (男生 15 人，女生 20 人)，年龄为 $M = 21.32$, $SD = 1.8$。所有被试裸眼或矫正视力正常，母语为汉语，无任何阅读或识图障碍，均未参加过前面的任何实验和材料评定。

(二) 实验材料

同实验 1。

(三) 设计与程序

同实验 1 和实验 2，不同的是在句子阅读完毕后间隔 1500 ms 再呈现图片。

二、汉语确定性无界否定句加工晚期结果与分析

剔除反应时长于 3000 ms 或者短于 300 ms 的数据，以及每个被试在各个条件下平均数加减 3 个标准差以外的数据，删除的数据占总数据的 2.9%。采用 SPSS 16.0 对实验数据进行统计分析，被试对图片判断的反应时和正确率的平均数和标准差见表 5 – 4。

表 5 – 4　被试图片判断的平均反应时 (ms) 和正确率 (%)

匹配状态	否定句		肯定句	
	反应时	正确率	反应时	正确率
匹配	1034 ± 223	0.98 ± 0.06	1017 ± 220	0.94 ± 0.09
不匹配	1002 ± 242	0.97 ± 0.06	1101 ± 271	0.93 ± 0.10

图片反应时的重复测量方差分析表明：句子类型的主效应不显著，F_1 (1，34) = 2.54, $p > 0.05$; F_2 (1，23) = 1.36, $p > 0.05$。匹配状态的主效应不显著，F_1 (1，34) = 0.91, $p > 0.05$; F_2 (1，23) = 2.68, $p > 0.05$。句

子类型和匹配状态的交互作用差异显著，F_1（1，34）= 7.72，$p < 0.05$，$\eta^2 =$ 0.19；F_2（1，23）= 4.98，$p < 0.05$，$\eta_p^2 = 0.18$。对以被试为随机变量的句子类型和匹配状态的交互作用进行简单效应分析，结果发现，肯定句匹配条件下的反应时（1017 ms）显著快于不匹配条件下的反应时（1101 ms）。否定句匹配条件下的反应时（1034 ms）与不匹配条件下的反应时（1002 ms）差异不显著。对以项目为变量的句子类型和匹配状态的交互作用进行简单效应分析，结果发现，肯定句匹配条件下的反应时，显著快于不匹配条件下的反应时。否定句匹配条件下的反应时与不匹配条件下的反应时，差异不显著。

图片判断正确率的重复测量方差分析表明：匹配类型的主效应不显著，F_1（1，34）= 0.57，$p > 0.05$；F_2（1，23）= 1.76，$p > 0.05$。匹配状态以被试为变量的方差分析主效应显著，F_1（1，34）= 7.59，$p < 0.05$，$\eta_p^2 = 0.182$；匹配状态以材料为变量的方差分析的主效应差异不显著 F_2（1，23）= 1.03，$p > 0.05$。句子类型与匹配状态的交互作用不显著，F_1（1，34）= 0.038，$p > 0.05$；F_2（1，23）= 0.52，$p > 0.05$。

对填充问题的正确率进行统计，对肯定句（$M = 80.61\%$，$SD = 0.11$）与否定句（$M = 85.15\%$，$SD = 0.11$）进行独立样本 t 检验，结果显示差异不显著，t（64）= -1.681，$p > 0.05$。

在肯定句和否定句加工晚期，与被否定状态匹配条件下的反应时和与实际状态匹配条件下的反应时之间的差异不显著，说明随着加工时间的推移，被试对否定句的加工已经完成，即在 250 ms 的条件下完成了两步模拟假设预期中的第一步，在 750 ms 条件下已经完成了两步模拟假设预期中的第二步。

第五节　三个实验的全方差综合分析

为了检验时间间隔与句子类型以及匹配状态的交互关系，将实验 1、实验 2 与实验 3 的数据合并进行句子类型、匹配状态与时间间隔三者的方差检验。首先，对三种延迟条件下图片判断的反应时进行重复测量方差分析，结果发现：句子类型的主效应差异不显著，F_1（1，96）= 2.627，$p > 0.05$；F_2（1，69）= 0.805，$p > 0.05$。匹配状态的主效应不显著，F_1（1，96）= 2.55，$p > 0.05$；F_2（1，69）= 0.632，$p > 0.05$。通过间隔时间主效应显著，

F_1（2，96）＝8.999，p＜0.001，η_p^2＝0.158；F_2（2，69）＝4.33，p＜0.05，η_p^2＝0.112。句子类型与间隔时间的交互作用不显著，F_1（2，96）＝0.78，p＞0.05；F_2（2，69）＝1.842，p＞0.05。匹配状态与间隔时间的交互作用不显著，F_1（2，96）＝0.866，p＞0.05；F_2（2，69）＝0.654，p＞0.05。句子类型与匹配状态的交互作用被试检验显著，F_1（1，96）＝8.035，p＜0.01，η_p^2＝0.077；项目检验不显著，F_2（1，69）＝0.654，p＞0.05。句子类型、匹配状态与间隔时间的三因素交互作用被试检验显著，F_1（2，96）＝7.340，p＜0.01，η_p^2＝0.133；项目检验不显著，F_2（2，69）＝0.229，p＞0.05。通过进一步的简单效应分析发现，否定句匹配状态在时间因素上的差异显著，F（2，96）＝8.707，p＜0.001，η_p^2＝0.154；否定句匹配状态在750 ms 的反应时（910 ms）显著快于250 ms 的反应时（1283 ms），1500 ms 的反应时（1034 ms）显著快于250 ms 条件下的反应时，750 ms 的反应时与1500 ms 条件下的反应时差异不显著。这说明被试在250 ms 条件下表征的是否定句的被否定状态，随着时间进程的推进，在750 ms 条件下表征的是否定句的实际状态。否定句不匹配状态在时间因素上的差异显著，F（2，96）＝3.724，p＜0.05，η_p^2＝0.072；750 ms 条件下的反应时（993 ms）显著快于250 ms 条件下的反应时（1136 ms），1500 ms 条件下的反应时（1002 ms）显著快于250 ms 条件下的反应时（1136 ms），750 ms 条件下的反应时（993 ms）与1500 ms 条件下的反应时（1002 ms）差异不显著。实验结果表明，随着时间的推移，被试不但能表征出句子的实际状态，还能更快地排除与句子不匹配的状态。肯定句匹配条件在时间因素上的差异显著，F（2，96）＝4.539，p＜0.05，η_p^2＝0.086；750 ms 条件下的反应时（963 ms）显著快于250 ms（1145 ms），1500 ms 条件下的反应时（1017 ms）显著快于250 ms 条件下的反应时（1145 ms）；肯定句不匹配条件在时间因素上的差异显著，F（2，96）＝12.564，p＜0.01，η_p^2＝0.207，750 ms 条件下的反应时（966 ms）显著快于250 ms 条件下的反应时（1246 ms），1500 ms 条件下的反应时（1101 ms）显著快于250 ms 条件下的反应时（1246 ms），750 ms 条件下的反应时（966 ms）和1500 ms（1101 ms）条件下的反应时差异不显著，随着时间间隔的增大，被试对与肯定句匹配条件下的反应变得更快，对与肯定句不匹配条件下的反应也变得更快。三个实验被试对图片反应平均数和标准（ms）与正确率详见表5－5。

表 5 – 5 三个实验被试对图片反应平均数和标准差（ms）与正确率（%）

延迟	句子类型	匹配类型			
		匹配		不匹配	
250 ms	肯定句	1145 ± 314	0.98 ± 0.06	1246 ± 380	0.89 ± 0.11
	否定句	1283 ± 365	0.97 ± 0.06	1136 ± 326	0.93 ± 0.10
750 ms	肯定句	963 ± 269	0.98 ± 0.06	966 ± 259	0.94 ± 0.12
	否定句	910 ± 229	0.99 ± 0.49	993 ± 306	0.96 ± 0.11
1500 ms	肯定句	1017 ± 220	0.94 ± 0.09	1101 ± 271	0.93 ± 0.10
	否定句	1034 ± 223	0.98 ± 0.06	1002 ± 242	0.97 ± 0.06

其次，对三种延迟条件下，图片判断的正确率进行重复测量方差分析，结果发现：匹配状态、句子类型和时间间隔三个主效应均不显著。句子类型、匹配状态和时间间隔三因素两两交互作用以及三因素之间的交互作用均不显著，因此，上述以反应时为因变量的方差分析是有效的。

三个实验的全方差分析表明，时间间隔确实是影响否定句加工的重要因素。在 250 ms 时表现出否定句心理模拟的被否定状态的优势效应，750 ms 时则表现出实际状态的优势效应。这与本研究分三个实验独立进行分析的结果是一致的。根据否定的经验模拟观点，否定加工就是从被否定状态向实际状态的转换过程，表现为时间的延伸。本研究的结果证明汉语确定性无界否定句的心理模拟也是分两步进行的，但也有其自己的特点，它是在加工的中期完成的。

一、综合讨论

心理学家对否定的心理模拟作了许多研究，但研究结果并不一致。这或许与否定句的类型有关。我们根据语言学和心理学关于否定的有界和无界、确定和不确定对否定作了进一步的分类。根据否定结果的有界性和无界性，把否定划分为有界否定（bounded negation）和无界否定（unbounded negation）。如上所述，有界否定是指肯定与否定是一种对立关系，非此即彼，比如，生 – 死、开 – 关。这些概念处于对立的两极，它们之间有一条清晰的边界，或者说没有中间状态（Paradis & Willners，2006）。在这些成对的两极概念中，如果否定了其中的一极，那么否定的实际状态便是其另一极（徐盛桓，1994）。无界否定则是指否定的结果（即实际状态）不确定，会有许多状态。无界否定还可以分为不确定性无界否定和确定性无界否定。不确定性无界否定就是徐盛桓（1994）所说的"实情并非如此",而确定性无界否定指的是与被否定状态相反且靠近它的某个点(Bianchi, Savardi, Burro, et al., 2011; Paradis & Willners, 2006)。这种分类为我们分析否定加工的心理过程提供了条件。

本研究以确定性无界否定句为研究对象,探讨了它加工的早期(250 ms)、中期(750 ms)和晚期(1500 ms)心理模拟的过程。结果显示,在中期就完成了心理模拟,即模拟到了否定句表达的实际状态。它与两步模拟的假设(Kaup et al., 2006a; Kaup, Lüdtke, et al., 2007b; Kaup, Yaxley, et al., 2007)基本一致,但又不完全一致。否定句加工的两步模拟假设是指在否定句加工的早期首先模拟的是事物的被否定状态,中期是一个转换阶段,到了晚期才模拟到事物的实际状态。而本实验的结果是在早期模拟的是事物的被否定状态,这与其他研究是相同的,不同的是并非到了晚期而是在中期就完成了否定句的加工。为什么会出现这样的结果,它是与本研究使用的实验材料密切相关的。本研究使用的实验材料是确定性无界否定句,它的一个基本特点是事物的被否定的状态和实际状态处在一个维度上,而且它们之间有一个中间状态(Bianchi et al., 2011)。当被试阅读了"这扇门不宽"这个句子时,首先模拟出的是一扇宽的门,由于句子中否定算子的存在,"宽门"则被抑制,其次被试从被否定状态(宽门)出发向着它的另一极(窄门)搜寻。按照 Bianchi 等(2011)的看法,对中等不对称否定句来说,"宽"和"窄"之间约有1/3的中间区域,且小的一极是有边界的。因此,被试在确定性无界否定句加工的中期,便在这单维的且一端有边界的区域很快就搜寻到了否定句的实际状态——较窄的一扇门。显然,这里所谓"这扇门不宽"这类否定句的"确定性"首先是指它的单维性,即处在两个对立的形容词之间,而且否定的结果(即事物的实际状态)又是可以确定的。正是由于确定性无界否定句自身的特点,决定了对它的心理模拟遵循着两步心理模拟的基本假设,但又有所不同,即在否定句加工的中期便完成了对实际状态的模拟。

本研究结果与使用汉语有界否定句进行心理模拟研究的结果是不同的。高志华等(2011)的实验结果表明,具有对立谓词的简单的汉语否定句加工的心理模拟过程,并不像两步模拟假设所设想的那样遵循着先模拟被否定状态再模拟实际状态的顺序,而是在加工的早期就完成了对事件的实际状态的模拟。之所以在早期就一步完成了心理模拟,是与实验中使用的实验材料有关。他们使用的是具有对立谓词的汉语否定句(如"伞没合上"),这种否定句实际上就是我们定义的有界否定句。否定了 A，其结果一定是 B，即非 A 即 B，否定的结果是非常确定的。另外，这种否定句中的两极之间，即在 A 和 B 之间没有中间地带，一旦否定了 A，就会迅速转换到 B。正是由于汉语有界否定句的这种突出的特点，才使得对它的加工是在早期一步模拟完成的。

本研究结果与使用汉语不确定性无界否定句的研究结果也不尽相同。陈广耀等（2014a；2014b）使用汉语状态不确定独立否定句探讨它的加工机制，结果表明，在否定句加工的早期，首先表征的是事情的被否定状态，到了晚期才完成对备择选项的搜索。这与本研究得出的在中期就完成了对否定句的加工是不同的。我们推测，可能与两项研究使用的材料的单维性和多维性以及否定结果的确定和不确定的差异有关，不过这需要作进一步的研究来证实。

否定句的加工也可以从否定加工的另一具身观点——否定的知觉模拟理论（Negated Perceptual Simulations）来解释（Anderson et al. , 2010）。该理论强调否定加工在空间上的延展，认为否定的过程表现在空间状态上就是某种可选择性的轨迹（Alternative Trajectory），其中肯定状态和否定状态分处于一个渐变的心理空间的两端，句子加工伴随着时间逐渐展开。例如，"饭橱里没有饼干"，在两种互补选择性的心理空间以渐变形式平衡在状态空间的中心上，一端是肯定状态区域（饭橱里有饼干），另一端是被否定状态区域（饭橱里没有饼干），而加工过程就是要在这空间中穿行。即加工就是对状态空间的轨迹（state - space trajectory）的具身化，是对这两种心理空间的时间依赖性建构。因此，有界否定、确定性无界否定、不确定性无界否定在空间轨迹上就构成了从对等到不对等的分布状态。高志华等（2011）的研究中使用了有界否定，在空间轨迹上转换很快，在早期就完成否定加工；而本研究中的确定性无界否定在空间轨迹分布上相对复杂，但也有一定规则可循，因此反映在时程上相对较慢；而不确定性无界否定，如"这个裙子不是红色的"，在颜色这个维度上，"红色"在某一点上，对它的否定所激发的轨迹就失去了确定性，因此造成对实际状态模拟的困难。

需要说明的是，本研究还存在一定的局限性，即在否定句加工的 250 ms 时被否定状态的优势效应和 750 ms 时的实际状态的优势效应都只出现在被试检验中，而没有出现在项目分析中，因此，对本研究的结论认同应持更为审慎的观点。一方面，我们认为这一结论可以推广到人的总体中，而不是材料。另一方面，项目检验并没有出现实验预期的显著效应，也恰恰反映出汉语确定性无界否定句心理加工的复杂性，不同的否定词以及不同的否定辖域在加工过程中都可能存在某些差异，从而影响项目分析的结果，这值得进一步的探讨。

二、结论

本研究的结果显示：对于确定性无界否定句加工的心理模拟是分两步进行的，首先模拟的是否定句的被否定状态，随着加工时间的推进，按照两步模拟假设的预期完成了对确定性无界否定句的第二步模拟，即对实际状态的模拟。但是，模拟过程比其他类型的否定句所用的时间要短。

第六章 确定性无边界否定句模拟加工的 时间进程——大边界与小边界的比较

第一节 大边界与小边界的比较问题提出

为了更加精确地探究与对比否定句加工的时间进程和机制，选取了汉语确定性无界否定句作为实验材料，采用句子—核证范式进行考察研究。探讨确定性无界否定句加工大小边界两端的心理模拟过程是符合一步模拟假设，还是遵循两步模拟假设，抑或有它自己的特点？本研究采用"2（边界极性：趋向大边界和趋向小边界）×2（句子类型：肯定句和否定句）×2（句子意义和图片描述状态的匹配类型：匹配和不匹配）"的被试内设计探究确定性无界否定句在早期（250 ms）、中期（750 ms）、晚期（1500 ms）的加工进程和机制。

总之，本研究在前人研究的基础之上，对状态否定句的种类重新划分，采用了最为经典的句子—核证范式，以及250 ms、750 ms、1500 ms表征早、中、晚三个不同时期的时间间隔，对比和探究趋向大边界和趋向小边界的确定性无界否定句加工的时间进程和机制，不仅可以丰富语言理解的认知加工理论，又可以利用否定加工的时间进程与机制指导人们语言的学习。此外，否定与情绪和行为密切相关，具有较强的教育和社会意义。

一、两步加工与一步加工

以往的否定研究主要围绕着否定的加工困难展开，这包括两个方面，一是否定的整体效应（whole effect of negation），二是否定的局部效应（local effect of negation）。整体效应以否定的理解时间进程为核心，而局部效应则与被否定内

110

容的通达为核心。如前所述，Mayo 等人（2004）提出的"图式 + 标签"模型、Kaup 等人（2006，2007）的两步模拟假设和 Anderson 等人（2010）讨论的知觉模拟理论集中讨论都是否定加工的时间进程问题，而 Giora（2007）抑制/备用假设（Suppression/Retention Hypothesis）则集中在被否定信息的通达或激活水平上。其实理解时程与被否定信息的通达是一个问题的两个方面，强调分步走，模拟否定中的被否定状态，那么被否定的信息往往就是处于较高的激活水平，易于通达；相反，如果事实的实际状态确定或被否定的信息的状态呈两极化，那么否定加工可能在一步内完成，而此时被否定的信息的通达就会下降，通达困难。本章从加工的时间进程角度展开探讨。

　　一步加工理论认为，在否定加工时被试直接完成了对事物所处实际状态的表征，即没有表征被否定状态，直接就完成了对事物实际状态的表征（如 Kaup et al，2006；高志华等，2011）。否定句中描述物体的状态分为两种，即被否定状态和实际状态。两步加工假设认为人们在否定句中通达事物的实际状态需要一个过程，即分两步加工。首先，表征人们事先期望事物所处的状态，即建构对应的肯定句所描述状态的模型或者事物被否定状态的心理模型（即命题理论中的"核心假设"）；然后最终通达事物所处的实际状态。否定理解到底是分两步走（Kaup et al.，2006a；Mayo et al.，2004；Prado & Noveck，2006）还是一步完成的（Anderson et al.，2010；Aravena et al.，2012；Bartoli et al.，2013；Foroni & Semin，2013；Hald et al.，2013；Nieuwland & Kuperberg，2008；Tian et al.，2010），双方无论是在理论层面还是在实验层面都展开了丰富的研究，取得了成果。

　　例如，张丽，李红（2011）使用 ERP 技术以 N400 和晚期正成分（LPC）为重要指标，采取类别验证范式研究否定加工过程，即四种条件：肯定类别对（例如，蔬菜—白菜）、肯定无关对（例如，蔬菜—蜜蜂）、否定类别对（例如，蔬菜—蜜蜂）和否定无关对（例如，蔬菜—白菜），其中类别上画有一横线表示"不是该类别的事物"，例如，蔬菜表示"不是蔬菜"。结果发现，否定类别对（例如，蔬菜—蜜蜂）和否定无关对（例如，蔬菜—白菜）中被否定状态的表征分别与肯定无关对（例如，蔬菜—蜜蜂）和肯定类别对（例如，蔬菜—白菜）的表征相一致，因而 N400 波幅差异不显著，间接说明了否定类别对和否定无关对中被否定的状态得以表征。此外，肯定类别对比否定类别对引发了更正的 LPC，这一结果揭示了两阶段模拟假说中第二阶段即整合否定模拟真实状态的神经机制。这一结果支持了两步模拟的观点。

而在2—4岁儿童的否定理解的研究中也发现，儿童在听到"看那个没苹果的孩子"时，会先注视那个拿着苹果的孩子的图片，然后再注视手中空着或拿着其他东西的孩子（Nordmeyer & Frank，2014）。以事件相关去同步化（event - related desynchronization，ERD）为指标的研究同样证明手部相关的动词在否定句时比在肯定句时诱发更强的 Mu ERD 和时间上的延迟（Alemanno et al.，2012）。而 Nieuwland 和 Kuperberg（2008）同样使用 ERP 技术，使用了语用准允性（pragmatic licensing conditions）的否定句为实验材料，则发现否定句理解与同条件下的肯定句理解无时间上的差异，这都表明否定句理解可以在一步内完成。

之所以出现不同的结果，在很大程度上与研究中所使用的材料有关。

国内研究采用与 Kaup 等人（2006）相同的具有对立谓词的否定句，采用自定步速的阅读方法，从具身认知的角度探索汉语简单否定句的动态理解过程。实验句是含有对立谓语的汉语陈述性的肯定句和否定句，例如，"伞撑开了""伞合上了""伞没撑开""伞没合上"。实验采用"2（句子类型：肯定与否定）×2（句—图匹配状态：匹配与不匹配）"的被试内设计。研究结果显示：实验1中句子与图片的间隔时间为 250 ms，此时肯定句和否定句的加工表现出显著的匹配效应，说明在早期已完成对事物所处实际状态的模拟；实验2中选用 750 ms 时间间隔，结果尚未表现出匹配效应，这说明在否定加工中期，被否定状态和实际状态的激活水平相同，即二者处于一个平衡的状态；实验3中选取 1500 ms 间隔时间，此时肯定句和否定句的加工再次表现出显著的匹配效应，该结果说明焦点再次集中在对实际状态的模拟。该研究得出以下结论：具有对立谓语的简单汉语否定句的加工是一个动态知觉表征过程，即一步模拟到事物的实际状态，然后经过一段平衡状态，最终通达事物所处的实际状态（高志华等，2011）。其后的研究中，以汉语确定性无界否定句为实验材料，对其加工机制的研究采用了句 - 图匹配范式，结果表明其符合两步模拟假设（崔如霞等，2016，即本书第五章），即先模拟被否定状态，再模拟实际状态，最后通达否定。

既然否定加工受到否定句类型的影响，那么对否定句的分类梳理就极为必要。

二、否定句的分类

本书第四章第二节中已经对否定句的分类进行了详细的介绍。并且，在前人研究的基础上，依据第五章的分类原则，本书按照否定结果的状态是否确定将含有形容词的独立否定句划分为有界否定句和无界否定句。有界否定句中事物的被否定结果是确定的，其肯定版本与否定版本是矛盾对立的，非此即彼，等同于前人研究中含有补足性谓词的否定句。无界否定句中事物被否定之后的实际状态是难以确定的，究其原因可能是否定句中包含的形容词是等级性的（无边界反义词）或者是比较性谓词。根据形容词的性质，将无界否定句进一步划分为确定性无界否定句和不确定性无界否定句。确定性无界否定句是指在否定和肯定之间有一个区域，其谓语词是连续型的，被否定的结果处在某个形容词与其反义词所构成的一个维度上，否定意义代表的是这一维度上的某一个点，否定其中一端使其意义朝着相反的方向趋近。比如"胖 – 瘦"，它所表征的含义只能是无限地趋向于边界但是永远达不到边界，不胖并非代表瘦，即 Bianchi 等人（2011）所说的类型 II——中等不对称型否定，如"对 – 错"，对的一极有边界，错的一极无边界，而中间区域约占整个维度的 1/3。例如，"美 – 丑"，即反义词的两端处于同一维度上；不确定性无界否定句的谓语词则是类别型的，否定句的实际状态具有两种或者两种以上的备择选项，例如，各种颜色词都处于同一个语义层面上，不能构成相互对应的关系，例如，"这枝玫瑰不是红色的"，备择的情况有很多种，如白色的、蓝色的、黄色的等。否定其中一种颜色，在没有恰当的语境条件下，很难找到对应的颜色类别。

在第五章中，已经探讨了确定性无界否定句加工的时间进程，但只探讨了其大边界的情况，例如，"这门不宽"，并且发现这类否定在加工的中期即 750 ms 时就能完成对实际状态的模拟。然而，如果确定性无界否定句在语义空间公布上属于稍微不对称型，即拓扑学上，小边界的一极是有边界的，大边界的一极是无边界的，而中间区域是一个范围（Bianchi, Savardi, Burro, et al., 2011；Bianchi, Savardi, & Kubovy, 2011）。那么，对于否定大边界与否定小边界的加工过程是否存在差异呢？

第二节　实验 1　确定性无边界否定句加工
早期的心理模拟

本实验考察在短时间间隔下（250 ms）汉语确定性无边界否定句加工早期的心理模拟进程。

一、确定性无边界否定句加工早期研究方法

（一）被试

在某大学校内随机选取在校生 36 人，其中包括男生 16 人，女生 20 人，年龄 $M = 20.61$，$SD = 2.86$。被试的裸眼视力或者矫正视力均正常，以汉语为母语，没有阅读和识图障碍，并且仅参加该实验，不曾参加本研究的其他研究工作。

（二）实验材料

1. 否定句的编写依据

本研究所选用的句子由实验句和填充句构成，其中实验句和填充句都有肯定和否定两种类型。肯定实验句编写的基本形式为"这 + 量词 + A 是 X 的，这 + 量词 + A 是 Y 的"，否定实验句的基本形式是"这 + 量词 + A 不 X，这 + 量词 + A 不 Y"。以上四种句子中的"A"代表一个具体的事物，即句子的主语，"X"和"Y"为一对反义词，分别代表拓扑学上大的一极和小的一极，如"薄"和"厚"。这对反义词是依据 Bianchi 等（2011）提出的类型 Ⅱ（中等不对称）否定句编写的，我们把这类否定句称作确定性无界否定句，例如，"这本书不薄"和"这本书不厚"。在确定性无界否定句中"不薄"指的不是"厚"，"不厚"指的也不是"薄"，为了对比趋向大边界的确定性无界否定句和趋向小边界的确定性无界否定句的加工机制和时间进程的异同，本研究选用了以下四种类型的实验句，分别为趋向大边界的肯定句、趋向大边界的否定句、趋向小边界的肯定句以及趋向小边界的否定句。以"门"为例，即为"这扇门是宽的""这扇门不宽""这扇门是窄的"以及"这扇门不窄"。此外，为了研究之便，实验过程中仅选取了由否定算子"不"构成的否定句。

2. 实验图片的选择

本研究共选用图片 120 张，包括 96 张实验图片和 24 张填充图片。其中实验图

片包含与趋向大边界的确定性无界肯定句相对应的图片、与趋向大边界的确定性无界否定句相对应的图片、与趋向小边界的确定性无界肯定句相对应的图片，以及与趋向小边界的确定性无界否定句相对应的图片，各 24 张。研究中选用的图片色调一致，大小相同，即长与宽均为 314 像素的黑白图片。同时，每组实验图片均包含上文中提及的四种类型，例如，实验图片描述的事物是"门"，那么它的状态可以是"宽的""不宽的""窄的"和"不窄的"。此外，24 张填充图片是另外选取的，图片中所涉及的事物从未在填充句和实验句中提到过。

3. 实验材料的评定与筛选

为了筛选出句子以及和句子描述意义相匹配的图片作为实验材料，编写了对 28 个事物的四种状态分别进行描述的句子，共计 112 个，其中包括趋向大边界的确定性无界肯定句、否定句，以及趋向小边界的确定性无界肯定句、否定句四种类型的句子各 28 个。把这些实验材料按句子类型和描述的状态进行拉丁方设计，共匹配成四个系列，在各个系列中均包含趋向大边界的肯定句、否定句和趋向小边界的肯定句、否定句四种类型，并且每个事物只出现一次。另外选取 51 名在校大学生利用 E - prime 对实验材料进行评定，其中每个系列中四种类型的句子以拉丁方的顺序呈现，每一类型下的七个句子随机呈现。要求被试对句子的意义和图片描绘内容的匹配程度进行 1—7 分打分，1 代表句子意义和图片描绘的内容完全不相符，7 代表完全符合，同时，在所有评定任务结束后请被试指出表述不恰当、不清晰的句子和图片。剔除 3 个无效被试，最终保留 48 个被试（4 个系列，其中每个系列 12 名）的实验数据。

材料评定部分选取了对 28 个事物进行描述的句子和图片，每个事物有四种状态，共计 112 个，按照评分由高到低的顺序选取对前 24 个事物进行描述的句子和图片作为实验材料，并且这 96 个句子和对应图片的匹配程度均大于 5 分。然后，以系列为被试间变量，边界极性（趋向大边界和趋向小边界）和句子类型（连续型状态不确定肯定句和否定句）为被试内变量，进行 $4 \times 2 \times 2$ 重复测量方差分析，统计结果发现边界极性的主效应不显著，$F(1, 44) = 0.03$，$p = 0.87$；句子类型的主效应不显著，$F(1, 44) = 0.08$，$p = 0.78$；系列的主效应不显著，$F(3, 44) = 0.03$，$p = 0.99$；三者之间的交互作用也不显著，$F(3, 44) = 1.03$，$p = 0.39$，结果表明实验材料四个系列间不同边界极性和句子类型的句子与其对应图片的匹配程度差异不显著，最终选出的描述 24 个事物的实验材料（描述 24 个事物四种状态的 96 个句子及与之相匹配的 96 张图片）有效。

　　根据四种类型实验句的基本形式编写了 24 个填充句，其中肯定句和否定句各 12 个。然后对以上四种类型的实验句和填充句均作了字数控制，趋向大边界的连续型状态不确定独立肯定句（如"这扇门是宽的"）的句子长度是 $M = 7.87$，$SD = 1.75$，趋向大边界的连续型状态不确定独立否定句（如"这扇门不宽"）的长度为 $M = 6.88$，$SD = 1.75$，趋向小边界的连续型状态不确定独立肯定句（如"这扇门是窄的"）的长度为 $M = 7.96$，$SD = 1.81$，趋向小边界的连续型状态不确定独立否定句（如"这扇门不窄"）的长度为 $M = 6.96$，$SD = 1.81$。填充句（如"这张纸是粗糙的"）的句子长度为 $M = 7.33$，$SD = 1.27$。对这四种类型的实验句和填充句的字数进行单因素方差分析，F（4，115）$= 2.13$，$P > 0.05$，结果表明四种类型的实验句和填充句的句子长度差异不显著。

　　4. 实验句和填充句与图片的搭配

　　经过实验材料的评定筛选出四个系列的实验句和实验图片，每个系列中均包括 6 个趋向大边界的确定性无边界肯定句、否定句，6 个趋向小边界的确定性无边界肯定句、否定句。按照实验句和其后呈现的实验图片的匹配状态，以及反应按键"F/J"进行平衡，最终形成正式实验部分的 16 个实验系列。最终每一个实验系列中均包含 6 个趋向大边界的确定性无边界肯定句，其中句子意义和图片描绘的内容匹配与不匹配的各 3 句；6 个趋向大边界的确定性无边界否定句，其中句子意义与否定句被否定状态的图片匹配、与实际状态的图片匹配的各 3 句；6 个趋向小边界的确定性无边界否定句，其中句子意义和图片描绘的内容匹配与不匹配的各 3 句；6 个趋向小边界的确定性无边界否定句，其中句子意义与否定句被否定状态的图片匹配、与实际状态的图片匹配的各 3 句。以"门"为例，描述它不同状态的句子有 4 种，句子意义和图片描绘内容的匹配状态有两种，因此句子和图片的搭配有 8 种情况（见表 6 - 1）。实验句中包含 24 个事物，每种事物和图片的搭配有 8 种情况，那么共有 192 种搭配。此外实验材料中含有 24 个填充句，其中肯定填充句和否定填充句各 12 个，如"这张纸是粗糙的""这把座椅不舒适"。填充句中的事物既没有在其后呈现的图片中提到，也没有在实验句中提到过。

　　正式实验中，每一名被试接受且只接受 16 个系列中的一个，其中包含实验句和填充句各 24 个，即每一名被试阅读 48 个句子。此外，为了确保被试在实验中认真读完句子，没有忽略否定词"不"，在其中 16 张填充图片之后分别呈现了一个理解性判断句，要求被试在理解填充句意义的基础之上，对填充句和理解性判断句的意义是否一致作出判断，8个需要作出"一致"反应，8个需要作出"不一致"反应。

表 6-1 实验1材料的示例（以"门"为例）

句子	图片	匹配状态
这扇门是宽的		匹配
这扇门是宽的		不匹配
这扇门不宽		与被否定状态匹配 （与实际状态不匹配）
这扇门不宽		与实际状态匹配
这扇门是窄的		匹配
这扇门是窄的		不匹配
这扇门不窄		与被否定状态匹配 （与实际状态不匹配）

句子	图片	匹配状态
这扇门不窄		与实际状态匹配

（三）实验设计与程序

本实验采用"2（边界极性：趋向大边界和趋向小边界）×2（句子类型：汉语确定性无边界肯定句和汉语确定性无边界否定句）×2（句子意义和图片描述的事物状态的匹配类型：匹配和不匹配）"的被试内实验设计。

实验过程中，被试正坐在电脑前，其眼睛与屏幕的水平距离大约保持在50—80 cm。实验开始后，首先在屏幕中央呈现黑色注视点"＋"，接着呈现一个蓝色字体的句子，被试按正常速度阅读完毕后按空格键继续，句子消失，如果3000 ms内被试尚未作出相应的按键反应，句子将自动消失。紧接着屏幕中央出现蓝色"＊＊＊"，持续时间为250 ms，之后呈现一张图片。图片中描绘的物体既可能在前面蓝色字体的句子中提及过，也可能未曾提及过，要求被试对图片中描述的事物是否在前面的句子中提到过作出相应的按键反应。之后，下一个试次开始，直到全部实验试次运行完毕。其中16张填充图片后各有一个蓝色字体的理解性判断句，被试需要判断这句话和填充图片之前的句子的含义是否相同，并作出相应的按键反应。在不同的系列间对"F"键和"J"键进行了按键平衡，具体实验流程见图6-1。

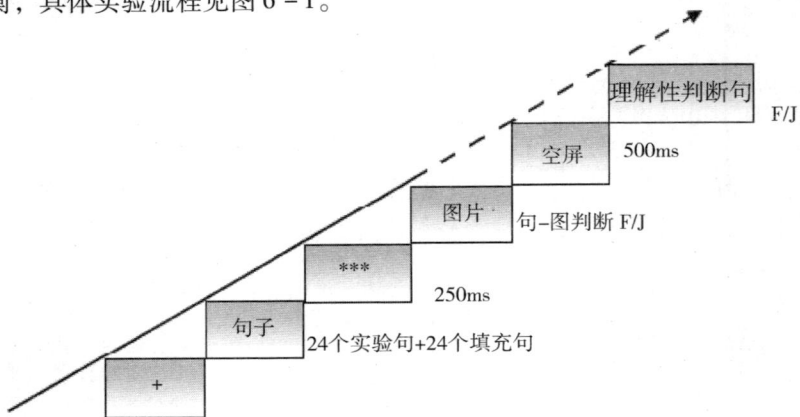

图6-1　实验1流程图

实验过程中为每名被试在屏幕中央分别呈现 24 个实验句与 24 个填充句。在实验句之后呈现的图片中描述的事物均在前面的实验句中提及过，被试需要作出肯定判断；在填充句后面呈现的图片中描述的事物均未曾在填充句中提及过，被试需要作出否定判断。所有的句子图片以随机顺序呈现，被试需在确保正确率的基础之上尽可能快地作出按键反应。完成本次实验大约需要 10 min。

二、确定性无边界否定句加工早期结果与分析

选取对填充图片之后呈现的理解性判断句作出按键反应的正确率均在 75% 以上的被试 32 名，每个系列下的有效被试均为 2 名，有效被试对理解性判断句作出按键反应的正确率 $M = 0.92$，说明被试认真完成了实验任务，收集到的实验数据有效。

对实验图片判断的反应时进行统计，首先删除对实验图片作出错误判断的数据，其次根据剩余的有效数据列出频次分布表，绘制带正态曲线的直方图，据此判定 3814 ms 以上为极端数据并进行删除，最后删除每个被试在平均数加减 3 个标准差之外的数据，删除的数据占总数据的 5.47%。利用 SPSS 17.0 对实验数据作统计分析，结果见表 6 - 2。

表 6 - 2 被试图片判断的平均反应时（ms）和正确率（%）

状态	趋向大边界				趋向小边界			
	肯定句		否定句		肯定句		否定句	
	反应时	正确率	反应时	正确率	反应时	正确率	反应时	正确率
匹配	1241 ± 156	0.99 ± 0.02	1364 ± 159	0.97 ± 0.03	1263 ± 136	0.97 ± 0.03	1232 ± 149	0.97 ± 0.03
不匹配	1542 ± 213	0.90 ± 0.07	1396 ± 159	0.96 ± 0.05	1452 ± 182	0.90 ± 0.06	1397 ± 173	0.92 ± 0.07

把被试对图片作出判断的反应时当作因变量，进行 $2 \times 2 \times 2$ 的重复测量方差分析，其中以被试为随机变量的方差分析为 F_1，以项目为随机变量的方差分析是 F_2。结果如下：边界极性主效应不显著，$F_1 (1, 31) = 1.72$，$p > 0.05$；$F_2 (1, 23) = 0.75$，$p > 0.05$。句子类型主效应不显著，$F_1 (1, 31) = 0.72$，$p > 0.05$；$F_2 (1, 23) = 0.03$，$p > 0.05$。匹配状态的主效应显著，$F_1 (1, 31) =$

14.95，$p < 0.05$，$\eta_p^2 = 0.33$；F_2（1，23）$= 9.30$，$p < 0.05$，$\eta_p^2 = 0.29$。边界极性和句子类型两者间没有显著交互作用 F_1（1，31）$= 0.18$，$p > 0.05$；F_2（1，23）$= 0.17$，$p > 0.05$。边界极性和匹配状态二者间不存在显著的交互作用，F_1（1，31）$= 0.02$，$p > 0.05$；F_2（1，23）$= 0.02$，$p > 0.05$。句子类型和匹配状态二者间不存在显著交互作用 F_1（1，31）$= 3.00$，$p > 0.05$；F_2（1，23）$= 0.38$，$p > 0.05$。边界极性、句子类型和匹配状态三者间也没有显著的交互作用，F_1（1，31）$= 2.07$，$p > 0.05$，$\eta_p^2 = 0.06$；F_2（1，23）$= 1.24$，$p > 0.05$，$\eta_p^2 = 0.05$。虽然三者的交互作用不显著，但根据效果量的已有研究（权朝鲁，2003；焦璨，张敏强，2014），在工作生活中实际效果显著比统计检验显著更为重要，$\eta_p^2 \geqslant 6\%$，表示中等及以上的关联，说明此时实际效果已显著，只要增加被试量就可以达到统计上的显著。因此以被试为随机变量的方差分析中，三因素的交互作用可以视为显著（$\eta_p^2 = 0.06$），所以进一步分析发现，趋向大边界的确定性无边界肯定句在匹配状态的不同水平上差异显著，F_1（1，31）$= 11.73$，$p < 0.05$，即匹配状态下的被试的反应（1241 ms）明显快于不匹配条件下的被试的反应（1542 ms）；趋向大边界的确定性无边界否定句在匹配状态的两个水平上不存在明显差异，F_1（1，31）$= 0.13$，$p > 0.05$；趋向小边界的确定性无边界肯定句在匹配状态的两个水平上存在显著差异，F_1（1，31）$= 5.28$，$p < 0.05$，即匹配状态下的被试的反应（1263 ms）明显快于不匹配状态下（1452 ms）；趋向小边界的确定性无边界否定句在匹配状态的不同水平上差异显著，F_1（1，31）$= 4.30$，$p < 0.05$，即匹配状态下被试的反应（1232 ms）比不匹配状态下（1397 ms）快，并且两者之间的差异显著。

以被试对图片判断的正确率为因变量，进行 $2 \times 2 \times 2$ 的重复测量方差分析，结果发现只有匹配状态的主效应显著，F_1（1，31）$= 5.40$，$p < 0.05$，$\eta_p^2 = 0.15$；F_2（1，23）$= 12.94$，$p < 0.05$，$\eta_p^2 = 0.36$，即匹配状态下的正确率（0.974）显著高于不匹配状态下的正确率（0.917），其他效应都不显著。对比以被试对图片判断的正确率和反应时为因变量的统计结果，发现正确率的高低趋势与反应时的长短一致，即没有出现反应速度和正确率不一致的现象。

为了确保被试在实验过程中认真阅读完每一个句子，加工否定句时不存在主观忽略否定算子（"不"）的情况，对填充句之后呈现的理解性判断句的正确率进行了统计分析，结果如下：肯定句的正确率 $M = 94.5\%$，$SD = 8\%$；否定句的正确率 $M = 89.8\%$，$SD = 14\%$。以句子类型为自变量，正确率为因变量进行

独立样本 t 检验，结果发现二者之间差异不显著，t（62）$=1.69$，$p > 0.05$。以上结果表明被试读完了句子，没有主观忽略否定句中的否定算子。

综合以上实验数据的统计结果发现：无论是在趋向大边界的肯定句还是趋向小边界的肯定句的条件下，对匹配状态下图片的反应时均显著短于不匹配状态下的反应时；在趋向大边界的否定句条件下对匹配状态和不匹配状态下图片的反应时不存在明显的差异；在趋向小边界的否定句条件下，对句子之后呈现的图片的反应时较短，匹配状态下明显快于不匹配状态下。

实验假设趋向大边界的确定性无边界否定句的通达支持两步模拟假设，即先表征事物的被否定状态再通达实际状态；趋向小边界的确定性无边界否定句遵循一步模拟假设，即直接完成对实际状态的通达。在确定性无边界否定句加工早期，趋向小边界的否定句像预期假设那样，一步模拟到实际状态；趋向大边界的否定句和预期不同，既没有出现被否定状态的优势效应，也没有出现实际状态的优势效应，那么随着时间进程的推进，在中期趋向大边界和趋向小边界的确定性无边界否定句又会分别呈现怎样的加工过程呢？因此，实验 2 将研究时间间隔为 750 ms 时确定性无边界否定句的加工机制。

第三节　实验 2　确定性无边界否定句加工中期的心理模拟

本实验考察在中等长度时间间隔下（750 ms）汉语确定性无边界独立否定句加工中期的心理模拟过程。

一、确定性无边界否定句加工中期研究方法

（一）被试

随机选取某大学在校男生 13 人，女生 21 人，共计 34 人，年龄 $M = 20.68$，$SD = 2.13$。被试的裸眼视力、矫正视力均正常，以汉语作为母语，没有阅读和识图障碍，同时尚未参与本研究的其他研究任务。

（二）实验材料

同实验 1。

（三）实验设计与程序

同实验1，区别之处在于句子阅读完毕后间隔750 ms再呈现实验图片或填充图片。

二、确定性无边界否定句加工中期结果与分析

选取对填充图片之后呈现的理解性判断句作出按键反应的正确率均在75%以上的被试32名，16个系列下的有效被试均有两名，有效被试对理解性判断句作出按键反应的正确率 $M = 91.8\%$，表明被试认真完成了实验任务，收集到的实验数据有效。

对实验图片判断的反应时进行统计，首先删除对实验图片作出错误判断的数据，其次根据剩余的有效数据列出频次分布表，绘制带正态曲线的直方图，据此判定4223 ms以上为极端数据并进行删除，再次删除每个被试在平均数加减3个标准差之外的数据，删除数据所占比例为3.8%。数据分析的结果见表6－3。

表6－3　被试图片判断的平均反应时（ms）和正确率（%）

| 状态 | 趋向大边界 | | | | 趋向小边界 | | | |
| | 肯定句 | | 否定句 | | 肯定句 | | 否定句 | |
	反应时	正确率	反应时	正确率	反应时	正确率	反应时	正确率
匹配	1085 ± 155	0.99 ± 0.02	1284 ± 138	0.98 ± 0.03	1169 ± 143	0.99 ± 0.02	1199 ± 157	0.99 ± 0.02
不匹配	1375 ± 189	0.93 ± 0.06	1136 ± 113	0.96 ± 0.05	1222 ± 176	0.92 ± 0.06	1237 ± 187	0.96 ± 0.04

以被试对图片的反应时作为因变量，进行 $2 \times 2 \times 2$ 的被试内方差分析。结果如下：边界极性主效应不显著，$F_1 (1, 31) = 0.11$，$p > 0.05$；$F_2 (1, 23) = 0.10$，$p > 0.05$。句子类型主效应不显著，$F_1 (1, 31) = 0.00$，$p > 0.05$；$F_2 (1, 23) = 0.61$，$p > 0.05$。匹配状态的主效应不显著，$F_1 (1, 31) = 2.51$，$p > 0.05$；$F_2 (1, 23) = 2.90$，$p > 0.05$。边界极性和句子类型的交互作用不显著 $F_1 (1, 31) = 0.33$，$p > 0.05$；$F_2 (1, 23) = 0.09$，$p > 0.05$。边界极性和匹配状态的交互作用不显著，$F_1 (1, 31) = 0.18$，$p > 0.05$；$F_2 (1, 23) = $

0.12，$p > 0.05$。句子类型和匹配状态的交互作用显著 F_1（1，31）= 14.35，$p < 0.05$，$\eta_p^2 = 0.32$；F_2（1，23）= 9.37，$p < 0.05$，$\eta_p^2 = 0.29$。边界极性、句子类型以及匹配状态三者的交互作用显著，F_1（1，31）= 7.38，$p < 0.05$，$\eta_p^2 = 0.19$；F_2（1，23）= 8.68，$p < 0.05$，$\eta_p^2 = 0.27$。对边界极性、句子类型和匹配状态的交互作用进行简单效应分析，趋向大边界的确定性无边界肯定句在匹配状态的不同水平上差异显著，F_1（1，31）= 16.78，$p < 0.05$；F_2（1，23）= 13.88，$p < 0.05$，即匹配状态下的反应时显著短于不匹配条件下的反应时。趋向大边界的确定性无边界否定句在匹配状态的不同水平上差异显著，F_1（1，31）= 8.55，$p < 0.05$；F_2（1，23）= 4.91，$p < 0.05$，即不匹配状态下的反应显著快于匹配状态下的反应。趋向小边界的确定性无边界肯定句在匹配状态的不同水平上差异不显著，F_1（1，31）= 0.65，$p > 0.05$；F_2（1，23）= 0.34，$p > 0.05$。趋向小边界的确定性无边界否定句在匹配状态的不同水平上差异不显著，F_1（1，31）= 0.22，$p > 0.05$；F_2（1，23）= 0.50，$p > 0.05$。

以被试对图片判断的正确率为因变量，进行 $2 \times 2 \times 2$ 的重复测量方差分析，结果发现只有匹配状态的主效应显著，F_1（1，31）= 9.85，$p < 0.05$，$\eta_p^2 = 0.24$；F_2（1，23）= 5.94，$p < 0.05$，$\eta_p^2 = 0.21$，即被试在匹配状态下反应的正确率明显高于不匹配状态下的正确率，其余统计效应都不显著。对比以被试对图片判断的正确率和反应时为因变量的统计结果，发现没有出现反应速度和正确率不一致的现象。

对填充句之后呈现的判断句的正确率作统计分析，结果如下：肯定句的正确率 $M = 92.6\%$，$SD = 10\%$；否定句的正确率 $M = 91.0\%$，$SD = 11\%$。以句子类型为自变量，正确率为因变量进行独立样本 t 检验，结果显示二者差异不显著，t（62）= 0.59，$p > 0.05$。以上结果表明被试在实验过程中认真阅读完每一个句子，没有主观忽略否定句中的否定算子。

综合以上统计结果发现：当边界极性趋向大边界时，肯定句中匹配状态下图片的反应时显著短于不匹配状态下的反应时，相反，否定句中不匹配状态下图片的反应时显著短于匹配状态下的反应时；当边界极性趋向小边界时，无论是肯定句还是否定句，匹配状态和不匹配状态下图片的反应时差异都不显著。趋向大边界的否定句条件下出现了不匹配效应，说明被试在趋向大边界的确定性无边界否定句加工的中期模拟到了事物的被否定状态。

分析实验 1 和实验 2 的统计结果发现，随着句子和图片之间时间间隔的延长，被试更快地作出按键反应，同时趋向大边界的确定性无边界肯定句、趋向小边界的确定性无边界肯定句和否定句在早期均已完成对实际状态的模拟，趋向大边界的确定性无边界否定句在中期（750 ms）完成了对被否定状态的模拟。那么随着时间间隔的延长，加工进程的推进，趋向大边界的确定性无边界否定句能否如预期的那样最终完成对实际状态的模拟呢？实验 3 中将时间间隔延长为 1500 ms。

第四节　实验 3　确定性无边界否定句
加工晚期的心理模拟

本实验考察在长时间间隔下（1500 ms）汉语确定性无边界独立否定句加工晚期的心理模拟过程。

一、确定性无边界否定句加工晚期研究方法

（一）被试

随机选取某大学在校男生 16 人，女生 19 人，合计 35 人，年龄 $M = 20.43$ 岁，$SD = 2.45$ 岁。实验中所选被试的裸眼视力或矫正视力均正常，以汉语为母语，无阅读和识图障碍，同时未曾参与过本研究的其他任务。

（二）实验材料

和实验 1 相同。

（三）实验设计与程序

同实验 1 和 2，区别之处为句子阅读完毕后间隔 1500 ms 呈现实验图片或填充图片。

二、确定性无边界否定句加工晚期结果与分析

选取对填充图片之后呈现的理解性判断句作出反应的正确率均在 75% 以上的被试 32 名，每个系列的有效被试各两名，有效被试对理解性判断句作出按键反应的正确率 $M = 93.8\%$，证明被试认真完成了实验任务，收集到的实验数据

均有效。

对实验图片判断的反应时进行统计，首先，删除对实验图片作出错误判断的数据，其次，根据剩余的有效数据列出频次分布表，绘制带正态曲线的直方图，据此判定 3380 ms 以上为极端数据并进行删除，最后，删除每个被试在平均数加减 3 个标准差之外的数据，删除的数据占总数据的 3.9%。数据统计分析的结果见表 6 - 4。

表 6 - 4　被试图片判断的平均反应时（ms）和正确率（%）

| 状态 | 趋向大边界 | | | | 趋向小边界 | | | |
| | 肯定句 | | 否定句 | | 肯定句 | | 否定句 | |
	反应时	正确率	反应时	正确率	反应时	正确率	反应时	正确率
匹配	1131 ± 121	1.00 ± 0.00	1086 ± 85	0.99 ± 0.02	1234 ± 115	0.96 ± 0.04	1111 ± 95	0.98 ± 0.03
不匹配	1181 ± 134	0.89 ± 0.07	1229 ± 146	0.95 ± 0.05	1166 ± 111	0.95 ± 0.04	1334 ± 158	0.98 ± 0.03

以被试对图片作出判断的反应时为因变量，进行 $2 \times 2 \times 2$ 的重复测量方差分析，结果如下：边界极性主效应不显著，F_1（1，31）= 2.34，$p > 0.05$；F_2（1，23）= 0.81，$p > 0.05$。句子类型主效应不显著，F_1（1，31）= 0.11，$p > 0.05$；F_2（1，23）= 0.27，$p > 0.05$，匹配状态的主效应显著，F_1（1，31）= 4.11，$p = 0.05$，$\eta_p^2 = 012$；F_2（1，23）= 9.30，$p < 0.05$，$\eta_p^2 = 0.29$。边界极性与句子类型两者间没有明显交互作用 F_1（1，31）= 0.14，$p > 0.05$；F_2（1，23）= 0.30，$p > 0.05$。边界极性与匹配状态二者间也不存在明显交互作用，F_1（1，31）= 0.12，$p > 0.05$；F_2（1，23）= 0.05，$p > 0.05$。句子类型和匹配状态的交互作用显著，F_1（1，31）= 6.93，$p < 0.05$，$\eta_p^2 = 0.18$；F_2（1，23）= 8.00，$p < 0.05$，$\eta_p^2 = 0.26$。边界极性、句子类型以及匹配状态三者的交互作用不显著，F_1（1，31）= 1.87，$p > 0.05$，$\eta_p^2 = 0.06$；F_2（1，23）= 0.59，$p > 0.05$。以被试为随机变量时，η^2 属于中等强度，所以需进一步分析三者间的简单效应，趋向大边界的确定性无边界肯定句在匹配状态的不同水平上差异不显著，F_1（1，31）= 0.35，$p > 0.05$；趋向大边界的确定性无边界否定句在匹配状态的不同水平上差异显著，F_1（1，31）= 5.87，$p < 0.05$，

即匹配状态下的被试的反应（1086 ms）明显地快于不匹配状态下（1229 ms）；趋向小边界的确定性无边界肯定句在匹配状态的不同水平上差异不显著，F_1（1，31）=1.04，$p > 0.05$；趋向小边界的确定性无边界否定句在匹配状态的不同水平上差异显著，F_1（1，31）=8.53，$p < 0.05$，即被试对匹配状态下的图片作出判断的反应（1111 ms）要显著快于不匹配条件下的反应（1334 ms）。

以被试对图片进行判断的正确率为因变量，进行 $2 \times 2 \times 2$ 的重复测量方差分析，结果发现：以被试为变量的句子类型的主效应显著，F_1（1，31）=5.13，$p < 0.05$，$\eta_p^2 = 0.14$；匹配状态的主效应显著，F_1（1，31）=4.59，$p < 0.05$，$\eta_p^2 = 0.13$；F_2（1，23）=15.76，$p < 0.05$，$\eta_p^2 = 0.41$，即匹配条件下图片判断的正确率显著高于不匹配状态下的正确率，边界极性和匹配状态的交互作用显著，F_1（1，31）=5.29，$p < 0.05$，$\eta_p^2 = 0.15$；F_2（1，23）=4.84，$p < 0.05$，$\eta_p^2 = 0.17$，其他效应都不显著。对比以正确率和反应时分别作为因变量的数据统计分析结果，尚未发现速度和正确率二者间存在不一致的情况。

对在填充句之后呈现的判断句的正确率进行统计分析，肯定句 $M = 94.5\%$，$SD = 9\%$；否定句的正确率 $M = 93.0\%$，$SD = 9\%$。以句子类型为自变量，正确率为因变量进行独立样本 t 检验，结果显示肯定判断句和否定判断句的正确率差异不显著，t（62）=0.66，$p > 0.05$。结果表明被试在实验过程中阅读完了整个句子，不存在主观忽略否定词的情况。

综合以上结果发现：无论边界极性趋向大边界还是小边界，肯定句中匹配状态和不匹配状态下被试的反应速度不存在明显差异，否定句中匹配状态下的反应明显快于不匹配状态下。随着时间间隔延长和加工过程演进，正如两步模拟的预期，在晚期趋向大边界的确定性无边界否定句完成了对事物实际状态的模拟；趋向小边界的确定性无边界独立否定句在加工的早期就已经一步完成了对事物实际状态的模拟。

第五节　不同时间间隔下的全方差综合分析

通过以上三个实验，我们对确定性无边界否定句在早期、中期、晚期分别表征了事物的何种状态进行了探讨，除此之外，还有必要将不同长度的延迟时间作为被试间变量，进行"3（延迟时间：250 ms、750 ms、1500 ms）×2（边界极性：趋向大边界、小边界）×2（句子类型：肯定句、否定句）×2（句图匹配状态：匹配、不匹配）"的重复测量方差分析（见表6－5），以便探讨随着加工时间的延伸，不同类型肯定句、否定句心理表征的变化过程。

表6－5　三个实验被试对图片反应平均数和标准差（ms）与正确率（%）

延迟	边界极性	句子类型	匹配类型			
			匹配		不匹配	
250 ms	趋向大边界	肯定句	1241 ± 156	0.99 ± 0.02	1542 ± 213	0.90 ± 0.07
		否定句	1364 ± 159	0.97 ± 0.03	1396 ± 159	0.96 ± 0.05
	趋向小边界	肯定句	1263 ± 136	0.97 ± 0.03	1452 ± 182	0.90 ± 0.06
		否定句	1232 ± 149	0.97 ± 0.03	1397 ± 173	0.92 ± 0.07
750 ms	趋向大边界	肯定句	1085 ± 155	0.99 ± 0.02	1375 ± 189	0.93 ± 0.06
		否定句	1284 ± 138	0.98 ± 0.03	1136 ± 113	0.96 ± 0.05
	趋向小边界	肯定句	1169 ± 143	0.99 ± 0.02	1222 ± 176	0.92 ± 0.06
		否定句	1199 ± 157	0.99 ± 0.02	1237 ± 187	0.96 ± 0.04
1500 ms	趋向大边界	肯定句	1131 ± 121	1.00 ± 0.00	1181 ± 134	0.89 ± 0.07
		否定句	1086 ± 85	0.99 ± 0.02	1229 ± 146	0.95 ± 0.05
	趋向小边界	肯定句	1234 ± 115	0.96 ± 0.04	1166 ± 111	0.95 ± 0.04
		否定句	1111 ± 95	0.98 ± 0.03	1334 ± 158	0.98 ± 0.03

以被试对图片判断的反应时为因变量，进行 $3 \times 2 \times 2 \times 2$ 的重复测量方差分析，结果发现：句—图匹配状态的主效应显著，F_1（1，93）＝19.48，$p < 0.05$，$\eta_p^2 = 0.17$；F_2（1，69）＝20.41，$p < 0.05$，$\eta_p^2 = 0.23$ 即被试对句子含义和图片表征的内容匹配时的反应速度显著快于不匹配时。句子类型、匹配状态以及句图延迟时间三者的交互作用显著，F_1（1，93）＝9.21，$p < 0.05$，$\eta_p^2 = 0.17$，进一步分析发现，在肯定句不匹配条件下，延迟时间为 1500 ms 时被试的反应（1173.63 ms）显著快于 250 ms 时（1497.27 ms）；F_2（1，69）＝5.78，$p < 0.05$，$\eta_p^2 = 0.14$，进一步作简单效应分析结果显示，在肯定句匹配条件下延迟时间为 750 ms 时被试的反应（1094.88 ms）明显比延迟 250 m 时（1241.01 ms）快，在肯定句不匹配条件下句—图间隔 1500 ms 时的反应

（1184.41 ms）明显比间隔250 ms时（1435.37 ms）快，在否定句匹配条件下句图间隔1500 ms时被试的反应（1096.06 ms）要显著快于250 ms时间间隔（1281.18 ms）和750 ms间隔时（1238.28 ms）的反应，在否定句不匹配条件下句–图时间间隔为750 ms时被试的反应（1190.95 ms）比250 ms时（1412.86 ms）要显著地快，除此之外被试对图片作出判断的反应在不同延迟时间下均不存在显著差异。边界极性、句子类型和句图匹配状态三者的交互作用也显著，F_1（1, 93）= 10.10，$p < 0.05$，$\eta_p^2 = 0.10$；F_2（1, 69）= 6.22，$p < 0.05$，$\eta_p^2 = 0.08$，作进一步简单效应分析，发现趋向大边界的肯定句和趋向小边界的否定句在句–图匹配状态的不同水平上差异均显著，$F_{1大肯}$（1, 93）= 19.79，$p < 0.05$，$F_{1小否}$（1, 93）= 9.57，$p < 0.05$；$F_{2大肯}$（1, 69）= 12.60，$p < 0.05$，$F_{2小否}$（1, 69）= 10.12，$p < 0.05$，表明对于趋向大边界的确定性无边界肯定句和趋向小边界的否定句而言，句–图匹配情况下的反应显著快于不匹配情况。对实验图片延迟时间的主效应进行分析，F_1（2, 93）= 2.54，$p < 0.1$，$\eta_p^2 = 0.05$，即主效应边缘显著；F_2（2, 69）= 10.63，$p < 0.05$，$\eta_p^2 = 0.24$，即主效应显著，进一步分析发现，延迟时间为250 ms和750 ms时，$p < 0.05$；延迟时间为750 ms和1500 ms时，$p > 0.05$；延迟时间为250 ms和1500 ms时，$p < 0.05$，表明被试对句子阅读完毕后延迟750 ms呈现的图片的反应时（1196 ms）显著短于250 ms时（1343 ms），而和1500 ms条件下（1181 ms）差异不显著，同样，1500 ms延迟条件下的反应速度显著快于250 ms条件下的。其他因素的主效应，以及多因素的交互作用均不显著。

以被试对图片作出按键反应的正确率为因变量，进行$3 \times 2 \times 2 \times 2$的重复测量方差分析，结果显示，句子类型的主效应显著 F_1（2, 93）= 6.12，$p < 0.05$，$\eta_p^2 = 0.06$；F_2（2, 69）= 5.00，$p < 0.05$，$\eta_p^2 = 0.07$。句子含义和图片表征状态匹配与否的主效应显著，F_1（2, 93）= 17.59，$p < 0.05$，$\eta_p^2 = 0.16$；F_2（2, 69）= 31.41，$p < 0.05$，$\eta_p^2 = 0.31$。句子类型与句—图匹配状态二者间存在显著交互作用，F_1（2, 93）= 8.75，$p < 0.05$，$\eta_p^2 = 0.09$；F_2（2, 69）= 4.28，$p < 0.05$，$\eta_p^2 = 0.06$。进一步分析结果显示，肯定句中被试对于匹配条件下图片判断反应的正确率明显高于不匹配条件下的，否定句中匹配条件下的正确率也显著高于不匹配时；边界极性、延迟时间的主效应，以及其他因素间的交互作用均不显著。将被试对图片作出判断的反应时和正确率进行对照，尚未发现速度和正确率不一致的现象。

上述统计结果显示，随着句子和图片之间延迟时间的增长，在保证正确率的基础之上，被试对图片作出按键反应的速度越来越快，反映出确定性无边界肯定句和否定句的加工进程随着时间的延迟不断变化。句子阅读完毕到图片呈现之间的间隔时间由 250 ms 延长到 750 ms 时，被试对图片作出判断的反应时显著下降，表明该时间段肯定句和否定句的心理表征发生了重要变化。全方差分析的结果和 3 个分实验的结果一致，证明了不同类型确定性无边界肯定句、否定句的加工机制和时间进程，同时展现了此类句子加工时间进程的整体效应。

一、对于否定研究的讨论

学者对于否定的研究大多围绕否定加工的机制和时间进程展开，但是不同研究得到的结论并不相同，经过不同实验研究的对比分析，认为其可能与否定研究时选取的实验范式、语言种类、句子类型的差异性有关（Mayo，2004；Giora，2007；崔如霞，2016；杜萍，2014；李燕，2015）。本研究采用句子 - 图片匹配范式，选取了确定性无边界否定句作为研究对象，是在前人基础上对状态否定句的种类进行重新划分。确定性无边界否定句中的形容词也就是 Bianchi 等人（2011）关于反义词分类中的类型 Ⅱ，这类形容词在心理维度上中等不对称，分别占据着维度两端的一定区域，但是短的一极有边界、有标记，长的一极没有范围，也没有标记。

本研究选用经典的句子—核证范式，以及"2（边界极性：趋向大边界和趋向小边界）×2（句子类型：肯定句和否定句）×2（句子意义和图片描述状态的匹配类型：匹配和不匹配）"的被试内实验设计，探究确定性无边界否定句加工早期（250 ms）、中期（750 ms）、晚期（1500 ms）的时间进程和机制。研究发现，趋向大边界和趋向小边界的确定性无边界否定句的加工机制有很大不同。趋向大边界的确定性无边界否定句在早期既没有完成对被否定状态的表征，也没有实现对实际状态的表征，而是等到加工的中期才模拟到事物的被否定状态，对于实际状态的表征则要延迟到晚期。趋向小边界的确定性无边界否定句在加工的早期实现了对于实际状态的表征，到了中期与被否定状态的表征共存，随着加工进程的推进，在晚期最终完成对实际状态的模拟，同时将被否定状态的表征排除掉。

趋向大边界的确定性无边界否定句心理表征的机制遵循两步模拟假设，即先表征被否定状态，随着加工的深入，最终实现对实际状态的模拟，但是与

Kaup 等（2006，2007）和崔如霞等（2016）研究中的两步模拟假设又有所不同，不同之处在于具体的时间进程存在差异。Kaup 等（2006，2007）研究中的两步模拟的进程是：早期迅速完成被否定状态的编码，经过一段时间的转换，晚期方能实现对实际状态的表征。崔如霞等（2016）研究发现确定性无界否定句加工的两步模拟是：早期模拟到被否定状态，中期表征到实际状态。二人研究发现的否定加工两步模拟的时间进程均早于本研究，这可能与选用实验材料的种类和实验操作的任务不同有关。Kaup 等（2006，2007）选用的语言是德语和英语，两次实验分开进行，本研究的实验材料是汉语，它们属于不同的语系。本研究和崔如霞等（2016）选用的实验材料都是确定性无边界否定句，但是本研究中两步模拟的加工进程晚了一个阶段，可能原因是因为实验中随机呈现给被试的实验句既有趋向大边界的肯定句、否定句，又有趋向小边界的肯定句、否定句，而崔如霞的研究中没有呈现给被试趋向小边界的否定句，也就是说本研究的实验材料多样化、复杂化，大边界与小边界的组内设计让被试在实验过程中可能会对比两端否定，使否定的这两端的语义空间上的差距凸显；除此之外，极可能与本研究中"强制"被试按正常速度读完句子后按空格键有关。两个实验的指导语均要求被试"按正常速度阅读完句子后按空格键使得句子消失"，如果 3000 ms 内未作出按键反应，句子将自动消失。实施实验的过程中发现部分被试并没有严格执行指导语的按键要求，而是等句子自动消失，这样无形中延长了句子阅读完毕到图片呈现之间的间隔时间，进而导致两步模拟加工时间进程的提前。为了避免该问题，在行为实验数据搜集过程中添加了对空格键按键反应和句子阅读时间两列数据的收集。

锚激活与限制满足模型是陈广耀等（陈广耀，吴洺仪等，2014；陈广耀，张维等，2014）在两步模拟假设的基础上提出来的，和本研究的两步模拟过程不同，探究原因，可能与否定句的类型不同有关。虽然两个研究采用的实验材料都是无边界否定句，但是前者是不确定性，我们的研究是确定性。两种否定句中所含形容词的性质不同，前者是比较性的，也就是可供选择的项目有很多，具体是哪一个不确定，如"这朵花不是红色的"，那么可能是白的、黄的、粉的、紫的等多种可能；后者是等级性的（Giora，2008），反义词位于同一心理维度两端的一定区域（Paradis & Willners，2006），中间虽然没有界限，但是否定的意义位于维度的某一点，不断靠近而又永远达不到维度的另一端。

趋向小边界的确定性无边界否定句的加工不同于趋向大边界的否定句，遵循了一步模拟假设，即早期完成对实际状态的模拟，究其原因，可能与确定性无边界否定句两极的性质不同有关。反义词虽然同处一个心理维度，但是心理维度的两极存在中等程度不对称，大的一极没有边界，小的一极存在边界（Bianchi，2011），除此之外，可能与形容词是否有标记相关。何为有标记和无标记？日常生活中经常用含有趋向大边界一极的形容词的句子询问物体或事件所处的状态，如"这棵树有多粗"，其中"粗"指代的是树的粗细，没有特定的方向，即为无标记。反之，用含有趋向小边界一极的形容词进行询问，如"这棵树有多矮"，往往预示这棵树很矮，只是究竟有多矮暂不清楚，这就是所谓的"有标记"。综合以上两点，趋向小边界的一极是一个点，它的否定意义比否定一段区域更明确；含有"标记"的形容词在心理表征中的强度更大，如"不窄"更趋向于"宽"的一极，人们对此类词汇也更敏感，因此趋向小边界的确定性无边界否定句在早期直接完成对实际状态的表征。此类否定句中形容词的特点和对立谓词有一定相似，在维度上都表示一个点，因此二者的加工机制和时间进程相似，前期一步表征到实际状态，随着时间的延迟，中期头脑中同时保留对实际状态和被否定状态的表征，晚期表征事物的实际状态。

二、对于否定研究的结论

本研究的结果表明：趋向大边界的确定性无边界否定句加工的过程遵循两步模拟假设，相对于以往研究结果，其开始模拟的时间较晚，早期既没有产生对被否定状态的模拟，又没有对实际状态的模拟，中期才模拟到被否定状态，晚期完成了对实际状态的表征；趋向小边界的确定性无边界否定句符合一步模拟假设，早期就模拟到事物的实际状态，随着加工时间的推进，两种状态的心理表征在头脑中同时存在，晚期只模拟实际状态，被否定状态的心理表征被排除。

第七章 否定情绪词的动态加工过程研究

第一节 否定情绪词的动态加工过程

情绪是人脑的高级功能，是一种重要的心理现象，在日常生活中扮演着很重要的角色。情绪具有组织、调节、动机的功能，保证有机体的生存和适应，它对个体的记忆、学习和决策有重要的影响。

关于情绪加工的研究由来已久。发展出类型说，如把情绪分为高兴、悲伤、恐惧、愤怒、厌恶与惊讶六种基本类型；还有维度说，从最初的情绪两维度说——唤醒和效价，到目前的三维度说——效价、唤醒水平和动机（Bradley, Codispoti, Cuthbert, & Lang, 2001；Bradley & Lang, 2007）。研究发现，人们倾向于趋近积极效价的情绪刺激，而回避消极效价的情绪刺激。

近期的研究发现，情绪和认知的加工存在密切的交互作用，一方面情绪对认知有增强作用，另一方面认知对情绪也有调节作用（袁加锦，李红，2012）。语言上，情绪词能够调动激发人们对于情绪的反映（Delaney – Busch & Kuperberg, 2013），并且抽象词语的情绪性会加快抽象词语的理解与加工（Kousta et al., 2011；Kousta et al., 2009；Vigliocco et al., 2014；Vigliocco, Ponari, & Norbury, 2018；王振宏，姚昭，2012）。否定一直被认为是高度抽象的认知加工过程（Lüdtke et al., 2008；Macdonald & Just, 1989），因此研究否定对情绪词的作用是探究情绪与认知的交互作用的有效窗口。关于否定的加工过程，一直存在着阶段模型与累积加工的争议。"图式＋标签"模型（Schema – plus – tag Model）（Mayo et al., 2004）和两步模拟假设（Kaup et al., 2006a；Kaup, Yaxley, et al., 2007）都认为否定加工是分阶段的，即先加工被否定信息，再将否定与被否定信息整合，完成对否定的加工。但 Anderson 等（2010）则认为否定是一个随着时间不断累积的过程，可以一步完成，不一定分阶段（Anderson et al.，2010）；Huette（2016）则进一步提出，否定是一个累积的知觉调节过程。而近来的更多研究则证明，否定的加工过程受到被否定信息自身类型的调节（Bianchi，Savardi，Burro，et al.，2011；Bianchi，Savardi，& Kubovy，2011；Du et al.，2014；Fraenkel & Schul，2008；Paradis & Willners，2006；Wason，1961；陈广耀等，2014；崔如霞等，2016）。概括起来讲，凡是矛盾性的、非此即彼的被否定信息会加速否定加工，否定加工可以一步完成；否定确定性无边界的反义词则比较符合阶段论的预测，即否定加工分两步完成。那么，当一个情绪词前面带一个否定词（如"不"）时，对其的加工进程是怎样的，是否也与否定加工的阶段理论一致呢？

Herbert 等人（2011）与 Herbert 等人（2013）的研究都证明否定对情绪调节的作用是有效的，并且否定对消极情绪的作用大于积极情绪（Herbert et al.，2013；Herbert et al.，2011）。这在国内研究也得到了验证（李维，张丽，2015）。但 Deutsch 等人（2009）使用两种不同的情绪启动范式，错误归因范式（AMP）与经典启动范式（BFP）得到了不同的结果。AMP 范式中，目标词为歧义的汉字（对于德国被试而言），并且仅呈现 100 ms，要求被试判断该目标词的效价是积极还是消极。BFP 范式中的目标词则为被试母语中的情绪词（消极情绪词与积极情绪词），并且情绪词的呈现要到被试按键作出效价判断之后才结束。结果发现，AMP 范式的结果支持一步加工假设，即在肯定与否定情绪词语作为启动项呈现 200 ms 之内，否定消极词会启动积极效价，否定积极词启动消极效价，例如，与"a friend"相比，"no friend"会使被试更倾向于将歧义的目标项判断为消极效价；而 BFP 的结果则支持两步模拟假设，即同样的肯定与否定情绪词语呈现 200 ms 之内，否定消极词会促进消极目标项加工，否定积极词则促进积极目标项加工（Deutsch et al.，2009）。那么，否定对情绪词效价的心理模拟进程到底是怎样的呢？Deutsch 等人（2009）的结果只探讨了否定的初期加工过程，而对否定情绪词后期心理模拟则需要进一步的探讨，以验证否定的阶段加工与累积加工理论。此外，Deutsch 等人（2009）的研究中使用的是外显的情绪效价判断任务，这可能会诱发被试将注意力集中在效价上，从而产生效价效应，已有研究就表明外显的情感启动（例如，情绪效价判断）比内隐任务——词语判断（Lexical Decision Task，LDT）更容易获得效价效应（Delaney

133

Busch，Wilkie，& Kuperberg，2016；Gonzalez－Villar，Trinanes，Zurron，& Carrillo－de－la-Pena，2014）。那么如果否定情绪词的加工过程使用内隐的具身的任务，结果又将如何呢？此外，Herbert 等人（2013）的研究证明了否定积极效价的内容与否定消极效价的内容的加工结果是有差异的，否定对消极信息的影响更快，即产生的是消极偏向效应（Herbert & Kissler，2014）。但也有研究表现出的积极偏向效应，即积极信息相比消极信息会得到优先加工（Atchley，Ilardi，& Enloe，2003）。那么否定对情绪词的效价的作用如何？情绪词的效价在否定后是否随着加工进程的推进而有所变化，目前尚无定论，这将是本研究实验 1 的目的。

此外，情绪的维度理论提出了一个重要的维度，即趋近－回避的动机维度。人们对于积极的事物更容易趋近，而对于消极的事物则更倾向于回避。对于基本的情绪而言，高兴是人们趋近的，悲伤、恐惧、厌恶则是人们回避的，但关于愤怒的动机维度却存在着不少争议。有些理论认为，愤怒与动机的回避倾向相关，并且源自回避系统，如恐惧。因素分析研究基于回溯的自我报告的情绪，结果提示愤怒与其他负性情感（如"恐惧"）有着相同的普遍资源（Watson，2009；Watson，Clark，& Carey，1988）。相反，一些理论则提示，愤怒与趋近系统的功能相关（Carver & Harmon，2009）。例如，愤怒产生在趋近目标时受阻，或一个期望的奖励被阻（Carver & Scheier，2008）。功能上，愤怒被认为是促进努力去除掉任何阻碍目标追求的障碍（Fischer & Roseman，2007）。例如，在愤怒状态，愤怒可以与趋近的行为相关，例如，攻击和目标追求（Carver，2004）。更为重要的是与趋近和攻击的神经区域在情境性的愤怒时会激活（Harmon－Jones & Harmon－Jones，2010）。有研究在趋近－回避特质与对愤怒面孔的 ERP 之间建立关联，结果发现，特质趋近动机与对愤怒的神经生理反应相关（Gable & Poole，2014）。因此，否定对情绪词的动机维度的作用如何？这种影响作用在不同的探测时间是否会发生变化？本研究采取效价相当的两种消极情绪词——悲伤情绪词与愤怒情绪词的肯定版本（悲伤/愤怒）和否定版本（不悲伤/不愤怒）为实验材料，探讨情绪词的动机维度在否定后是否也存在转换现象，即由趋近转换为回避，或由回避转换为趋近，以及这一转换过程是分阶段的还是累积的，以验证否定的阶段加工理论与累积加工理论。

研究分为两个实验。实验1，以肯定和否定的积极效价和消极效价情感词为实验材料，采用词语－图片匹配范式，要求被试完成与情绪无关的情感符颜色判断，设置两个探测的时间点 250 ms 和 1000 ms，分别探测否定情绪效价加工的早期和晚期加工过程。实验2，以肯定和否定的悲伤（回避）和愤怒（趋近）情感词为实验材料，采用词语趋近－回避动作匹配范式，要求被试判断图形的形状，同样设置早期 250 ms 和晚期 1000 ms 两个探测时间点，探讨否定情绪词的动机维度的加工过程。

第二节　实验 1　否定对情绪词效价的影响

一、实验 1a

（一）实验目的

探讨否定描述人物消极情绪和积极情绪的汉语否定短语在否定加工初期的情绪激活机制。

（二）实验方法

选取 60 名在校大学生作为被试，母语为汉语，视力或矫正视力正常，没有阅读语篇障碍，无色盲。采用的实验仪器是联想计算机主机，GW1547M 显示器，E－PRIME 心理实验专业软件。

实验 1a 为 $2 \times 2 \times 2$ 三因素混合设计，第一个自变量为情绪效价，被试间因素，分为两个水平：积极和消极；第二个自变量为匹配状态，被试内因素，分为两个水平：匹配和不匹配；第三个自变量为句式，被试内因素，分为两个水平：肯定和否定。因变量是图片的判断时间和正确率。

实验材料是从中国情绪材料数据库中选择的描述人物消极和积极的情绪词语，其中描述人物积极的词语 20 个，描述人物消极的词语 20 个。此外为了对比否定词与肯定词加工进程中的异同，同时采用肯定情绪词语和与之对应的否定情绪词语作为实验短语。分别选择红色和黄色的笑脸和哭脸作为实验图片，采用实验图片与实验词语配对作为实验材料。选择没有积极和消极情绪色彩的形容词 20 个作为填充词语，其中 10 个是肯定词语，10 个是否定词语。

为了使实验材料中的情绪词语描述更符合汉语习惯，并且判定图片与情绪词语的吻合程度，选取 40 名不参加正式实验的大学生参加实验材料的评定工作，判定否定/肯定情绪词语符合汉语的习惯程度以及情绪短语与图片的匹配程度，7—非常符合，6—比较符合，5—稍微符合，4—不确定，3—稍微不符合，2—比较不符合，1—非常不符合。同时要求被试画出认为情绪表达不清的词语。

用 SPSS22.0 统计软件对评定数据进行处理。结果发现，不匹配材料的得分均值 $M = 2.09$，标准差 $SD = 0.39$，显著小于 4，$t(39) = 26.29$，$p < 0.001$；匹配材料的得分均值 $M = 5.79$，标准差 $SD = 0.459$，显著大于 4，$t(39) = 21.49$，$p < 0.001$；对两组进行相关样本 t 检验得，$t(39) = 31.58$，$p < 0.001$，说明两组之间存在显著差异。情绪短语符合汉语的习惯程度以及与图片的匹配程度得分均值 $M = 5.94$，标准差 $SD = 0.369$，显著大于 4，$t(39) = 27.84$，$p < 0.001$，说明所编的实验材料合乎人们的习惯，与图片吻合。

图片判断任务中，有一半情绪图片与情绪词匹配，一半不匹配。为了平衡项目和匹配条件，根据"2（句式：肯定和否定）×2（匹配状态：匹配和不匹配）"，把实验材料分成 4 套，即将 40 个实验情绪词语随机分为 A、B、C、D 4组，每组 10 个情绪词语（消极和积极情绪随机对半均分），每个情绪词语有 4个版本，版本 1：肯定匹配；版本 2：肯定不匹配；版本 3：否定匹配；版本 4：否定不匹配。用 A 组 10 个情绪词语的版本 1、B 组 10 个情绪词语的版本 2、C组 10 个情绪词语的版本 3、D 组 10 个情绪词语的版本 4 组成第一套实验材料。用 A 组 10 个情绪词语的版本 2、B 组 10 个情绪词语的版本 3、C 组 10 个情绪词语的版本 4、D 组 10 个情绪词语的版本 1 组成第二套实验材料。以此类推分别得出第三套和第四套实验材料。每名被试只接受 4 套实验材料中的 1 套，只看到一个事物的 4 个版本中的 1 个版本，每套实验材料再加上填充材料。为了保证被试认真阅读词语，随机设置判断句。实验 1 材料配对分组示例如表 7-1所示。

表 7-1　实验 1 材料配对分组示例

序号	词语	句式	图片	匹配状态
1	哀伤	肯定	☹	匹配
2	哀伤	肯定	☺	不匹配
3	不哀伤	否定	☹	匹配
4	不哀伤	否定	☺	不匹配
5	快乐	肯定	☺	匹配
6	快乐	肯定	☹	不匹配

序号	词语	句式	图片	匹配状态
7	不快乐	否定	☺	匹配
8	不快乐	否定	☹	不匹配

采取被试自定步速阅读方法，判断情绪短语后面呈现的图片的颜色是红色还是黄色，要求被试在保证理解的前提下尽快作出反应。实验中，被试先看到一个情绪词短语，读完词后按空格键，这时屏幕中央出现一个"＋"，250 ms 后屏幕中间出现一张情绪图片，要求被试判断情绪图片的颜色是红色还是黄色，如果是红色，就按"F"键，如果是黄色，就按"J"键。部分图片后面还会出现一串蓝色的"??????"，随后出现判断句，要求被试根据前面的情绪词判断是否相符，相符按"J"键，不相符按"F"键。被试每读 20 个词可以休息 1 分钟，如果不需要休息可以继续阅读。每次实验大约持续 20 分钟。

（三）实验结果与分析

为了保证数据的可靠性，删除正确率低于 80% 的被试数据，同时删除反应时短于 300 ms 或长于 3000 ms 的数据以及反应时在 3 个标准差之外的极端数据，共删除被试 4 人，删除百分比为 6.7%，得到有效被试 56 人。采用 SPSS 22.0 统计软件对实验数据进行重复测量方差分析，一种以被试为随机变量（F_1），一种以项目为随机变量（F_2），分别对被试的反应时和正确率进行方差分析，被试对图片判断的反应时和正确率的平均数和标准差见表 7 - 2。

表 7 - 2　250 ms 下被试反应时和正确率的平均数和标准差（$M \pm SD$）

匹配状态		肯定		否定	
		反应时	正确率	反应时	正确率
匹配	积极	917 ± 305	0.98 ± 0.06	907 ± 259	0.98 ± 0.08
	消极	942 ± 270	0.97 ± 0.10	908 ± 280	0.98 ± 0.07
不匹配	积极	980 ± 320	0.96 ± 0.09	929 ± 294	0.97 ± 0.09
	消极	956 ± 312	0.95 ± 0.10	961 ± 324	0.97 ± 0.09

以被试对图片的反应时为指标，分别以被试为随机变量（F_1）和以项目为随机变量（F_2）进行重复测量方差分析，统计结果表明：以被试为随机变量的

方差分析中匹配状态的主效应显著，F_1（1，55）= 4.143，$p < 0.05$，$\eta_p^2 =$ 0.054，不匹配状态下的反应时显著短于匹配状态下的反应时；而以项目为随机变量的方差分析中匹配状态的主效应不显著。其他均不显著。以被试对图片判断的正确率为指标，分别以被试为随机变量（F_1）和以项目为随机变量（F_2）进行重复测量方差分析，统计结果与反应时结果一致：以被试为随机变量的方差分析中匹配状态的主效应显著，F_1（1，55）= 3.577，$p < 0.05$，$\eta_p^2 = 0.061$，不匹配状态下的正确率显著高于匹配状态下的正确率；而以项目为随机变量的方差分析中匹配状态的主效应不显著。其他也均不显著。

在以被试为随机变量的方差分析中发现，不管是正确率还是反应时，匹配状态的主效应都很显著，即被试对与情绪状态匹配的面孔的反应比与情绪状态不匹配的面孔的反应快。在肯定形式中，这种趋势在积极情绪词上突出；而在否定形式中，这种趋势却在消极情绪词上突出。换言之，在肯定形式中，"高兴"会先激活"高兴"，"生气"会先激活"生气"，这个趋势在"高兴"上明显。否定形式中，"不高兴"会首先激活"高兴"，"不生气"会首先激活"生气"，这个趋势在"生气"上突出。

二、实验 1b

（一）实验目的

探讨否定描述人物消极情绪和积极情绪的汉语否定短语在否定理解后期的情绪激活机制。

（二）实验方法

选取没有参加过材料评定和实验 1a 的 52 名在校大学生作为被试，母语为汉语，视力或矫正视力正常，没有阅读语篇障碍，无色盲。实验仪器和实验材料同实验 1a，实验设计与程序除了间隔时间由 250 ms 改为 1000 ms 外，其他同实验 1a。

（三）实验结果与分析

为了保证数据的可靠性，删除正确率低于 80% 的被试数据，同时删除反应时短于 300 ms 或长于 3000 ms 的数据以及反应时在 3 个标准差之外的极端数据，共删除被试 1 人，删除百分比为 1.9%，得到有效被试 51 人。采用 SPSS 22.0 统计软件对实验数据进行重复测量方差分析，一种以被试为随机变量（F_1），一种以项目为随机变量（F_2），分别对被试的反应时和正确率进行方差分析。实验1b中各条件下，被试对图片判断的反应时和正确率的平均数和标准差见表7-3。

表7-3 1000 ms下被试反应时和正确率的平均数和标准差（$M \pm SD$）

匹配状态		肯定		否定	
		反应时	正确率	反应时	正确率
匹配	积极	925 ± 293	0.97 ± 0.09	862 ± 249	0.99 ± 0.05
	消极	928 ± 327	0.96 ± 0.10	923 ± 270	0.98 ± 0.06
不匹配	积极	930 ± 308	0.98 ± 0.06	942 ± 315	0.96 ± 0.09
	消极	926 ± 309	0.97 ± 0.08	861 ± 267	0.98 ± 0.07

以被试对图片的反应时为指标，分别以被试为随机变量（F_1）和以项目为随机变量（F_2）进行重复测量方差分析，统计结果表明：情绪效价和匹配状态的交互作用显著 F_1 (1, 50) = 3.540，$p = 0.023$，$\eta_p^2 = 0.066$；F_2 (1, 50) = 3.756，$p = 0.021$，$\eta_p^2 = 0.050$。其他均不显著。

对情绪效价和匹配状态的交互作用进行简单效应分析，结果发现否定形式下情绪效价在匹配状态上的简单效应分析显著。积极词在匹配和不匹配状态下的反应时差异显著，F (1, 50) = 5.069，$p < 0.05$；消极词在匹配和不匹配状态下的反应时差异也显著，F (1, 50) = 4.537，$p < 0.05$。否定形式下，消极词在不匹配条件下的反应时（861 ms）显著快于匹配条件下的反应时（923 ms），说明否定消极词时，被试对笑脸的反应速度快于对哭脸的反应，即在否定形式下消极词会被理解成积极效价。而积极词在匹配状态下的反应时（862 ms）显著快于不匹配条件下的反应时（942 ms），说明在1000 ms时被试依旧是对笑脸的反应比较快，对否定积极词的加工仍倾向为积极效价。

第三节 实验2 否定对情绪词动机维度的影响机制

在实验1中，探讨了描述人物消极和积极的汉语否定词在否定加工初期和后期的情绪激活机制。实验2引入情绪的趋近-回避维度，探讨情绪词的动机维度在否定后是否存在转换现象以及它的加工过程。

一、实验 2a

（一）实验目的

探讨在语言加工初期否定对情绪词的动机维度的影响机制。

（二）实验方法

选取没有参加过材料评定和实验 1 的另 36 名在校大学生作为被试，母语为汉语，视力或矫正视力正常，没有阅读语篇障碍，无色盲。实验仪器同实验 1。

实验材料以 20 个描述人物悲伤和 20 个描述人物愤怒的情绪词语作为实验词，以圆形和方形图片作为实验图片，时间间隔为 250 ms。实验中，被试自定步速阅读词语，要求被试将右手的食指放在数字小键盘的"5"上，被试先看到一个情绪词，读完词后按空格键，这时屏幕中央出现一个"＋"，250 ms 后屏幕中间出现一张图片，要求被试判断图片是圆形还是方形，如果是圆形，就按数字小键盘的"8"键，如果是方形，就按数字小键盘的"2"键。部分图片后面还会出现一串蓝色的"??????"，随后出现判断句，要求被试根据前面的情绪词判断是否相符，相符按"8"键，不相符按"2"键。要求被试在保证理解的前提下尽快作出反应。被试每读 20 个词可以休息 1 分钟，如果不需要休息可以继续阅读。每次实验大约持续 20 分钟。因为被试阅读词语是以第一人称的角度，所以当察觉到悲伤的时候，可能会表现出关心，是一种趋近的状态，而数字小键盘上的"8"对应一种趋近外界的状态。而当察觉到愤怒的时候，是一种回避的状态，数字键盘上的"2"对应回避外界的状态。实验 2 材料配对详见表 7-4。

表 7-4 实验 2 材料配对分组示例

序号	词语	句式	图片	反应	匹配状态
1	悲伤	肯定	●	8	匹配
2	悲伤	肯定	■	2	不匹配
3	不悲伤	否定	●	8	匹配
4	不悲伤	否定	■	2	不匹配
5	愤怒	肯定	■	2	匹配
6	愤怒	肯定	●	8	不匹配
7	不愤怒	否定	■	2	匹配
8	不愤怒	否定	●	8	不匹配

为了保证实验2材料的选取显示的情绪是悲伤或者愤怒的，选取30名不参加正式实验的大学生参加实验材料的评定工作，判定情绪词语与悲伤或者愤怒的匹配程度，7—非常符合，6—比较符合，5—稍微符合，4—不确定，3—稍微不符合，2—比较不符合，1—非常不符合。

用SPSS22.0统计软件对评定数据进行处理。结果发现，悲伤类情绪词的得分均值 $M = 5.22$，标准差 $SD = 0.74$，显著大于4，$t(29) = 9.092$，$p < 0.01$。愤怒类情绪词的得分均值 $M = 5.26$，标准差 $SD = 1.09$，显著大于4，$t(29) = 6.349$，$p < 0.01$，说明所编的实验材料符合实验条件。

实验2a为 $2 \times 2 \times 2$ 三因素混合设计，第一个自变量为动机维度，被试间因素，分为两个水平：愤怒和悲伤，其他同实验1a。

（三）实验结果与分析

为了保证数据的可靠性，删除正确率低于80%的被试数据，同时删除反应时短于300 ms或长于3000 ms的数据以及反应时在3个标准差之外的极端数据，共删除被试1人，删除百分比为2.8%，得到有效被试35人。采用SPSS22.0统计软件对实验数据进行重复测量方差分析，一种以被试为随机变量（F_1），一种以项目为随机变量（F_2），分别对被试的反应时和正确率进行方差分析。实验2a中各条件下，被试对图片判断的反应时和正确率的平均数和标准差见表7-5。

表7-5 250 ms下被试反应时和正确率的平均数和标准差（$M \pm SD$）

匹配状态		肯定		否定	
		反应时	正确率	反应时	正确率
匹配	悲伤	971 ± 308	0.99 ± 0.05	992 ± 275	0.97 ± 0.10
	愤怒	947 ± 279	0.98 ± 0.06	990 ± 288	0.97 ± 0.07
不匹配	悲伤	959 ± 266	0.98 ± 0.07	969 ± 369	0.97 ± 0.07
	愤怒	956 ± 294	0.97 ± 0.08	1001 ± 299	0.96 ± 0.10

以被试对图片的反应时和正确率为指标，分别以被试为随机变量（F_1）和以项目为随机变量（F_2）进行重复测量方差分析，统计结果表明无论是主效应还是交互作用均不显著。

250 ms下，各个变量的主效应和各个变量之间的交互作用均不显著，考虑可能是由于否定对情绪的趋近－回避维度的影响发生在加工的后期，因此将间隔时间改为 1000 ms，进行实验 2b。

二、实验 2b

（一）实验目的
探讨在语言加工后期否定对情绪词的动机维度的影响机制。

（二）实验方法
选取没有参加过材料评定和之前实验的 36 名在校大学生作为被试，母语为汉语，视力或矫正视力正常，没有阅读语篇障碍，无色盲。实验仪器和实验材料同实验 2a。实验设计与程序除了将间隔时间由 250 ms 改为 1000 ms 外，其他同实验 2a。

（三）实验结果与分析
为了保证数据的可靠性，删除正确率低于 80% 的被试数据，同时删除反应时短于 300 ms 或长于 3000 ms 的数据以及反应时在 3 个标准差之外的极端数据，共删除被试 3 人，删除百分比为 8.3%，得到有效被试 33 人。采用 SPSS22.0 统计软件对实验数据进行重复测量方差分析，一种以被试为随机变量（F_1），一种以项目为随机变量（F_2），分别对被试的反应时和正确率进行方差分析。实验 2b 中各条件下，被试对图片判断的反应时和正确率的平均数和标准差见表 7 - 6。

表 7 - 6　1000 ms 下被试反应时和正确率的平均数和标准差（$M \pm SD$）

匹配状态		肯定		否定	
		反应时	正确率	反应时	正确率
匹配	悲伤	945 ± 376	0.98 ± 0.06	1000 ± 349	0.98 ± 0.06
	愤怒	990 ± 289	0.99 ± 0.03	913 ± 279	0.97 ± 0.10
不匹配	悲伤	923 ± 268	0.97 ± 0.09	895 ± 264	0.95 ± 0.11
	愤怒	917 ± 267	0.98 ± 0.06	1034 ± 353	0.97 ± 0.09

以被试对图片的反应时为指标，分别以被试为随机变量（F_1）和以项目为随机变量（F_2）进行重复测量方差分析，统计结果表明：情绪效价、匹配状态和句子类型三者的交互作用显著，$F_1 = 3.654$，$p = 0.022$，$\eta_p^2 = 0.102$；$F_2 = 8.402$，$p = 0.013$，$\eta_p^2 = 0.174$。其他均不显著。以被试对图片的正确率为指标，

分别以被试为随机变量（F_1）和以项目为随机变量（F_2）进行重复测量方差分析，统计结果表明无论是主效应还是交互作用均不显著。

分别以肯定形式和否定形式对三者的交互作用进行简单效应分析。肯定形式下，悲伤在匹配和不匹配状态下的反应时差异不显著，$F(1, 32) = 3.053$，$p = 0.059$；愤怒在匹配和不匹配状态下的反应时差异显著，$F(1, 32) = 4.742$，$p = 0.017$，愤怒在不匹配状态下的反应时显著快于匹配状态下的反应时（917 ms < 990 ms），说明肯定形式下，愤怒表现为从自身出发的向外伸展。否定形式下，悲伤在匹配和不匹配状态下的反应时差异显著，$F(1, 32) = 6.843$，$p = 0.019$，悲伤在不匹配状态下的反应时显著快于匹配状态下的反应时，说明否定形式下，悲伤表现为向自身回避；否定形式下，愤怒在匹配和不匹配状态下的反应时差异显著，$F(1, 32) = 8.524$，$p = 0.011$，愤怒在匹配状态下的反应时显著快于不匹配状态下的反应时，说明否定形式下，愤怒也表现为向自身回避。

第四节　讨论

一、否定在情绪效价加工过程中的动态作用

通过实验 1 的研究结果发现，正如 Fields（2012）所发现的，情绪词会激发人们对情绪的反应（Fields & Kuperberg, 2012）。本实验数据的分析显示否定情绪词会影响情绪的加工，对情绪的效价维度有明显作用，这与 Holt 等人（2009）的研究结果一致（Holt, Lynn, & Kuperberg, 2008）。通过对 250 ms 和 1000 ms 下两个实验的对比分析，结果发现，在否定加工的不同时期，否定对情绪的激活机制的作用有所不同，这基本符合阶段性加工理论的假设。

250 ms 间隔时间下，匹配状态的主效应显著。即在否定加工的初期，被试对被否定的情绪状态匹配的情感符的反应比与相反的情绪状态匹配的情感符的反应快，并且这种趋势在消极情绪词上突出，即在否定加工的初期先表征事件的被否定状态，这与 Deutsch 等人（2009）使用 BFP（Bona Fide Pipeline）情感启动范式的结果一致，也符合阶段性加工的理论预测。换言之，"不高兴" 会首先激活 "高兴"，"不生气" 会首先激活 "生气"，这个趋势在 "生气" 上突出。

通过实验，可以发现否定对消极情绪的作用要大于对积极情绪的作用，这可能是因为消极情绪的生存意义重大，而否定降低了消极情绪的效价，使其唤醒水平下降，说明有机体对否定的消极情绪的优先加工可以使其对环境有更快更好的适应，这与 Herbert（2013）等人的惊跳反射眨眼实验得出的结论是一致的，其具体原因还有待进一步研究。正如王振宏和郭德俊（2003）关于否定对情绪调节影响的研究结果所提示的，否定对调节情绪方面有重要影响。而当陷入消极情绪中的时候，用"不伤心""不生气"等否定消极词进行自我暗示的时候，因为否定的激活机制，反而会激活消极情绪，陷入更严重的负面状态。因此，一般可以用"开心""放松"等肯定积极词的形式来进行自我暗示，会首先激活积极情绪，这样调节情绪，效果也会更好。

1000 ms 间隔时间下，情绪效价与匹配状态的交互作用显著。否定积极词在匹配状态下的反应时显著快于不匹配条件下的反应时，否定消极词在不匹配条件下的反应时显著快于匹配条件下的反应时。换句话说，否定消极词理解为积极，而否定积极词仍倾向于积极，并且两种句式中，被试都是对效价相对积极的反应更快。这是新的发现，证明否定对效价不同的情绪词的作用存在差异，否定对积极效价词的加工作用较弱，但对消极效价词的作用强。

这与国外的语料库研究和国内的语言学对否定与情绪搭配的研究结果相矛盾，这些研究一致发现，人们更倾向于否定积极表达消极，却很少用否定消极来表达积极（翟颖华，2009；Boucher & Osgood，1969；Unkelbach, Fiedler, Bayer, Stegmüller, & Danner, 2008）。如果从联结主义的理论来看，人们应该对否定积极反应更快，而不是对否定消极。但该研究结果与 Herbert 课题组的 ERPs 结果一致，他们在研究中发现，以含有否定的言语，例如，"no fear"进行主动调节降低对恐惧面孔的早期 ERPs（EPN，而不是 N170）和后期正波（LPP）的振幅，但否定对高兴面孔的作用则较小，即否定似乎对消极情绪的作用要大于积极情绪，表现出了负性偏向作用（Herbert et al., 2013）。这可能一方面反映了否定情感词的不同应用情境，即否定积极更多用于自我报告，而否定消极用于安慰他人；另一方面，也可能各自反映了正性偏向和负性偏向。当一个人描述自己的消极情绪时往往采用肯定消极词的形式，比如"我很痛苦""我很难受"，而很少采用诸如"我不高兴""我不快乐"等否定积极词的形式，这是因为否定积极词在否定加工后期往往仍倾向于积极。此外，Herbert 等（2013）的研究证明被试的消极情绪状态或加工偏向会影响否定的加工过程本身（Herbert et al.，2013）。那么，联系该研究结果，研究中被试当时的情绪状况如何，是否会是影响该研究结果的因素，这有待进一步的研究。

实验 1 的结果表明，无论累积加工理论还是阶段加工理论都不适用于解释否定情绪词的加工过程。依据累积加工理论否定情绪词随着时间的累积，被试将很快实现对情绪词效价的转换，本研究中无论是积极情绪词还是消极情绪词都未探测到这种直接的效价模拟；而对于阶段加工理论只有否定消极情绪词的心理模拟过程符合这一假设，否定积极情绪词则始终保持着对积极效价的模拟。因此，否定情绪词的加工过程受到情绪词本身效价的直接影响，并且现有的否定加工过程理论并不能给出合理的解释。

二、否定在情绪动机加工过程中的作用

实验 2 的研究结果首次发现，否定对情绪词的趋近－回避维度即动机维度有影响，并且否定对趋近－回避维度的加工过程并不符合阶段性加工理论的假设，而且否定对愤怒与悲伤的作用方向不同。

250 ms 时间间隔下，各个变量的主效应和各个变量之间的交互作用均不显著。在悲伤和愤怒的情绪词下，在肯定和否定的条件下，以及是否匹配的状态下，被试的反应时均没有显著差异，提示否定对情绪词的动机维度的影响可能发生在语言理解的后期。为了证明这个假设，重点研究 1000 ms 时间间隔下，被试的反应时是否差异显著。

实验结果发现，在 1000 ms 时间间隔下，情绪的动机维度、句子类型和匹配状态三者之间存在显著的交互作用。在肯定形式下，悲伤表现为回避，愤怒表现为趋近，这与张晓雯等（2012）和 Gable 等（2014）对悲伤与愤怒的动机维度的方向的预测是一致的，即悲伤的回避倾向和愤怒的趋近倾向。但是在否定形式下，"不悲伤"仍表现为回避倾向，"不愤怒"也表现为回避倾向。本课题组对否定情绪表征的研究发现否定本身会引起一定的消极情绪效应，也许"不愤怒"带来的消极回避效应比"愤怒"这个词带来的情绪效应更强烈，所以被试表现出了回避，而没有表现为趋近。因此，不管是否定消极词还是否定积极词，在否定加工的后期，由于否定带来的消极情绪效应，都很有可能表现为回避倾向。

此外，关于愤怒的动机维度是趋近还是回避也存在着争议，但最新研究证明，特质趋近动机与对愤怒的神经生理反应相关（Gable & Poole，2014）。这与本研究 1000 ms 时肯定句中的研究结果一致，即愤怒表现为趋近动机。而在否定句中转化为回避动机，表明了否定对愤怒情绪的动机维度产生了转换。悲伤情绪在 1000 ms 时，否定形式中仍然表现为回避动机，这与否定加工的阶段理论和累积理论假设都不符合。结合实验 1 以及其他否定对情绪效价研究的结果（张晓雯，禤宇明，傅小兰，2012），在否定加工的晚期一般已经完成了对消极情绪（以悲伤为主）的效价转换，即"不悲伤"成为积极效价，而积极效价一般认为是趋近动机。但是研究中发现"不悲伤"的动机维度在 1000 ms 之后仍然保持着回避趋向的优势，这有两种可能，一是悲伤情绪的动机维度加工时间较长，在 1000 ms 的时间点上，否定的整合尚未完成；二是悲伤情绪的动机维度与其效价在与否定整合的过程中，存在着分离。这些将是以后研究探讨的重要问题。

此外，实验 2 关于否定词对动机维度的影响更多的是从第一人称角度展开研究，如果以其他人称的角度，被试在情绪词后反映出的趋近和回避倾向会不会有所变化。有研究发现，自我参照是影响动机维度的重要变量（Saraiva，Schüür，& Bestmann，2013），可以从这个方向展开深入研究，研究自我参照在否定加工中对情绪词动机维度的影响。

第五节　结论

本研究探讨了汉语否定在情绪效价与情绪动机加工中的作用，结果发现否定对情绪效价的作用过程与阶段加工理论和累积加工理论都不一致，只有否定情绪词加工的早期符合阶段加工理论关于否定早期加工的预测；并且否定消极词和否定积极情绪词的加工过程不同，否定消极词的加工结果得到的是积极情绪，否定积极情绪词的加工结果还是积极情绪。否定情绪词的动机维度的加工同样与两种否定加工的进程理论不符，否定趋近－回避维度的加工进程加工缓慢，出现在否定加工的后期，否定只改变了愤怒的动机维度，却不会改变悲伤的动机维度。

第八章　否定情绪效价表征行为研究

第一节　否定情绪效价表征行为

已有的研究证明，否定会造成情绪词的效价转换（Deutsch，Gawronski，& Strack，2006；Herbert et al.，2013；Herbert et al.，2011），对这些结果的解释依然是基于否定的内容与其所对立的逻辑关系，即否定是一种具有逻辑转换的抽象符号。否定使情绪词的效价发生反转，即否定使消极词的效价变积极，使积极词的效价变消极。而依据具身理论，抽象的语言可以用感知、运动和情绪进行表征。那么，否定是否可能也是以情绪进行表征的呢？在范宁和彭聃龄所建立的汉字情绪消息库中，表示否定的常用汉字"不"的效价更倾向于消极（李维，张丽，2015），且基于"否定是对期望的背离"的假设，以及否定是对加工流畅性的打断的推论，我们认为否定是以情绪进行表征的，并且否定的情绪效价是消极的。本研究旨在证明否定理解是以情绪进行表征的，并且否定具有消极效价。为了证明否定是消极效价的情绪词，我们首先要排除被否定内容本身效价与否定词效价的混淆，因此，我们选取中性效价的汉字双字词作为本研究的主要实验材料。

对否定加工中的情绪表征研究，可以借鉴与之有关的研究所使用的两种情感启动范式（affective priming paradigm）。情感启动范式是启动程序的一种变式，用以检验情绪启动和目标的加工，能够敏感探测早期情绪的自动化加工。在行为实验情感启动范式中，常用的观察指标是反应的正确率或反应时（RT），一般是启动－目标效价一致的试次好于不一致的试次，并且这种效应在很大程度上受到启动－目标的时间间隔（ISI）或刺激呈现异步性（Stimulus Onset Asynchrony，SOA）的限制，一般在短 SOA 的条件中获得，且不会超过 300 ms（Fazio et al.，1986；Hermans，Spruyt，& Eelen，2003），说明效价启动效应是受到自动的、非控制的评价机制调节，效价的激活扩散是快速和短效的过程。这一结果在跨感觉通道（Diamond & Zhang，2016），不同的实验材料，例如，情绪图片（Zhang，Kong，& Jiang，2012）、情绪面孔（Peng，De Beuckelaer，Yuan，& Zhou，2012）以及情绪词（Ponz et al.，2014）、域下启动（Suslow et al.，2013）等诸多研究中得到复制（Aguado，Dieguez－Risco，Mendez－Bertolo，Pozo，& Hinojosa，2013）。本研究拟采取经典的情感启动范式（Bona Fide Pipeline，BFP）（Fazio et al.，1986；Hermans et al.，2003）。

　　经典的情感启动范式（Fazio et al.，1986），也被一些研究者称为评价启动（Sequential Evaluative Priming，EP）（Gawronski & Houwer，2014；Nosek，Hawkins，& Frazier，2011）。BFP 的启动范式一般是启动项（可以是情绪面孔、图片、情绪词，甚至情绪语调），呈现较短时间后，然后呈现目标项，要被试判断目标项的效价是愉快还是不愉快，一般在被试作出反应后目标项从屏幕上消失。

　　情感错误归因程序（见图 8－1）是情感启动的一种范式，与一般情感启动范式主要的不同点在于目标项被有目的造成判断上的模糊化。国外常用的是使用汉语象形字，因为其对于西方的被试而言相当模糊，不能阅读；也有研究使用抽象派的画作（Flexas et al.，2013）、越南文字（Hashimoto，Minami，& Nakauchi，2012）等。目标项后，是一个视觉的掩蔽，以防止被试过长时间探测目标项。而启动刺激与目标项的 ISI 设置为 100 ms、1500 ms、5000 ms 都发现显著的启动效应（冯霞，冯成志，2012）。大多数 AMP 使用的实验任务是迫选反应（例如，愉快/不愉快）（Payne，Cheng，Govorun，& Stewart，2005），也有使用李克特量表的研究（Payne，Burkley，& Stokes，2008；Pryor，Reeder，& Monroe，2012）。指导语中要求被试忽略掉启动项，不要让启动项影响到他们对目标项的判断，但启动项的影响仍然存在，这被解释为启动项的自动化内隐的影响（Payne & Lundberg，2014）。AMP 被广泛应用于情感启动（Payne et al.，2005）、语义启动（Deutsch & Gawronski，2009）和人格因素（Augustine，Larsen，& Elliot，2013）的研究中。AMP 具有良好的信效度（Payne & Lundberg，2014），是一种可靠的情感启动范式，其启动效应的产生是因为人们难以将他们对启动项的情感反应从对目标项的情感反应中区分开，被试有时错误地将对启动项的情感归因于对目标项的情感反应。

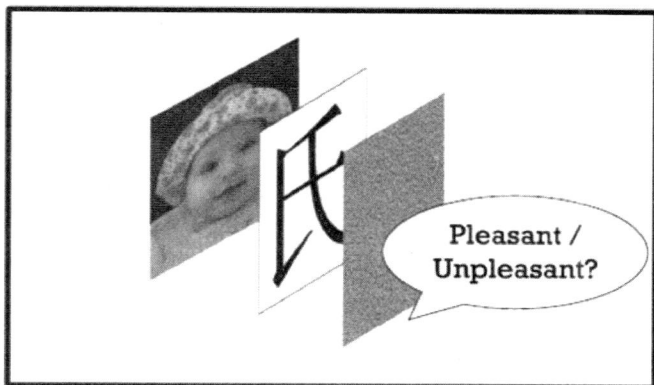

图 8 - 1　典型错误归因范式（AMP）的一般程序
（Payne & Lundberg，2014）

　　Deutsch 等（Deutsch et al.，2009）使用这两种情感启动范式探讨了否定加工的自动化问题，两种范式的实验程序是：先呈现启动项"肯定/否定 + 情绪词"（a [no] friend）或（a [no] disease），呈现时间为 200 ms，然后呈现目标项。AMP 范式中以汉语的象形文字为目标项，并在目标项后紧接着呈现掩蔽刺激，此时要求被试对目标项的效价作出判断；BFP 范式中则以情绪词（积极词如"音乐"，消极词如"战争"）为目标项，之后无掩蔽刺激，目标项在被试对目标项的效价作出判断后才会消失。归纳起来两种启动范式区别主要在目标项上，表现为三点：一是目标项的效价的明晰程度不同，AMP 范式中的目标项是模糊的，BFP 范式中的目标项则有清晰明确的效价；二是目标项的呈现时间不同，AMP 中目标项呈现 100 ms，BFP 中目标项则呈现到被试作出反应为止；三是有无掩蔽，AMP 中目标项后有掩蔽图片，BFP 中则无掩蔽操作。

　　虽然 AMP 和 BFP 两种情感启动范式都是内隐的测量方式，但它们反映的内隐认知加工机制是不同的（Nosek et al.，2011）。Deutsch 和 Gawronski（2009）比较了这两种研究范式，在 AMP 范式中，对被试来说，目标项（如象形文字）是无意义的，呈现时间短，并且其后有掩蔽刺激，被试对目标项的效价的判断只好更多地依赖于启动项，因此，通过 AMP 测量可以看出，启动项诱发的情感被（错误地）用来评价目标项（如象形文字），反映的是一种错误归因机制。而 BFP 的启动效应反映的则是反应干扰机制（Response - Interference，RI），就是说，如果启动项与目标项的效价不同，诱发的反应倾向就会相反，表现为干扰作用。Deutsch 等（2009）的研究中就发现，AMP 中探测到了否定效应，"no party"启动更多的消极反应；而 BFP 中则未出现。究其原因，AMP 中对目标项的反应要借助于启动项，启动项得到了更多的加工，才出现了否定效应；在 BFP 中，启动项和目标项之间是一种很微弱的联系，而且目标项的语义是很明确的，要完成对目标项的情绪效价判断，被试的注意力只需放在目标项上，而无须去关注启动项。这样做，实际上是限制了启动项中的否定词与目标项中的情绪词之间的意义整合和效价转换。这种情况下，如果还能发现启动项对目标项的干扰，表现出以启动项中的情绪为主导的匹配或不匹配效应，那么就完全有理由说，在对否定的启动效应的测量中，BFP 范式较 AMP 更具内隐性，所测的否定加工也更具自动化。

Deutsch 等（2009）的实验材料使用的是"否定词＋情绪词"（例如，朋友/疾病），结果出现了否定加工的情绪效价转换的效应，但它不能回答否定加工中情绪表征形式问题。为了更好地考察否定加工中的情绪表征，本研究借用 Deutsch 等（2009）的情感启动范式，但将启动材料改为"否定词＋中性词"，这不仅有利于考察否定加工中是否以情绪来实现具身化，同时也可以消除启动项中情绪词对否定情绪性的污染。本研究利用两种不同的情感启动范式，试图解决以下几个问题：

一是否定加工是否存在情绪表征，如果存在，效价上是积极的还是消极的？根据以往相关研究，本研究中，以否定中性词和肯定中性词为启动项，不论是在 AMP 范式中还是在 BFP 范式中，预测在否定的加工中都会出现消极情绪的表征。

二是否定加工中的情绪表征在时间上是否稳定。时间一直是否定加工中的重要变量（Kaup et al.，2006a），表现出否定的焦点会随着加工时间的延长而发生转换，那么否定的情绪表征是否会受到时间的影响呢？本研究中设置两种不同的刺激－反应不同步 SOA（启动刺激的呈现时间＋间隔时间）。具体说就是启动刺激的呈现时间为 200 ms，间隔时间（ISI）为 0 ms 和 300 ms，因此，两种 SOA 为 200 ms 和 500 ms。

三是否定情绪表征是不是自动化的。AMP 与 BFP 中对启动项的观测都是间接的、内隐的，而且，与 AMP 范式相比，BFP 范式中启动项能得到的加工资源更为有限，反应更具内隐性。如果否定的情绪表征是自动化的，那么它的加工应不受加工资源多少的影响，在 AMP 和 BFP 范式中都应能够探测到否定的消极反应倾向。

第二节 实验 1 情感错误归因范式下
否定加工的情绪表征

本节以汉语双音节中性名词构成的肯定和否定版本的汉语短语为启动材料，以俄语词为目标材料，采用错误归因范式，初步探讨否定加工中的情绪表征。此外，否定研究中，否定呈现与探测项之间的时间间隔往往是一个重要变量。那么，本研究中参考 Deutsch 等（2009）的实验室中的 AMP 范式，启动项呈现 200 ms，否定的情绪表征是否会随着间隔时间（ISI）的延长而有所变化，从而影响对目标项的效价判断呢？为了进一步探测否定启动的消极反应情况，实验 1 中设置两种 ISI（0 ms 和 300 ms），亦即两种 SOA（200 ms 和 500 ms）。

一、情绪表征研究方法

（一）被试

随机抽取某高校大学生 80 人（男生 22 人，女生 58 人），年龄为 $M = 20.36$，$SD = 1.88$，随机分成两组，一组完成 SOA 为 200 ms 程序，另一组完成 500 ms 程序。所有被试均未学习过俄语，视力或矫正视力正常，母语为汉语，没有任何阅读或识图障碍，未参加本实验的材料评定。

（二）实验材料

1. 汉语双音节中性词库的建立

从现代汉语通用词表（CLDC – LAC – 2003 – 001）中选取频度分布广泛的愉悦程度偏中性的双音节名词 1200 个。将 1200 个名词分别嵌入"某地有/没有某物"结构的汉语句子中，删除不能进入这一结构充当"某地"或"某物"的名词，剩下 359 个名词。按照王一牛、周立明和罗跃嘉（2008）研究中确定的汉语词汇情感信息的维度，从愉悦度、唤醒度、优势度和熟悉度 4 个维度对每个名词进行评价。愉悦度是指从不愉悦到愉悦的程度，唤醒度指从平静到激动的程度，优势度指从受控到支配的程度，熟悉度指从生疏到熟悉的程度。评价从 1—9 进行，1 代表此维度的最低水平，9 代表此维度的最高水平。考虑到 Vigliocco 等（2014）的研究中发现词汇的效价（即愉悦）与具体性存在关联，评价中设立具体 – 抽象度作为第 5 个评价指标，非常具体计 1 分，非常抽象计 9

分。此外，将王一牛等（2008）建立汉语情感词系统（Chinese Affective Words System，CAWS）中抽取愉悦度从4.5—5.5的双音节名词40个直接进入中性双音节名词库。为了与新评定的词语对应，这40个词也进行具体－抽象度的评价。

随机选取68名某大学的本科学生（男生18人，女生50人，年龄从18—23岁，平均年龄 $M = 20.03$，$SD = 1.1$岁）参加汉语双音节中性词库的建立。所有被试在问卷星网络平台上完成汉语中性双音节名词的感情信息的评定，完成时间34分钟—100分钟，删除完成时间低于40分钟的7人，回收有效问卷61份，回收率为90%。结果，所评价的中性词效价、唤醒水平、优势程度、熟悉程度和具体－抽象程度的Cronbach's α信度分别为0.995、0.997、0.991、0.994、0.768；分半信度分别为0.924、0.963、0.868、0.895、0.675，说明测量可靠。最终按照效价范围4.5—5.5，建立汉语双音节中性名词库，其具体数据见表8－1。此词库提供了编写实验材料（如短语和句子）的基础素材。

表8－1 汉语双音节中性名词材料库的词频、情绪维度与抽象程度数据（$M \pm SD$）

N	效价范围	词频	效价	唤醒水平	优势程度	熟悉程度	具体－抽象程度
286	4.5—5.5	123.82 ± 290.53	4.84 ± 0.24	4.43 ± 0.38	4.99 ± 0.59	5.47 ± 0.88	3.83 ± 0.57

2. 否定短语的效价评价

从已经建立的汉语双音节中性词库中抽取词频高于3，激动程度低于5，优越程度高于3，熟悉程度高于4，抽象程度低于5的词，最后剩下130个中性名词。为了避免评价中的天花板效应和地板效应，从王一牛等（2008）编纂的情绪词汇材料库中，筛选出35个情绪效价高于7的积极效价名词35个，低于3的消极效价名词35个，作为填充材料。这样就构成了200个名词的词汇库。在这些名词前面加上"有"，构成"有某物"的肯定版本；在前面加上"没有"，构成"没有某物"的否定版本。将肯定版本与否定版本进行拉丁方匹配，构成两个短语列表。在每个列表中，有100个肯定短语，100个否定短语。所选中性词的词频、效价、唤醒水平、优势程度、熟悉程度与具体－抽象程度的值分别为152.72 ± 314.50、4.89 ± 0.20、4.38 ± 0.32、5.08 ± 0.52、5.65 ± 0.79 和 3.65 ± 0.42。随机抽取某高校大学生283人（其中男173人，女110人），平均年龄 M

＝20，$SD＝1.32$，在问卷星网络问卷平台上就每一个肯定或否定短语的情感的愉悦程度从1—9进行评分，1代表非常不愉快，9代表非常愉快。

结果回收问卷283份，删除重复评分超过80%的被试，剩下有效数据257份，有效率为91%。对词组评价的数据进行以被试为随机变量和以项目为随机变量的单因素方差分析，词组的极性在两种分析中都是组内变量。结果否定短语（$4.53±1.26$）的效价评分显著低于肯定短语（$5.75±1.13$），F_1（1，256）＝151.664，$p<0.001$，$\eta_p^2＝0.372$；F_2（1，119）＝450.283，$p<0.001$，$\eta_p^2＝0.791$。否定短语较肯定短语倾向于消极化，这在项目分析中尤为突出。将所选出的中性词的效价作为总体平均数（$4.89±0.20$），将否定短语与肯定短语分别与之进行比较，结果发现否定短语效价显著低于中性词 $T＝-10.950$，$p<0.001$；肯定短语效价显著高于中性词 $T＝28.015$，$p<0.001$。这表明，否定确实使效价趋于消极，并非仅是短语意义效价的结果。

3. 启动材料

本研究从所建立的汉语双音节名词的中性材料库中选取能够与"有或没有"搭配构成"有××"或"没有××"的汉语名词短语的词语96个，例如，"管家""桌子"。与"有"构成肯定版本的名词短语96个（例如，"有管家"），与"没有"构成否定版本的名词短语96个（例如，"没有管家"），作为启动实验材料。所选实验材料的词频、效价、唤醒水平、优势程度、熟悉程度与具体－抽象程度的指数（$M±SD$）分别为 $164.11±348.03$、$4.89±0.21$、$4.37±0.32$、$5.04±0.57$、$5.68±0.80$、$3.62±0.42$，达到实验的要求。

为了避免评价中的量表衰减效应（天花板效应或地板效应），从王一牛等（2008）编纂的情绪词汇材料库中，筛选出32个情绪效价高于7的积极名词32个（例如，"资金"），低于3的消极名词32个（例如，"恶魔"），同样与"有/没有"构成相应的肯定版本或否定版本，作为启动填充材料。

将96个实验中性词、32个填充积极词与32个填充消极词分别与"有"和"没有"构成160个肯定短语与160个否定短语，按极性（肯定和否定）将320个短语分成AB两套，每套160个短语，其中80个肯定版本，80个否定版本；96个中性词、32个积极词与32个消极词。请67名不参加正式实验的大学生对短语的通顺程度进行1—5评分，1代表非常不通顺，5代表非常通顺。其中A组33人，B组34人，其中男性12人，女性54人，平均年龄 $M＝19.58$，$SD＝2.60$ 岁。结果肯定版本（$4.07±0.41$）与否定版本（$4.10±0.36$）在通顺性评分上无显著性差异（$F > 1$）。

将实验材料与填充材料的短语的极性与效价进行拉丁方匹配，构成两套启动材料，每名被试只看到两套中的一套，每个名词以肯定版本或否定版本呈现给被试一次。这样，96 个实验短语，其中有 48 个肯定版本，48 个否定版本。64 个填充短语，积极和消极词构成的各 32 个，与"有/没有"构成的短语各半，即 16 个肯定积极，16 个否定积极，16 个肯定消极，16 个否定消极。为了避免被试疲劳，每个实验试次中间短暂休息三次，为此将实验材料又每 40 个为一组分为 4 组，每组中有实验材料 24 个，填充材料 16 个；肯定短语 20 个，否定短语 20 个；效价中性的 24 个，积极的 8 个，消极的 8 个。

4. 中性俄语词库的建立

从常用俄语词表 1200 个单词中选出的 400 个由 6—7 个字母构成的俄语单词，将它们分成两组，分别由两组（第一组 45 人，其中男生 30 人，女生 15 人，平均年龄 $M = 20.98$，$SD = 0.92$；第二组 43 人，其中男生 27 人，女生 16 人，平均年龄 $M = 20.77$，$SD = 1.01$）不参加正式实验的大学生对其愉悦程度进行评价。评价采用 9 点评分，从 1 非常不愉快到 9 非常愉快。回收数据 88 份，删除自评俄语水平 40 分以上 5 人（俄语自评水平满分 100 分），重复数据超过 80% 的被试 10 人，有效问卷 73 份，回收率 83%。结果所选 400 个俄语词的愉悦程度为 4.89 ± 0.26。挑选出 160 个愉悦度从 4.85—5.15 的俄语词作为实验中的探测目标词，其平均愉悦程度为 4.99 ± 0.9。

（三）实验设计与程序

实验采用"2（短语极性：肯定与否定）×2（SOA：200 ms 和 500 ms）"两因素混合实验设计，其中短语极性为被试内因素，SOA 为被试间因素。

实验过程中给每个被试呈现 160 个短语，包括 96 个实验短语和 64 个填充短语。160 个短语分为 4 个 Block，每个 Block 内，短语随机呈现。

实验中，被试坐在电脑前，眼睛与屏幕保持 50—80 cm 的水平距离。屏幕中央首先呈现 500 ms 的注视点"+"；其次是 200 ms 的白屏；接着以 30 码 Arial 字体呈现启动项 200 ms，启动项即肯定或否定的汉语双音节名词"有/没有××"（例如，"有/没有管家"）；SOA 为 200 ms 时，是指启动项呈现 200 ms 后，紧接着呈现目标项，SOA 为 500 ms 时，是指启动项呈现 200 ms 后，呈现白屏 300 ms 后，再呈现目标项。目标项是由 6—7 个字母构成的俄语单词，以 50 码 Arial 黑体呈现 100 ms；最后是 450 像素×450 像素的黑灰掩蔽图片，此时要求被试评价前面呈现的俄语词是愉快的还是不愉快的。实验程序见图 8 - 2。统计肯定和否定条件下的消极反应概率。一半被试的按键反应是：认为它是愉快的按编辑键区的"5"，不愉快的按"a"，另一半被试的按键则相反。同时提醒被试前面的汉语短语只是一个信号，在评价俄语词的愉快程度时要尽量避免受到汉语短语的影响。试次中间没有间隔时间，完成一个试次就进入下一个。每 40 个试次中间可以短暂休息，或选择继续实验。整个实验持续大约 7—10 分钟。

实验在惠普台式电脑上进行，采用 E - prime 2.0 实验心理学编程软件进行刺激呈现和数据收集。

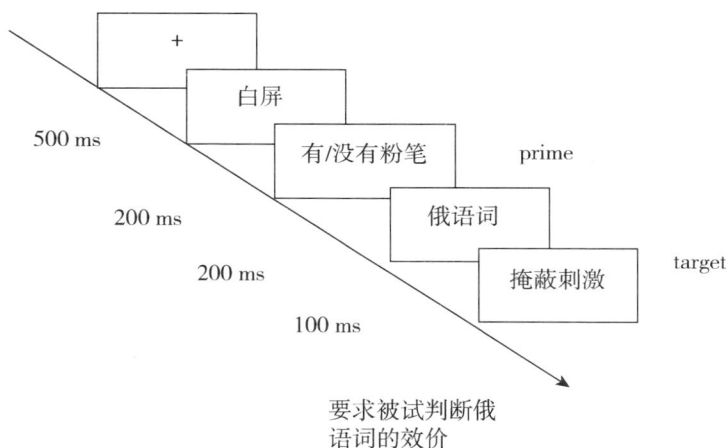

图 8 - 2 实验 1 的实验程序

二、情绪表征结果与分析

因为目标项的模糊性，AMP 范式中一般以愉快度反应概率为因变量指标（Gawronski & Ye，2014；Payne et al.，2005）。计算每名被试在每种条件下的消极（"不愉快"）反应概率。据 Bar - Anan 和 Nosek（2014）研究，AMP 范式容易受到极端数据的影响，因此，依据 Deutsch 等（2009）的数据处理建议，删除总消极反应概率大于 80% 和小于 20% 的被试，结果 SOA 为 200 ms 条件下删除 2 名被试，SOA 为 500 ms 条件下保留所有 40 名被试数据，详见表 8 - 2。对启动短语极性与 SOA 条件进行重复测量方差分析。

表 8 – 2　实验 1 两种 SOA 条件下中性短语启动的消极反应概率（$M \pm SD$）

启动项	SOA：200 ms（$N = 38$）	SOA：500 ms（$N = 40$）
否定短语	0.64 ± 0.20	0.63 ± 0.19
肯定短语	0.30 ± 0.19	0.30 ± 0.20

短语极性与 SOA 构成 2 × 2 的实验设计，其中以被试为随机变量的统计分析（F_1）中，短语极性是被试内因素，SOA 是被试间因素；以项目为随机变量的统计分析（F_2）中，短语极性与 SOA 都是项目内因素。重复测量的方差分析结果显示：极性主效应显著，F_1（1，77）= 78.08，$p < 0.001$，$\eta_p^2 = 0.51$；F_2（1，95）= 122.32，$p < 0.001$，$\eta_p^2 = 0.44$，否定短语比肯定短语启动了更高的消极反应概率；SOA 主效应不显著，F_1（1，77）= 0.06，$p = 0.80$；F_2（1，95）= 3.88，$p = 0.050$；两者交互作用不显著，F_1（1，77）= 0.01，$p = 0.922$；F_2（1，95）= 2.20，$p = 0.140$。

三、讨论

实验结果表明，否定中性词比肯定中性词启动了更高的消极反应概率，这种消极反应概率的提高并不因启动项与目标项之间的时间间隔的延长而有所改变。因为目标项本身是模糊的，被试的反应在很大程度上是对启动项的错误归因，又因为启动项中使用的是中性词，这种反应概率上的差异只能归于肯定和否定的差异。由此推论，否定较肯定具有更高的消极反应倾向，或者说否定词本身具有消极情绪。这与我们的研究假设一致。此外，实验中采用了两种 SOA（200 ms 和 500 ms），两种 SOA 反应上无差异，说明否定的消极情绪表征具有时间上的稳定性。

我们的这一研究结果来自 AMP 范式，然而，Deutsch 等（2009）的研究发现否定情绪词在经典情感启动范式（BFP）中得到了与 AMP 范式不同的结果。Deutsch 与 Gawronski 认为出现这种差异是因为，AMP 反映的是错误归因，而 BFP 反映的是反应干扰（Deutsch & Gawronski，2009）。BFP 更可能反映了对启动项加工的资源限制。在 AMP 中，目标项是模糊的中性俄语词，被试在对目标项的效价判断中在很大程度上会依据启动项的效价，这一过程虽然是无意的，但启动项得到较多的加工资源；在 BFP 中，因为目标项中的情绪词具有突出的情绪效价，效价判断在很大程度上依赖于目标项的效价，而启动项对被试的反应构成了干扰，特别是当两者的效价冲突时，被试需要有意识地抗拒这种干扰，这样，启动项所得到的加工资源要远低于 AMP 范式。实验 1 已经证明了在得到相对较多的加工资源的 AMP 中，否定以消极情绪进行表征。这一结果在 BFP 范式中是否也能得到复制呢？实验 2 将采取 BFP 范式，探讨低加工资源条件下否定的情绪表征。

第三节　实验 2　经典情感启动范式下否定加工的消极情绪表征

一、消极情绪表征研究方法

（一）被试

随机选取某高校在校本科学生 89 人（男生 53 人，女生 36 人），年龄为 $M = 18.84$，$SD = 0.83$，随机分成两组，一组完成 SOA 为 200 ms 程序，另一组完成 500 ms 程序。被试视力或矫正视力正常，母语为汉语，没有任何阅读或识图障碍，有 8 人自我报告是左利手。所有被试均未参加过本实验的材料评定以及实验 1。

（二）实验材料

启动材料同实验 1。目标项采用具有积极效价与消极效价的汉语双音节名词各 80 个，其中 48 个用作实验材料，32 个用作填充材料。所有目标词都选自 CAWS（王一牛等，2008），其词频与情绪各维度的差异分析见表 8 - 3。

表 8 - 3　实验 2 目标项的词频和情绪维度各指标分析

情绪词指标	消极效价	积极效价	F	p
词频	50.06 ± 48.09	49.21 ± 48.98	0.01	0.912
效价	3.12 ± 0.24	6.80 ± 0.20	10937.67	< 0.001
唤醒水平	4.86 ± 0.63	4.69 ± 0.60	3.01	0.085
优势水平	5.08 ± 0.54	5.78 ± 0.56	64.78	< 0.001
熟悉程度	4.91 ± 0.44	5.63 ± 0.45	104.35	< 0.001

从表 8 - 3 可以看到，目标词在效价上差异非常显著，达到实验要求。

将启动材料与目标材料的极性与效价进行拉丁方匹配，构成两套启动材料。

每名被试只看两套中的一套，每个名词以肯定或以否定版本呈现给被试一次。这样，96 个启动实验短语，其中 48 个为肯定版本，48 个为否定版本；其中各对应着 24 个积极目标词和 24 个消极目标词。64 个启动填充短语，分为积极和消极两类词，每类 32 个，再与"有/没有"构成肯定和否定短语，其中 16 个肯定积极短语，16 个否定积极短语，16 个肯定消极短语，16 个否定消极短语，分别对应着 8 个积极目标词和 8 个消极目标词。为了避免被试疲劳，每个实验试次中间短暂休息三次，为此将实验材料每 40 个为一组分为 4 组，在启动项的极性、效价和目标项的效价上达到均衡。

（三）实验设计与程序

实验采用"2（短语极性：肯定与否定）× 2（SOA：200 ms 与 500 ms）× 2（目标项效价：积极与消极）"三因素混合实验设计，其中短语极性与目标项效价为组内变量，SOA 为组间变量，因变量是目标情绪词的消极反应概率。

实验过程中给每个被试呈现 160 个短语，包括 96 个实验短语和 64 个填充短语。160 个短语分为 4 个 Block，每个 Block 内，试次呈现顺序是随机的。

实验中，被试坐在电脑前，眼睛与屏幕保持 50—80 cm 的水平距离。实验程序采用经典情感启动范式（BFP）（见图 8 - 3），屏幕中央首先呈现 500 ms 的注视点"+"；然后是 200 ms 的白屏；接着呈现启动项，即肯定或否定的汉语中性双音节名词（例如，"有/没有管家"），启动项呈现 200 ms，以 30 码 Arial 字体呈现，字体为红色；SOA 为 200 ms 时，是指启动项呈现 200 ms 后，紧接着呈现目标项，SOA 为 500 ms 时，是指启动项呈现 200 ms 后，呈现白屏 300 ms 后，再呈现目标项。目标项为汉语的积极或消极的名词（"资金"/"恶魔"），以 50 码 Arial 黑体呈现，字体为蓝色，要求被试判断目标情绪词是愉快的还是不愉快的。其中一半被试右手按编辑键区的"5"作"愉快"反应，左手按"a"键作"不愉快"反应，另一半作相反反应。同时提醒被试前面的汉语短语只是一个信号，在判断时要尽量避免受到启动短语的影响。实验中被试先完成 20 个试次的练习，练习中对被试反应的正确与否、反应时间进行反馈。正式实验中，试次间没有间隔时间，完成一个试次就进入下一个。每 40 个试次中间可以短暂休息，或选择继续实验。整个实验持续大约 8 分钟。探讨否定与肯定中性词对积极与消极词的启动效应。

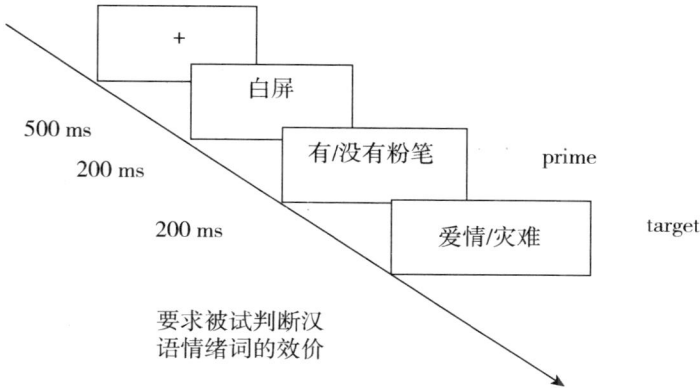

500 ms
200 ms
200 ms

要求被试判断汉
语情绪词的效价

图 8 - 3   实验 2   BFP 的实验程序

二、消极情绪表征结果与分析

删除消极反应概率大于 80% 和小于 20% 的被试，结果所有被试的数据都在保留的范围之内。统计被试判断目标刺激在两种不同的启动条件下的消极反应概率和正确率，详见表 8 - 4。

表 8 - 4   实验 2 不同条件下消极反应概率与反应正确率（$M \pm SD$）

启动	目标	SOA：200 ms（$N = 43$）		启动	目标	SOA：500 ms（$N = 46$）	
		消极反应	正确率			消极反应	正确率
否定中性	积极	0.11 ± 0.15	0.89 ± 0.15	否定中性	积极	0.09 ± 0.16	0.91 ± 0.16
	消极	0.93 ± 0.09	0.93 ± 0.09		消极	0.96 ± 0.18	0.96 ± 0.18
肯定中性	积极	0.09 ± 0.09	0.91 ± 0.87	肯定中性	积极	0.05 ± 0.05	0.95 ± 0.05
	消极	0.89 ± 0.15	0.89 ± 0.15		消极	0.94 ± 0.22	0.94 ± 0.22

为了与 AMP 范式中的结果进行对比，对消极反应概率进行短语极性（肯定和否定）、SOA（200 ms 与 500 ms）与目标词效价（积极和消极）的重复测量方差分析，结果表明，短语极性的主效应显著，否定短语比肯定短语启动了更高的消极反应概率，F_1（1，88）= 6.67，$p < 0.05$，$\eta_p^2 = 0.07$；F_2（1，95）= 22.94，$p < 0.001$，$\eta_p^2 = 0.20$。SOA 主效应不显著，F_1（1，88）= 0.25，$p = 0.621$；F_2（1，95）= 0.48，$p = 0.491$；目标项的效价主效应显著，F_1（1，88）= 1219.70，$p < 0.001$，$\eta_p^2 = 0.93$；F_2（1，95）= 3505.08，$p < 0.001$，$\eta_p^2 = 0.97$。短语极性与 SOA 的交互作用不显著，F_1（1，88）= 0.00，$p = $

0.966；F_2（1，95）$=0.16$，$p=0.691$。短语极性与目标词的交互作用不显著，F_1（1，88）$=0.01$，$p=0.906$；F_2（1，95）$=0.03$，$p=0.874$。SOA 与目标词效价被试分析不显著，F_1（1，88）$=2.48$，$p=0.119$，项目分析显著，F_2（1，95）$=24.48$，$p<0.001$，$\eta_p^2=0.21$，根据进一步的简单效应分析发现，积极目标词的消极反应概率在 SOA$=200$ ms 时显著高于 SOA$=500$ ms 时，消极目标词的消极反应概率在 SOA$=200$ ms 时显著低于 SOA$=500$ ms 时。三者的交互作用临近显著，$F_1(1,88)=3.92$，$p=0.051$，$\eta_p^2=0.04$；根 F_2（1，95）$=3.52$，$p=0.064$，$\eta_p^2=0.04$，根据进一步的简单效应分析发现，SOA$=200$ ms 时，极性主效应被试分析临近显著，F_1（1，42）$=3.64$，$p=0.063$，$\eta_p^2=0.08$，项目分析显著，F_2（1，95）$=9.22$，$p<0.01$，$\eta_p^2=0.09$。目标项效价主效应显著，F_1（1，42）$=723.55$，$p<0.001$，$\eta_p^2=0.95$；F_2（1，95）$=2864.80$，$p<0.001$，$\eta_p^2=0.97$。极性与目标项效价的交互作用不显著，F_1（1，42）$=2.06$，$p=0.159$；F_2（1，95）$=0.93$，$p=0.339$。SOA$=500$ ms 时，极性主效应被试分析临近显著，F_1（1，45）$=3.15$，$p=0.083$，$\eta_p^2=0.07$，项目分析显著，F_2（1，95）$=21.05$，$p<0.001$，$\eta_p^2=0.18$。目标项效价主效应显著，F_1（1，45）$=556.19$，$p<0.001$，$\eta_p^2=0.93$；F_2（1，95）$=3195.56$，$p<0.001$，$\eta_p^2=0.97$。极性与目标项效价的交互作用不显著，F_1（1，45）$=1.94$，$p=0.170$，F_2（1，95）$=2.40$，$p=0.13$。BFP 的实验结果依然表明，否定短语较肯定短语启动了更多的消极反应。

Deutsch 等（2009）对 AMP 与 BFP 两种实验范式（内隐测量方式）作了区分，认为 BFP 范式下，给被试的加工资源更有限，因此它是更具内隐性的测量方式。据此，我们将实验 1 与实验 2 的实验进行比较，以验证加工资源对否定情绪表征的影响。这样构成"2（短语极性：肯定与否定）×2（测量方式：AMP 与 BFP）"的实验设计，其中短语极性是被试内因素，测量方式为被试间因素。为了比较 AMP 与 BFP 的消极反应，先对 AMP 与 BFP 的消极反应概率进行 Z 分数转换，AMP 范式中否定与肯定启动的数据分别为 1.60 ± 2.01，-1.86 ± 2.06；BFP 范式中否定与肯定启动的数据分别是 0.73 ± 2.28；-0.27 ± 2.27。重复测量分析的结果发现，极性主效应显著，F_1（1，166）$=63.18$，$p<0.001$，$\eta_p^2=0.28$；F_2（1，95）$=882.73$，$p<0.001$，$\eta_p^2=0.90$。测量方式主效应不显著，F_1（1，166）$=3.81$，$p=0.053$；F_2（1，95）$=0.00$，$p=0.995$。极性与测量方式的交互作用显著，F_1（1，93）$=19.25$，$p<0.001$，

$\eta_p^2 = 0.10$；F_2（1，95）$= 974.89$，$p < 0.001$，$\eta_p^2 = 0.91$。进一步的简单效应分析中，AMP 范式中否定启动比肯定启动诱发出显著的消极反应，t_1（77）$= 8.84$，$p < 0.001$，Cohen's $d = 1.70$；t_2（37）$= 30.80$，$p < 0.001$，Cohen's $d = 3.96$；同样，BFP 范式中两者的差异也达到显著水平，t_1（37）$= 2.51$，$p < 0.05$，Cohen's $d = 0.44$；t_2（37）$= 4.78$，$p < 0.001$，Cohen's $d = 0.07$。

三、讨论

本实验采用经典情感启动范式（BFP），将目标词由 AMP 范式中的中性模糊的俄语词换为具有明显效价的汉语情绪词，在消极反应概率的分析中，依然探测到否定中性词比肯定中性词启动了更多的消极反应。时间间隔的主效应不显著，这种由否定短语所启动的消极反应倾向在 200 ms 到 500 ms 之间稳定地保持着。在对 AMP 与 BFP 两种启动范式下否定的消极启动效应的比较中，发现否定比肯定都同样启动了更多的消极反应。这证明否定所启动的消极反应倾向不仅具有时间稳定性，也表现在不同的情感启动范式中，具备一定的范式稳定性。这也反映出即使在加工资源有限的情况下，否定中性词依然具有消极效价的启动作用。这不仅表明否定自身具有消极效价，并且这种表征在情感启动范式中是自动激发的。

第四节　综合讨论

本研究通过两个实验证明否定中性词比肯定中性词启动了更多的消极反应，这说明否定本身具有消极效价，否定是可以通过消极情绪的表征来实现具身化的。实验 1 采用了非意识性加工的错误归因范式（AMP），以否定中性短语和肯定中性短语为启动项，以模糊的中性俄语词为目标项，结果发现，否定短语所启动的消极反应远高于肯定短语，并且这种效应具有相对的稳定性，至少保持到 500 ms 之后。实验 2 采用经典情绪启动范式（BFP），目标项换成了具有明确效价的汉语情绪词，结果仍发现，否定短语比肯定短语启动了更多的消极反应，否定的消极启动作用同样具有时间上的稳定性。

一、否定加工中消极情绪的表征

错误归因范式（AMP）的逻辑是当人们面对一个态度客体时，会产生积极或消极的评价反应。即便是对一个模糊的目标项进行判断，启动项仍会影响对它的评价偏向。这说明人们对启动项的态度会投射到一个模糊的目标上。正如Payne 等人（Payne et al.，2005）所认为的那样，从启动项对符号判断存在的积极的或消极的影响，就可以推理出人们对启动项的反应。在实验 1 中，被试对模糊的俄语词在消极反应概率上的差异受到启动项的影响，即受到否定中性短语与肯定中性短语的效价的影响，而中性词本身是不具有特定效价的。由此可以推理出效价判断的差异是"否定"和"肯定"本身造成的，或者说，否定自身具有消极效价，可以通过消极情绪实现具身化。

实验 2 使用了 BFP 范式，目标项具有明确的效价，结果同样探测到否定启动的消极反应概率更高的情况。这表明对目标项的效价判断受到否定性启动项的影响，否定本身具有比中性词更为突出的效价。值得注意的是，消极反应概率的上升，不受目标词效价的影响，积极词和消极词的判断都受到否定启动的影响，使消极反应概率增强。这与 AMP 的实验结果一致。BFP 的结果进一步证明，否定中性词的情绪效价在反应干扰的情况下，依然存在。

实验中为了避免被试出现单一反应趋势，实验 1 到实验 2 中都设有具有极端效价的情绪词与"没有"和"有"构成填充的启动材料。对填充材料的结果的统计分析得出了与 Deutsch 等一致的研究结果，即"否定消极"启动了较积极的反应，而"否定积极"则启动了更多的消极反应。这说明在两个实验中的反应是有效的，可以排除被试单一反应的可能性。在数据处理上，删除掉了单一反应超过 80% 的被试，这也保障了结果的可靠性。

有的研究认为否定加工比肯定加工更困难，需要更多的注意资源和更长的加工时间（Khemlani et al.，2012）。本研究得到的否定性启动条件下的消极反应上升，可否归为否定加工困难造成的呢？因为本研究中使用的情感启动范式都要求快速反应，给被试带来时间上的压力，是否这些困扰导致他们在后面的目标效价判断上趋于消极呢？我们认为这种解释是不合理的。一方面，已有的许多实验证明，否定加工可以在阈下（Armstrong & Dienes，2013；van Gaal et al.，2014b）或极短时间内完成（Autry & Levine，2014；Foroni & Semin，2013）；另一方面，本实验 1 中当 SOA 延长到 500 ms 时，即一般认为的到了否定的语义整合阶段（Jiang et al.，2014），仍然探测到了否定所诱发的消极反应概率上升，这是加工困难所不能解释的。因此，可以认为启动项中的否定短语是得到了加工的，所表现出的否定所诱发的消极反应倾向的增强是可靠的。

本研究的两个实验证明了否定较肯定短语可以启动更多的消极反应，因此，可以说否定本身具有消极情绪，否定可以通过情绪实现具身化。对这一研究结论也可以用否定的语用理论来解释。否定的语用理论指出，否定是对原有预期的违反，也就是说否定是对人们依据原有的知识或当前的背景所持有的图式的违反。否定破坏了原有加工的流畅性，使读者或听者原有的预期中断，干扰了正在进行中的思维和活动，激发人们将注意力转移到与原预期相反的事物上，或开始搜索新的可能模型。可以看到，"意料之外"破坏了人们对预期和结构的需要（Gawronski & Strack，2012），让人感受到威胁，感到不舒服（Mendes，Blascovich，Hunter，Lickel，& Jost，2007），引发消极情感和更充分的加工（Alter，Oppenheimer，Epley，& Eyre，2007；Topolinski，2014）。这一结果支持了Kousta课题组所提出的抽象概念的情绪表征理论，即作为抽象概念的否定可以通过情绪进行表征。情绪具身表征理论强调抽象概念会诱发更多的情绪反应，因为抽象概念的获得中，情绪经验与情绪发展起着更为重要的作用（Kousta et al.，2009；Vigliocco et al.，2014）。Zwaan（2008）也认为，"不"一类的否定词会激活与"不"的输入有关的经验事例（例如，不要养狗），所有的与"不"相关的经验痕迹都能够使环境状态触发一个目标的激活，但是，到达目标的执行过程却要受挫，即否定的激活模式就是期望违背后身体内部与"受挫"相关的情绪状态。依据具身理论，否定加工就是要对否定经验重演，那么否定加工就是要重演"受挫的内部心理状态"。

二、否定加工中消极情绪表征的时间稳定性

实验1在AMP范式下采取了两个SOA，即200 ms和500 ms，结果并未探测到显著的SOA主效应及与短语极性的交互作用，这表明两种SOA条件下都是否定短语比肯定短语启动了更高的消极反应概率，这反映出否定的消极情绪效价表征并没有随着时间的延长而改变；同样，在实验2的BFP范式中，两种SOA条件下否定短语比肯定短语也都启动了更高的消极反应概率，即在BFP范式中，否定的消极情绪表征也是具有稳定性的。概括而言，否定中性词所构成的短语在AMP和BFP范式中所表现出的启动效应，至少可以持续到启动项呈现500 ms之后，表现出一定的时间稳定性。

在语义启动研究中，SOA是重要影响因素（Eddy & Holcomb，2010；Hill，Ott，& Weisbrod，2005），在700 ms之内，SOA的延长一般会增强对启动项的深

度的语义加工。与语义启动所不同的，情绪启动效应被认为一般不超过 300 ms（Hermans et al.，2003），但也有持续到 600 ms 的报告（李芳，白学军，沈德立，2007）。本研究采用的是情绪启动范式，两个实验中在启动项的呈现时间保持不变的条件下，不论是长 SOA 还是短 SOA，否定短语较肯定短语都启动了更多的消极情绪，这种一致性的结果表明，否定和肯定短语随着语义加工深度的增强，其在情绪效价方面的表征却并未因此发生改变。这反映出否定的情绪表征具有一定的时间稳定性。

三、否定加工中消极情绪表征的自动化

实验 1 使用 AMP 范式证明了否定加工中存在消极情绪的心理表征，实验 2 使用 BFP 范式也复制了这一结果。而且，事后比较两种启动范式下的消极反应差异，结果发现两种测量的主效应不显著，也就是说 AMP 和 BFP 两种范式在消极反应上无显著差异。如前所述，虽然 AMP 和 BFP 都是无意识加工的测量方法，但两者加工机制有所不同，BFP 更具内隐性。否定短语在这两种范式中都探测到消极反应倾向，说明否定加工中的消极情绪表征并未受到研究范式要求的影响，因此，否定加工中的消极情绪是自动激活的。具体说来，AMP 范式中目标项是模糊的俄语词，目标项的效价在很大程度上受到启动项的影响，启动项与目标项的加工之间不存在干扰，启动项会在无意加工的过程中得到更多的加工；而在 BFP 范式中，目标项是有明显效价的汉语情绪词，被试要对目标项的效价作出判断就要抗拒启动项的影响（Deutsch & Gawronski，2009），因此，在 BFP 范式中启动项得到的加工会受到一定程度的限制，测量更具内隐性。在本研究中，启动项"否定中性词"与"肯定中性词"在 AMP 范式中比在 BFP 范式中受到更多的加工。按照情绪加工的自动化理论，如果否定本身具有情绪性，那么 AMP 和 BFP 范式中都应能够探测到否定的情绪性表征。即便是在加工受限的 BFP 范式中，也同样发现了消极情绪的表征，这进一步说明否定加工中情绪表征是自动实现的。但也有研究表明，增加任务负荷或分心物都会降低情绪加工（Mitchell et al.，2007），即加工资源会限制情绪加工；那么，在 BFP 范式中有可能探测不到否定的情绪表征（Deutsch et al.，2009）。但我们的研究结果表明，利用 BFP 范式仍然探测到否定的消极反应倾向，表明否定的情绪表征并未受到加工资源限制，这支持了情绪的自动化加工理论。同时也进一步证明，否定中性词所带来的消极反应属于否定本身，即否定本身具有一定的情绪效价，

会在情绪任务中自动激活。

本研究只是对简单的陈述性否定的情绪表征的初步探索，至于其他形式的否定加工中的情绪具身表征问题，需要今后进一步的深入探讨。

第五节 结论

本研究通过两个情感启动实验，得出了三条结论：

一是否定加工的结果是以消极情绪来表征的，或者说否定可以通过消极情绪来实现具身化。

二是否定的情绪表征具有时间上的稳定性，不随语义加工深度增加而变化，稳定地表现出消极情绪表征。

三是否定加工中的消极情绪表征表现出自动化倾向。

第九章　否定情绪唤醒水平表征的行为研究

第一节　否定情绪唤醒水平表征的行为

一、否定与否定的理论

否定一直被认为是高级认知的一部分（Khemlani et al.，2012），是一种抽象的语言现象，是人类推理的基石，提供了"确定真值、撒谎、反语或应对错误或矛盾状态"的方式（Horn，1989）。关于否定的表征问题，否定的命题理论（Mayo et al.，2004）和具身理论（S. Huette，2016；Kaup et al.，2006a）给出了不同的解释。命题理论认为否定是个抽象的逻辑符号，是为被否定的信息所表达的核心命题贴上否定的标签（Mayo et al.，2004）或为被否定的模型提供替代模型（Khemlani et al.，2012）；而具身理论则认知，否定像其他的具体概念一样，也要通过具身过程实现理解，否定也扎根于感知觉（Zwaan，2008），或是通过时间耗费条件下知觉模拟的转换，或是基于知觉符号的空间轨迹的转向（Anderson et al.，2010）。尽管命题理论与具身理论在否定表征的实质问题上尖锐对立，但不难发现，两者还是有共同点的。其共同点就在于它们有一个共同的基本假设——否定的最终结果是对所否定内容的价值反转。为了表达方便，将之称为"否定的转换理论"。

也有研究者将理论的重心放到了对被否定信息的抑制与保留上（Giora，2006），将否定视为一种抑制激活器，对被否定信息的抑制与实际状态的激活同时开始（Beltrán et al.，2018；de Vega et al.，2016；García – Marco，Morera，Beltrán，de Vega，Herrera，Sedeño，&García，2019；Papeo et al.，2016）。被否定

信息的抑制要经历"抑制—反刍—再抑制"过程。否定对被否定信息的第一阶段的抑制是即时的、无条件的和自动化的；随后的反刍过程受到语境条件的影响，如果语境条件是语用准许的，读者在理解否定句之前已经充分表征了被否定信息，那么就不需要反刍过程，抑制是一步到位的；但如果语境条件是语用不准许的，读者在理解否定时就需要对被否定信息进行充分的表征，即进行反刍，因此，反刍过程是有条件的。最后，实现对否定句的完全加工，对被否定信息进行再次抑制（高志华，鲁忠义，崔新颖，2017）。

其实，抑制理论与转换理论并不矛盾，只是侧重点不同。对于否定的加工或理解过程而言，对被否定信息的抑制与对实际状态的模拟构成了否定加工过程的一体两面，并行不悖。然而，抑制与激活模拟的过程具体如何，抑制与激活到底是命题符号还是具身符号，目前尚无定论。

二、否定的情绪表征

第八章已经从一个新的角度来解释否定的表征问题，将抽象表征的具身理论观点（Kousta et al.，2011；Kousta et al.，2009）借鉴到否定的表征，提出否定的情绪表征假设，认为否定是具身的，个体在习得"否定"的过程中不断地将其所表达的禁止、拒绝、否认或排除等相关的内在的情绪体验与其语音、语气、神态以及所表达的意义联结共同构成"否定"的概念，而这种情绪体验构成了否定具身表征的基础，即否定通过情绪实现具身化。这种情绪性表征中，既有情绪维度，例如，效价与唤醒水平；也有情绪的类别，悲伤、失落或是惊奇与迷惑。在该假设中，否定对情绪效价的影响不再是认知与情绪的交互影响，而被看作是情绪系统中的两种不同效价情绪的互相影响。否定不再被视为认知加工的冷执行（Dolcos，Iordan，& Dolcos，2011），而是兼具有"冷"的认知加工与"热"的情绪加工特点的理想"案例"。

第八章中采用了错误归因范式（AMP）和经典情感启动（BFP）两种情绪启动范式，以中性双音节汉语名词为实验材料，再与"没有"和"有"构成否定短语和肯定短语，以这些短语作为启动项，AMP范式中以中性的俄语词作为目标项，BFP范式中以汉语情绪词为目标项，结果都发现，否定短语比肯定短语启动更高的消极反应概率，由此证明否定本身具有消极情绪。这项研究只是探讨了否定加工中效价的情况，还没有对情绪中的另一个重要维度——情绪唤醒水平进行研究。唤醒水平作为情绪的重要维度，其与效价的"V形"（有研究者称之为"U 形")关系（Kuppens et al.，2016），使得唤醒水平在情绪表征中起着重要作用。因此，本研究的目标就是要考察否定的情绪唤醒水平的表征情况。

三、情绪唤醒水平

情绪的维度理论认为，唤醒水平与效价是情绪的核心成分（Bradley & Lang，1994），二者相互垂直，可以解释情绪刺激评价的大多数变量（Russell，1980）。效价维度从愉快到中性再到不愉快，反映了一个刺激一般意义上的动机显著性。在理论上，效价分类反映了情绪中突显的内容所诱发的（喜爱，威胁的）选择性注意，不愉快刺激会比愉快刺激产生更强烈的情绪效应（Crawford & Cacioppo，2002），即"消极/负性偏向（negativity – bias）"，这可能反映了杏仁核对厌恶信息的优先快速加工（Ledoux，1995）。唤醒水平维度是从高（主动的）到低（或被动的），表达了人们对某一特定刺激准备行动的程度，例如，诱发自主神经反应（Bradley & Lang，2007）或捕捉集中注意（Mather & Sutherland，2011）。理论上，唤醒水平被认为由情绪材料（低、中、高）的注意资源分配决定，刺激的内在动机属性或质量诱发对高唤醒刺激的注意资源的增加（Olofsson，Nordin，Sequeira，& Polich，2008），表现出促进情感事件编码和储存。但是，从目前的文献来看，情绪的效价研究构成了情绪加工研究的主体，对唤醒水平的研究相对较少（Li & Lu，2014），并且对唤醒水平的研究往往与效价研究同时进行，因此，需要从二者关系中厘清唤醒水平的作用。

从主观评价的研究中发现，唤醒水平与效价呈 V 形关系，即在以效价为横轴，唤醒水平为纵轴的平面中，情绪词越积极或越消极往往对应着高唤醒水平，特别是消极情绪词以高唤醒低效价为特点，中性词对应着低唤醒水平（Ito，Cacioppo，& Lang，1998；Ito，Larsen，Smith，& Cacioppo，1998；Kuppens，Tuerlinckx，Russell，& Barrett，2013；Kuppens et al.，2016），并且，效价与唤醒水平之间的这种关系并不是静态的和不变的（Kuppens et al.，2013），受到个人或环境，特别是文化的影响，西方外倾的文化中，V 形趋陡峭，东方内倾的文化中，V 形趋平缓（Kuppens et al.，2016）。

然而，在一些外显的情绪任务（例如，效价类别判断）或内隐的情绪任务（例如，词汇判断任务）中，效价与唤醒水平呈现出复杂的关系。一些研究发现，效价与唤醒水平的作用互相独立，例如，额叶 α 波段振荡在情绪两个维度上有特异性,右侧额叶 α 波段振荡在愉快图片上的能量增强,但对唤醒水平高的图片的能量下降(Weinreich, Stephani, & Schubert, 2016)。其中,效价在情绪加工中更具主导性(Kuperman, Estes, Brysbaert, & Warriner, 2014; Lo, Hung, & Lin, 2016)。但研究也认为效价与唤醒在情绪加工的不同阶段中独立起作用。许多 ERPs 研究都证明,效价的作用出现在较早的脑电成分上(100—250 ms),而唤醒水平则出在较晚的成分上(200—1000 ms)(O'Hare, Atchley, & Young, 2017; Olofsson et al., 2008)。这种效应在被动观看和主动反应的任务中都能观测到,但也有少数研究发现,唤醒水平先于效价起作用(Jhean-Larose, Leveau, & Denhiere, 2014)。在关注情绪词的早期加工的研究中,唤醒水平优先于效价起作用,起着早期预警系统的作用(Recio, Conrad, Hansen, & Jacobs, 2014),也有研究发现效价和唤醒水平在情绪加工上的作用受到任务要求的限制(Citron, Abugaber, & Herbert, 2015; Delaney-Busch, Wilkie, & Kuperberg, 2016),Delaney-Busch 等人发现,在反映持续评价加工的 LPC 这个成分上,语义分类任务中,唤醒水平主效应显著,效价分类任务中,效价效应也显著。

也有很多研究结果支持唤醒水平与效价在情绪加工过程中的交互影响(Herring, White, Jabeen, Song, & Crites, 2015; Kron, Pilkiw, Banaei, Goldstein, & Anderson, 2015; Simola, Le Fevre, Torniainen, & Baccino, 2015; Zhang et al., 2012)。在效价评价中,唤醒水平主效应显著,即低唤醒的图片比高唤醒的更倾向于积极(Postzich, Blask, Frings, & Walther, 2016)。在唤醒水平评价中,效价主效应显著,即消极图片的唤醒水平比积极图片的唤醒水平高。效价-唤醒水平冲突理论(Valence-Arousal Conflict Theory)(Robinson, Storbeck, Meier, & Kirkeby, 2004)则认为,唤醒水平与效价显著的交互作用反映在趋近和回避系统中,高效价和低唤醒水平(PL)与趋近倾向相关,消极效价与高唤醒(NH)和回避倾向相关。这样,积极高唤醒(PH)和消极低唤醒(NL)刺激就会诱发冲突动作倾向。消极高唤醒和积极低唤醒刺激都被优先关注,消极低唤醒和积极高唤醒则不然(Citron et al., 2015; Citron, Gray, Critchley, Weekes, & Ferstl, 2014; Citron, Weekes, & Ferstl, 2014; Simola et al., 2015)。

此外,唤醒水平的研究中也发现了与效价类似的唤醒水平的一致性启动效应,即启动项与目标项在唤醒水平上相符的条件下比不相符条件下表现出更高的正确率与反应时间，高唤醒情绪材料对高唤醒目标情绪材料的启动效应比对低唤醒目标情绪材料的启动效应更显著（Hinojosa，Carretie，Mendez - Bertolo，Miguez，& Pozo，2009），这一结果在阈下唤醒水平启动研究中也得到了复制（Li & Lu，2014）。

四、否定的情绪唤醒水平表征

否定的情绪唤醒水平在头脑中是如何表征的呢？是趋于平静还是激动？是独立于效价还是与效价相互作用呢？

目前，有关否定对情绪唤醒水平的影响研究论文寥寥无几。唯有 Herbert 等（2011）用主观评定的方式考察了否定对情绪词的唤醒水平的影响，结果发现否定使情绪词唤醒水平下降，并且受到效价的调节，否定只影响消极情绪词的唤醒水平，并不影响积极情绪词。这与否定的转换理论的假设并不一致，因为依据转换理论，否定应该使高唤醒变成低唤醒，使低唤醒变成高唤醒。但是，否定的这种下降或下调作用是否定的抑制理论（高志华等，2017）与否定即时加工的证据所能预测的（Alemanno et al.，2012；Foroni & Semin，2013；Tomasino et al.，2010；高志华等，2010）。否定的抑制是要降低否定辖域内信息的激活水平，既然唤醒水平被认为是由刺激的动机质量诱发的注意资源的投注和自主神经系统的反应，那么，否定对情绪唤醒水平的作用也应起着抑制作用，即使高低唤醒水平都下降。这种唤醒水平的下降反映了否定使被否定对象关注度和反应强度的下降，但抑制理论并不能解释否定唤醒水平中效价的调节作用。

而否定的情绪表征假设认为，否定是一种特殊的基于情绪的具身符号，本身具有消极效价。因此，否定对情绪词效价的影响，例如，"no friend"的效价趋于消极，"no disease"的效价趋于中性。既然否定是一种情绪，那么它就不光有效价，还应有唤醒水平，并且否定的唤醒水平必将在否定情绪的加工中起着特定的作用。但是这种唤醒水平的下降绝不是持续性的，否定后情绪的平静是短暂的，因为如果否定是对期望的违反或预期的落空，而已有研究证明，期望违反往往带来强烈的情绪唤醒（Jussim，Coleman，& Lerch，1987），需要更多的认知加工（Stern，Marrs，Millar，& Cole，1984）。也就是否定的同时会带来疑惑，人们会问为什么，会感到紧张，提高了唤醒水平，凝聚注意资源，以解释困惑，寻找可能的原因或新的注意对象。也就是否定的唤醒水平会出现一个先降低后上升的过程，即否定的唤醒水平的表征会受到时间的影响。

本研究试以情绪唤醒水平启动程序为研究工具。实验中对研究中的两种情感启动范式（AMP 与 BFP）进行修改。为了达到本研究的目的，参照（Hinojosa et al.，2009）的实验任务，将原有情感启动范式的实验任务由判断目标项是"愉快"还是"不愉快"的效价类别判断，变成判断目标项是"激动"还是"平静"的唤醒水平类别判断任务，用以考察否定的情绪唤醒水平的心理表征。此外，否定的情绪表征过程中，是否存在情绪效价与唤醒水平的交互作用，这也是本研究试图解决的一个问题。研究试以情绪词和中性词为构建材料，再与"没有/有"构成否定短语或肯定短语，作为启动项；以中性的中等唤醒水平的俄语词或情绪词为目标项，要求被试对目标项的激动水平（唤醒水平）作出"激动"或"平静"的判断。同时，实验中设置了不同的 SOA（200 ms 和 500 ms）以探讨否定的唤醒水平的时间变化。实验中的因变量指标为激动反应概率，即被试对目标项作出激动反应的比率。

第二节　实验 1　否定对情绪词唤醒水平的影响研究

实验 1 以否定/肯定高低唤醒水平情绪词为启动词，采用情感错误归因范式（AMP），以中性中等唤醒水平的俄语词为目标项，探讨否定情绪词对其唤醒水平的影响。

一、否定对情绪词唤醒水平的影响研究方法

（一）被试

随机选取某大学在校大学生 47 人（男生 4 人，女生 43 人），年龄为 $M = 20.35$，$SD = 0.90$。视力或矫正视力正常，母语为汉语，均未学习过俄语，均无任何阅读或识图障碍。所有被试均未参加本实验的材料评定。

（二）实验材料

从王一牛等（2008）编纂的情绪词汇材料库中，筛选低唤醒消极效价、高唤醒消极效价、低唤醒积极效价、高唤醒积极效价的情绪词各 20 个，实验材料的各因素数据详见表 9－1。

表 9－1　实验 1 中实验材料的词频、效价、唤醒水平、优势水平、

熟悉程度与具体－抽象程度（$M \pm SD$）

	消极效价		积极效价	
	低唤醒	高唤醒	低唤醒	高唤醒
效价	4.03 ± 0.51	3.92 ± 0.60	6.41 ± 0.27	6.58 ± 0.30
唤醒水平	4.13 ± 0.35	5.94 ± 0.32	4.12 ± 0.22	5.81 ± 0.24
词频	84.18 ± 81.24	83.66 ± 69.30	80.66 ± 47.00	89.90 ± 57.02
优势水平	5.27 ± 1.09	4.31 ± 0.97	5.86 ± 0.65	5.11 ± 1.03
熟悉程度	4.94 ± 0.72	4.67 ± 0.73	5.70 ± 0.49	5.69 ± 0.69
具体—抽象水平	3.84 ± 0.88	3.96 ± 0.67	3.44 ± 0.72	3.94 ± 0.88

对各维度的值进行方差分析，在效价上，唤醒水平主效应不显著，$F < 1$，效价主效应显著，$F(1, 79) = 645.87$，$p < 0.001$，$\eta_p^2 = 0.90$，交互作用不显著，$F(1, 79) = 1.91$，$p = 0.171$；在唤醒水平上，唤醒水平主效价显著，$F(1, 79) = 721.23$，$p < 0.001$，$\eta_p^2 = 0.91$，效价主效应不显著，$F(1, 79) = 1.26$，$p = 0.266$，交互作用不显著 $F(1, 79) = 0.91$，$p = 0.344$。这表明实验材料的分组基本上达到了实验的要求。

将所有 80 个实验词与"有"和"没有"构成 80 个肯定版本短语与 80 个否定版本短语，按极性将 160 个短语分成 AB 两套，每套 80 个短语，其中 40 个肯定版本，40 个否定版本。40 个积极词，其中 20 个高唤醒词，20 个低唤醒词；40 个消极词，其中 20 个高唤醒词，20 个低唤醒词。每名被试只看到其中一套。

目标项俄语词的唤醒水平评定采用高志华等（2019）使用的 172 个中性俄语词，由 34 名被试从平静到激动 9 点计分给出唤醒水平评分，唤醒水平评分为 4.58 ± 0.33。本实验中选取其中效价从 4.8—5.2，唤醒水平从 4.6—5.32 的 80 个俄语词，效价为 5.00 ± 0.10，唤醒水平为 4.86 ± 0.18。效价和唤醒水平都为中等水平。目标俄语词与实验词的组合固定，这样使每个实验词在肯定与否定条件下进行判断的俄语词是同一个。

（三）实验设计与程序

实验采用三因素被试内实验设计，自变量为启动项的短语极性（否定与肯定）、启动项中情绪词的唤醒水平（高唤醒水平与低唤醒水平）与效价（积极与消极）。

实验过程中给每个被试呈现 80 个实验短语，其中 40 个肯定短语，40 个否定短语；低唤醒消极效价、低唤醒积极效价、高唤醒消极效价与高唤醒积极效价各 20 个。80 个实验试次随机呈现。

实验中，被试坐在电脑前，眼睛与屏幕保持 50—80 cm 的水平距离。实验程序采用 AMP 范式（见图 9－1），屏幕中央首先呈现 500 ms 的注视点"＋"；然后是 200 ms 的白屏；接着呈现启动项，即肯定或否定的汉语双音节名词（例如，"有/没有宠物/阴影"），启动项呈现 200 ms，以 Arial 字体 30 码呈现，字体为红色；紧接着是目标中性俄语词，以 Arial 字体 30 码呈现，呈现时间为 100 ms，最后是 450 像素×450 像素的黑灰掩蔽图片，此时要求被试评价俄语词是"激动"还是"平静"。一半被试的按键反应是：激动按编辑键区的"5"，平静按"a"，另一半被试的按键则相反。同时提醒被试前面的汉语短语只是一个信号，在评价俄语词的激动程度时要尽量避免受到启动短语的影响。试次间的间隔时间从 400 ms 到 800 ms 不等，完成一个试次就进入下一个。每 40 个试次中间可以短暂休息，也可以选择继续实验。左右手反应在被试间进行平衡。整个实验持续大约 7 分钟。实验在惠普台式电脑上完成，使用 E－prime 2.0 实验心理学编程软件完成数据的采集。

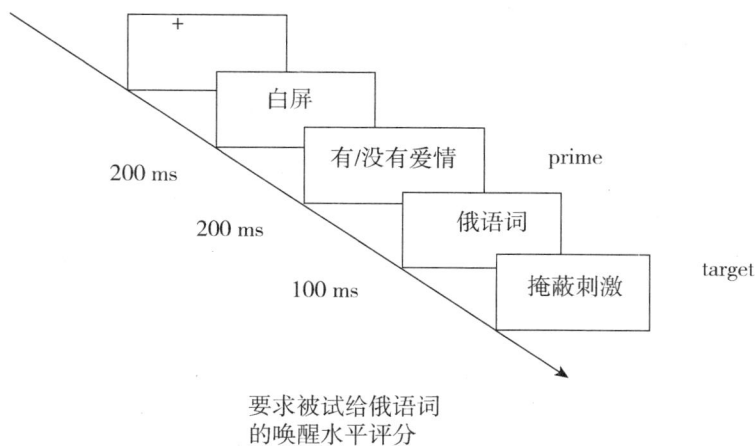

图 9－1 实验 1 的实验程序

二、否定对情绪词唤醒水平的影响结果与分析

依据已有文献（Payne & Lundberg, 2014）对被试数据进行筛选，删除激动

反应中只按"平静键"或"激动键"的被试，删除激动反应频率大于 90% 和小于 10% 的被试，删除 2 人。这样有效被试为 46 人。统计被试判断目标刺激在两种不同的启动条件下的激动反应频率，详见表 9 – 2。

表 9 – 2　实验 1　不同条件下激动反应频率（$M \pm SD$, $N = 46$）

肯定		%	否定		%
消极	低唤醒	39.8 ± 21.1	消极	低唤醒	32.0 ± 17.7
	高唤醒	56.7 ± 20.9		高唤醒	36.3 ± 19.1
积极	低唤醒	43.5 ± 23.6	积极	低唤醒	30.7 ± 21.4
	高唤醒	60.4 ± 23.9		高唤醒	37.8 ± 21.6

对启动短语极性（肯定和否定）、启动情绪词效价（积极和消极）与启动情绪词的唤醒水平（低唤醒和高唤醒）进行重复测量方差分析，结果表明：启动短语的极性主效应显著，否定短语启动的激动反应概率显著低于肯定短语所启动的激动反应概率，$F_1(1, 45) = 38.69$, $p < 0.001$, $\eta_p^2 = 0.46$; $F_2(1, 79) = 19.99$, $p < 0.001$, $\eta_p^2 = 0.21$。启动情绪词的唤醒水平主效应显著，高唤醒水平情绪词所启动的激动反应概率显著高于低唤醒水平情绪词所启动的激动反应概率，$F_1(1, 45) = 41.27$, $p < 0.001$, $\eta_p^2 = 0.48$; $F_2(1, 79) = 27.10$, $p < 0.001$, $\eta_p^2 = 0.26$。启动情绪词的效价主效应不显著，$F_1(1, 45) = 1.24$, $p = 0.272$, $F_2 < 1$; 极性与唤醒水平交互作用被试分析显著，$F_1(1, 45) = 13.83$, $p < 0.01$, $\eta_p^2 = 0.24$, 项目分析不显著，$F_2(1, 79) = 2.11$, $p = 0.151$。根据进一步的简单效应分析发现，否定高低唤醒水平情绪词都较肯定版本启动了更多的平静反应，但否定对高唤醒水平情绪词的下降作用显著高于对低唤醒情绪的作用 [低唤醒：$t_1(45) = 4.43$, $p < 0.001$; $t_2(39) = 2.11$, $p < 0.05$; 高唤醒：$t_1(45) = 6.16$, $p < 0.001$; $t_2(39) = 4.30$, $p < 0.001$]。极性与效价的交互作用不显著，$F_1(1, 45) = 1.24$, $p = 0.271$, $F_s < 1$。效价与唤醒水平交互作用不显著，$F_s < 1$。极性、效价与唤醒水平三者交互作用不显著，$F_s < 1$。总之，否定短语较肯定短语启动了较少的激动反应，更多的平静反应。

三、讨论

实验 1 证明，否定短语比肯定短语启动了更低的激动概率，更多的平静反应；并且否定版本启动的这种平静反应倾向并没有受到所否定的情绪词本身效价的影响，无论是消极情绪词，还是积极情绪词其唤醒水平都会因否定而下降；但却受到所否定的情绪词本身的唤醒水平的影响，否定对高唤醒情绪词的作用大于对低唤醒水平情绪词的作用。这些与否定的转换理论不一致。而且，特别是这种否定的下降效应不受效价影响的结果与 Hebert 等人研究（2011）的结果并不一致。这可能与两项研究采用了不同的研究方法有关。

本实验中采用的实验启动材料是效价分明的情绪词，证明了否定会对情绪唤醒水平产生下调的作用，而否定之所以具有这种下调作用，更可能是因为其本身也具有情绪唤醒水平。但是，还不能据此得出否定本身具有情绪唤醒水平的结论，这是因为实验中使用的启动词本身就是情绪词，不能排除情绪词本身唤醒水平在其中的作用。因此，在实验 2 中采用汉语中性双音节名词为实验材料，以排除情绪词的情绪属性影响。此外，因为实验 1 中的情绪词的唤醒水平普遍偏高，这就存在着量程效应，很可能因为被否定的情绪词本身的唤醒水平过高才导致其在否定后表现出倾向于平静的反应。为此，实验 2 中将原本的中性名词再划分为高低唤醒水平两组，来探讨否定中性高低唤醒水平名词是否仍会有下调效应发生。

实验 1 证明了否定对唤醒水平的即时作用，即实验中的 SOA 控制在 200 ms，但否定的唤醒水平是否会随着时间延长而有所变化尚不清楚，为此，实验 2 要探讨随着时间的延长，否定的唤醒水平是否会上升。为此增加一组 SOA 延长到 500 ms 的长时间间隔的组，探讨否定的唤醒水平是否会随着时间延长有所变化。

第三节　实验 2　错误归因范式下否定的情绪唤醒水平表征

实验 2 中采用汉语中性双音节名词为实验材料，并将其划分为高低唤醒水平两组，仍采取与实验 1 相同的目标项和实验范式，探讨否定中性词是否也会诱发唤醒水平的下降。

一、情绪唤醒水平表征研究方法

（一）被试

随机选取某大学在校大学生 93 人（男生 41 人，女生 50 人），年龄为 $M=$ 19.20，$SD=1.19$。视力或矫正视力正常，母语为汉语，均未学习过俄语；左利手 2 人，右利手 91 人。所有被试都没有任何阅读或识图障碍，所有被试均未参加过本实验的材料评定。

（二）实验材料

从所建立的中性汉语双音节名词库中筛选出，唤醒水平从 3.3—4.15 作为低唤醒水平组共 40 个，唤醒水平从 4.62—5.75 作为高唤醒水平组共 40 个，实验材料的各因素数据详见表 9-3。

表 9-3　实验 2 的实验材料的词频、效价、唤醒水平、优势水平、
熟悉程度与具体-抽象程度（$M \pm SD$）

分组	词频	效价	唤醒水平	优势水平	熟悉程度	具体—抽象水平
低唤醒	102.99 ± 101.25	4.74 ± 0.269	3.97 ± 0.231	4.95 ± 0.468	5.36 ± 0.796	3.86 ± 0.633
高唤醒	105.90 ± 107.55	4.78 ± 0.171	4.84 ± 0.234	4.85 ± 0.572	5.09 ± 0.82	3.88 ± 0.582

对各维度的值进行方差分析，中性词只在唤醒水平上达到显著水平 $F=$ 281.41，$p<0.001$，$\eta_p^2=0.78$，在词频、效价、优势水平、熟悉程度与具体—抽象水平上都没有达到显著水平（$F_s>1$）。这表明两组材料的差异只表现在唤醒水平上，其他方面两组材料同质，实验材料符合本实验的使用要求。

将所有 80 个实验词与"有"和"没有"构成 80 个肯定版本短语与 80 个否定版本短语，按极性将 160 个短语分成 AB 两套，每套 80 个短语，其中 40 个肯定版本，40 个否定版本；40 个低唤醒水平，40 个高唤醒词。每名被试只看到其中一套。

目标项俄语词的唤醒水平评定采用实验 1 中相同的 80 个俄语词，目标俄语词与实验词的组合固定，这样使每个实验词在肯定与否定条件下进行判断的俄语词是同一个。

（三） 实验设计与程序

实验采用三因素被试混合实验设计，其中短语极性（否定与肯定）与唤醒水平（低唤醒与高唤醒）被试内变量，SOA 分组（200 ms 与 500 ms）为被试间变量。

实验过程中给每个被试呈现 80 个实验短语，其中 40 个肯定短语，40 个否定短语；低唤醒与高唤醒各 40 个。80 个实验试次随机呈现。

实验程序同实验 1。

二、情绪唤醒水平表征结果与分析

依据已有文献删除激动反应高于 90% 和低于 10% 的被试，11 名被试被删除，删除数据占 11.8%。统计被试判断目标刺激在不同的启动条件下的激动反应频率见下表 9 - 4。

表 9 - 4　实验 2　不同条件下激动反应频率（$M \pm SD$）

	0ms（$N = 40$）		300ms（$N = 42$）	
	肯定（%）	否定（%）	肯定（%）	否定（%）
低唤醒	40.9 ± 22.9	36.8 ± 23.3	41.4 ± 20.5	33.0 ± 18.9
高唤醒	49.0 ± 21.1	38.9 ± 23.6	46.9 ± 18.0	38.8 ± 21.7

进行启动短语极性（肯定和否定）、唤醒水平与 SOA 条件进行的重复测量方差分析，结果表明，启动短语的极性主效应显著，否定短语比肯定短语启动较少的激动反应，更多的平静反应，F_1（1，81）= 16.31，$p < 0.001$，η_p^2 = 0.17；F_2（1，79）= 34.56，$p < 0.001$，$\eta_p^2 = 0.31$。启动项的唤醒水平主效应显著，高唤醒水平中性词构成的短语比低唤醒水平启动更多的激动反应，F_1（1，81）= 15.92，$p < 0.001$，$\eta_p^2 = 0.17$；F_2（1，79）= 15.97，$p < 0.001$，$\eta_p^2 = 0.17$；SOA 主效应不显著，$P_s > 0.05$；短语句式与唤醒水平、短语极性与 SOA 条件、唤醒水平与 SOA 条件两两交互作用以及三者交互作用均不显著，$P_s > 0.05$。

三、讨论

实验 2 的结果表明，否定中性词比肯定中性词启动了更多的平静反应。国内研究者采用阈下的情绪面孔为启动刺激，控制高中低三种唤醒水平，以中性模糊的面孔为目标项，研究结果发现显著的阈下唤醒水平的启动效应，即高唤醒水平启动对中性材料的高唤醒评分，低唤醒水平启动对其的低唤醒评分（吕勇，李甜甜，2014）。这与实验的研究假设是一致的，否定具有低唤醒水平，否定短语较肯定短语启动更多的低唤醒反应，即平静反应。本实验中所使用的中性词的唤醒水平都处于中等唤醒水平，被人为地分为高低两个唤醒水平，结果发现这种高低唤醒水平的实验操作是有效的，反映在激动反应上，高唤醒水平组显著高于低唤醒水平组。但是极性与唤醒水平之间没有交互作用，否定高低唤醒水平的中性词所启动的都是更多的平静反应，也就是说，对于唤醒水平极低的中性词，否定后其唤醒水平仍然表现为下降。这进一步表明，平静的唤醒水平是否定的属性，否定以低唤醒水平进行表征。实验 2 中否定所启动的平静反应在两种 SOA 条件下并无差异，表现出不随 SOA 的变化而变化，具有一定的时间稳定性。

已有研究中发现，与效价的一致效应相类似的，唤醒水平在启动作用中也会表现出一致性效应，即高唤醒情绪材料会促进高唤醒情绪材料的加工（Hinojosa et al.，2009），那么，否定的唤醒水平是否也存在这种唤醒水平一致的优势效应呢，即对应于本研究中，否定短语如果以低唤醒进行表征，那么它是否会促进低唤醒水平情绪材料的加工呢？想要探讨这个问题，实验中的目标材料要具有高低唤醒水平，而实验 1 与实验 2 中所采用的中性模糊的俄语词不能实现这一实验目的。为此实验 3 中目标项换成具有高低唤醒水平的情绪词，又考虑到效价可能会影响情绪词的唤醒水平判断，实验 3 中的目标项是具有高低唤醒水平的积极和消极汉语情绪词，实验任务要求被试判断目标词的唤醒水平是"激动"还是"平静"，即实验 3 中将经典情绪范式（BFP）应用于唤醒水平研究。实验 3 仍设置两种 SOA，即启动项与目标项的时间间隔（SOA）为 200 ms 和 500 ms，探讨否定的唤醒水平是否会随着时间的延长而有所上升。

第四节　实验 3　否定的唤醒水平表征的时间稳定性

实验 3 的目的一是要证明否定的唤醒水平是否与目标项的唤醒水平存在一致性效应，即否定短语会促进对低唤醒水平情绪词的唤醒水平类别判断，表现否定短语较肯定短语启动对低唤醒水平情绪词更多的平静反应；否定短语会干扰对高唤醒水平情绪的唤醒水平类别判断，表现为否定短语较肯定短语较少启动激动反应，较多启动平静反应。目的二是这种一致性效应是否会随着时间延长而有所改变，在 SOA 为 500 ms 时，否定短语启动更多的激动反应。因此以否定和肯定中性中等唤醒水平的汉语双音节名词为启动材料，在高低唤醒水平的积极/消极情绪词为目标项，采取经典情感启动范式（BFP），探讨否定的唤醒水平表征。

一、时间稳定性研究方法

（一）被试

实验3随机选取某大学在校大学生80人（男生32人，女生48人），年龄为 $M = 19.24$，$SD = 0.987$。其中 SOA = 200 ms 条件下40人，SOA = 500 ms 条件下40人。所有被试视力或矫正视力正常，母语为汉语，均没有任何阅读或识图障碍；5人自我报告左利手，75人右利手。所有被试均未参加过本实验的材料评定。

（二）实验材料

从所建立的汉语中性双音节名词库中，抽取中等唤醒水平的中性词80个作为启动词，与"没有"与"有"构成否定/肯定中性词的短语作为启动项。中性词的各维度指数见表9-5。启动材料同实验2，目标材料为实验1的启动情绪词。

表9-5　实验3的实验材料的词频、效价、唤醒水平、优势水平、熟悉
程度与具体-抽象程度（$M \pm SD$）

	词频	效价	唤醒水平	优势水平	熟悉程度	具体—抽象水平
中性词	136.63 ± 141.13	4.96 ± 0.22	4.77 ± 0.15	5.00 ± 0.64	5.31 ± 0.97	3.97 ± 0.55

将所有80个启动词与"有"和"没有"构成80个肯定版本短语与80个否定版本短语。将160个短语分为两套，每套80个短语，其中40个肯定版本，40个否定版本。每套启动短语与80个目标词构成实验材料，每套中目标词包括：40个积极词，其中20个高唤醒词，20个低唤醒词；40个消极词，其中20个高唤醒词，20个低唤醒词。每名被试只看到其中一套。

（三）实验设计与程序

实验采用四因素被试内实验设计，自变量为启动短语极性（否定与肯定）、目标词的效价（积极与消极）、目标词的唤醒水平（低唤醒与高唤醒）与 SOA（0 ms 和 300 ms）。

实验过程中给每个被试呈现 80 个启动短语，其中 40 个肯定短语，40 个否定短语；80 个目标词，其中低唤醒消极效价、低唤醒积极效价、高唤醒消极效价与高唤醒积极效价各 20 个。80 个启动 - 目标随机呈现。

实验中，被试坐在电脑前，眼睛与屏幕保持 50—80 cm 的水平距离。实验程序采用经典情感启动范式，屏幕中央首先呈现 500 ms 的注视点 "＋"；然后是 200 ms 的白屏；接着启动项呈现 200 ms，以 Arial 字体 30 码呈现，字体为红色；SOA 为 0 ms 时，启动项后面紧接着是目标词；SOA 为 300 ms 时，启动项后 300 ms 的白屏后才呈现目标词。目标词为汉语的积极/消极的高唤醒/低唤醒名词，以黑体 Arial 字体 50 码呈现，字体为蓝色，此时要求被试评价目标汉语词的激动程度，被试反应后目标词消失。一半被试的按键反应是：认为它是激动的按编辑键区的 "5"，平静的按 "a"，另一半被试的按键则相反。同时提醒被试前面的汉语短语只是一个信号，在评价词语的激动程度时要尽量避免受到启动短语的影响。实验中被试先完成 20 个试次的练习，正式实验中，试次中间没有间隔时间，完成一个试次就进入下一个。每 40 个试次中间可以短暂休息，或选择继续实验。SOA = 0 ms 条件下，实验持续大约 7 分钟；SOA = 300 ms 条件下，持续大约 10 分钟。

二、时间稳定性结果与分析

删除激动反应频率大于 90% 和小于 10% 的被试，SOA = 0 ms 条件下删除掉 2 人，有效被试 38 人；SOA = 300 ms 保留所有被试。这样统计被试判断目标刺激在两种不同的启动条件下的激动反应概率，见表 9 - 6。

表 9 - 6　实验 3　不同条件下激动反应频率（%，$M \pm SD$，$N = 38/40$）

SOA：200 ms		肯定	否定	SOA：500 ms		肯定	否定
消极	低唤醒	35.3 ± 23.7	32.6 ± 26.7	消极	低唤醒	32.5 ± 20.6	34.5 ± 23.0
	高唤醒	51.6 ± 24.7	44.7 ± 23.9		高唤醒	55.0 ± 21.8	50.8 ± 27.3
积极	低唤醒	41.1 ± 26.1	37.4 ± 28.2	积极	低唤醒	29.5 ± 26.5	32.5 ± 25.0
	高唤醒	47.6 ± 23.5	47.1 ± 22.2		高唤醒	49.5 ± 26.1	39.0 ± 27.3

　　将两种 SOA 条件下的激动反应概率进行分析重复测量方差分析，其中被试分析中，启动短语极性、目标词效价与目标词的唤醒水平为组内变量，SOA 为组间变量；项目分析中，启动短语极性与 ISI 为组内变量，目标词效价与目标词的唤醒水平为组间变量。结果表明，启动短语的极性主效应显著，F_1（1，77）= 4.12，$p < 0.05$，$\eta_p^2 = 0.05$；F_2（1，79）= 6.82，$p < 0.05$，$\eta_p^2 = 0.08$。目标词唤醒水平主效应显著，F_1（1，77）= 48.17，$p < 0.001$，$\eta_p^2 = 0.39$；F_2（1，79）= 60.33，$p < 0.001$，$\eta_p^2 = 0.44$。目标词效价主效应与 SOA 主效应均不显著，$p_s > 0.05$。极性与唤醒水平的交互作用显著，F_1（1，77）= 4.57，$p < 0.05$，$\eta_p^2 = 0.06$；F_2（1，79）= 3.77，$p = 0.056$，$\eta_p^2 = 0.05$。效价与唤醒水平交互作用显著，F_1（1，77）= 6.58，$p < 0.05$，$\eta_p^2 = 0.08$；F_2（1，79）= 3.50，$p = 0.065$，$\eta_p^2 = 0.04$。效价与时间的交互作用被试分析临近显著，F_1（1，77）= 3.16，$p = 0.079$，项目分析显著，F_2（1，79）= 7.59，$p < 0.01$，$\eta_p^2 = 0.09$。唤醒水平与时间的交互作用不显著，$F_s < 1$，项目分析显著，F_2（1，79）= 5.07，$p < 0.05$，$\eta_p^2 = 0.06$。极性与时间的交互作用以及极性与效价交互作用均不显著，$p_s > 0.05$。极性、唤醒水平与时间的交互作用临近显著，F_1（1，77）= 3.69，$p = 0.058$，$\eta_p^2 = 0.05$；F_2（1，79）= 3.87，$p = 0.053$，$\eta_p^2 = 0.05$。极性、效价和唤醒水平三者交互作用、极性、效价与时间的交互作用以及极性、效价、唤醒水平与时间四者交互作用均不显著，$p_s > 0.05$。

　　因为本实验的目的之一就是要探讨极性、唤醒水平与时间之间的关系，因此，对三者的交互作用再作简单交互作用分析，发现 SOA = 200 ms 条件下，极性与唤醒水平的交互作用不显著，$F_s < 1$。SOA = 500 ms 条件下，交互作用显著，F_1（1，39）= 7.15，$p < 0.05$，$\eta_p^2 = 0.16$；F_2（1，79）= 8.47，$p < 0.01$，$\eta_p^2 = 0.10$。根据更进一步的简单效应分析，结果发现，低唤醒水平中，否定启动条件下目标项激动水平判断的频率比肯定启动虽然有所上升，但未达到显著水平 t_1（39）= −1.13，$p = 0.267$；t_2（39）= −0.81，$p = 0.43$。高唤醒水平中，否定启动条件下目标项激动水平判断的频率比肯定启动明显下降，达到了显著水平 t_1（39）= 2.64，$p < 0.05$；t_2（39）= 3.32，$p < 0.05$。

　　对效价与唤醒水平的交互作用进行简单效应分析，结果发现，对低唤醒水平情绪词的判断中，消极情绪词与积极情绪词的激动水平判断无显著差异，t_1（77）= −0.49，$p = 0.627$；t_2（39）= −0.48，$p = 0.631$。对高唤醒水平情绪词的判断中，消极情绪词比积极情绪词更倾向于被判断为激动，t_1（77）=

$2.00，p < 0.05；t_2（39）= 2.01，p = 0.051$。

三、讨论

本实验的结果表明，否定中等唤醒水平的中性词比其肯定版本所启动的激动反应概率要低，否定短语比肯定短语启动更多的平静反应，否定启动使低唤醒目标词的判断更倾向于平静，起促进作用，使高唤醒目标词的激动反应下降，起干扰作用，这验证了本实验的第一个假设，即否定的平静表征与目标项的情绪唤醒水平之间表现出唤醒水平的一致性效应。这表明，在反应干扰的经典情绪启动范式（BFP）中仍然探测到否定启动的平静反应倾向，进一步证明否定以平静的唤醒水平进行表征。

实验 3 中发现了否定的唤醒水平表征受到时间的调节，SOA = 200 ms 时，否定的启动效应不显著，而 SOA = 500 ms 时，否定的启动效应表现出对高唤醒目标词的干扰作用，对低唤醒水平目标词的促进作用的消失，这意味着否定的启动效应随着加工时间的延长而有所变化。吕勇与李甜甜（2014）研究中发现，对于阈下唤醒水平启动效应会在 SOA 长于 700 ms 时会消失，但本实验中否定的启动效应只在对低唤醒水平目标词上消失，高唤醒目标词上仍保持着启动作用，因此，是不能用唤醒水平启动效应消失来进行解释的。那么就只能有一种解释，就是否定的唤醒水平启动在 SOA = 200 ms 与 SOA = 500 ms 之间时发生了变化，SOA = 500 ms 时，否定的唤醒水平有所上升，达到低唤醒水平情绪词基本相当的水平，对低唤醒目标词的唤醒水平判断与肯定启动无差异，而对高唤醒水平情绪词仍表现出干扰作用。

实验 3 的结果还发现，目标项的效价与唤醒水平的交互作用，在唤醒水平判断中，情绪词自身的效价确实会影响对其唤醒水平的判断，人们倾向于把高唤醒水平的消极词的唤醒水平判断为激动，这与效价—唤醒水平冲突理论（Robinson et al.，2004）的预测是一致的。但这与否定的唤醒水平表征没有直接关联，即目标词效价并不影响否定的唤醒水平表征。

第五节　综合讨论

本研究用三个实验初步证明了否定以平静的唤醒水平进行表征。实验 1 采取情感错误归因范式（AMP），以高/低唤醒水平的积极/消极情绪词为基础，加上否定词构成肯定和否定两种短语作为启动项，以中等唤醒水平的中性俄语词为目标项，结果发现，否定短语比肯定短语启动了更多的平静反应。实验 2 仍采取 AMP 范式，以中性词构成的肯定和否定短语为启动项，俄语词为目标项，采取两种 SOA 条件（200 ms 和 500 ms），结果发现，两种 SOA 条件下否定中性词比肯定中性词启动更多的平静反应，即使唤醒水平极低的条件下，仍表现出这种倾向，这表明，否定以平静的唤醒水平进行表征。实验 3 中，采取 BFP 范式，肯定和否定的中等唤醒水平的中性词为启动项，以高低唤醒水平的情绪词为目标项，仍采取两种 SOA 条件（200 ms 和 500 ms），结果发现，否定版本比肯定版本在 SOA = 0 ms 时启动的激动反应无差异，但在 SOA = 500 ms 时，否定版本比肯定版本启动对高唤醒目标词的更多的平静反应，但对低唤醒目标词没有显著差异。

一、否定的"平静"的唤醒水平情绪表征

在实验 1 和实验 2 中，无论是否定情绪词还是否定中性词都使被试作出了更多的平静反应，并且无论启动短语中否定的是情绪词还是中性词，否定的词语的唤醒水平是高还是低，即使是极低，否定版本比肯定版本仍然启动了更多平静反应，并且唤醒水平越高，唤醒水平下降的作用越显著，且不随着时间延长而变化。在实验 3 的 BFP 范式中尽管在 SOA = 200 ms 条件下，肯定版本与否定版本的启动效应无显著差异，但在 SOA = 500 ms 条件下，否定仍启动了对高唤醒水平词更多的平静反应。即本研究的三个实验，从不同启动材料到不同研究范式都一致性证明，否定以平静的唤醒水平进行情绪表征，体现了否定的情绪表征的唤醒水平维度的特征。

这一结果与否定的转换理论并不相符。从实验 1 到实验 3，探测到的都是否定所带来的唤醒水平下降，并且这种下降的趋势，并未受到被否定信息自身的效价影响；并且实验 1 和实验 2 的结果中，否定高唤醒水平与否定低唤醒水平同样启动更多平静反应，这种趋势也是一致的。在以往的否定研究中，无论否定语义信息（Nieuwland & Kuperberg，2008），还是否定情绪效价（Herbert et al.，2011）都表现在否定短语的意义向被否定信息对立面的转换，即否定的转换理论。按这一理论，否定高唤醒水平的材料将向低唤醒转换，而否定低唤醒将向高唤醒转换。显然，本实验结果与否定的转换理论的预测并不一致。这一结果提示，第一，否定的转换理论的解释上存在局限性，至少在否定唤醒水平

上，该理论并不具解释力；第二，否定唤醒水平在本质上与语义信息甚至情绪效价不同，它可能反映了有机体的准备状态与注意力水平，并不存在所谓逻辑上的真假值，因此，并未出现唤醒水平的转换。

但这与否定的抑制理论的基本观点，即否定使被否定信息的激活水平下降是一致的（Beltrán et al.，2018；de Vega et al.，2016；García - Marco，Morera，Beltrán，de Vega，Herrera，Sedeño，Ibáñez，et al.，2019；Papeo et al.，2016）。否定的抑制理论认为，否定对被否定内容的抑制是无条件的和即时的。情绪的唤醒水平反映了人们对某一特定刺激准备行动的程度，例如，面对恐惧刺激时有机体会出现肌肉紧绷、瞳孔放大、注意聚焦等现象。否定对唤醒水平的抑制作用就体现在要降低有机体的这种准备程度，使之放松下来。值得注意的是，实验 2 中，使用的材料是中性词，其唤醒水平普遍低于情绪词，再将中性词分成唤醒水平高低两组，发现即使是低唤醒水平的中性词，其否定版本的唤醒水平仍低于肯定版本，这表明否定对唤醒水平的抑制就像抑制理论所预测的，是无条件的，对高低唤醒水平的作用都是下降。这反映出词语的唤醒水平表征可能与激活水平之间存在着内在的联系，但这需要进一步的研究。

然而，否定的情绪表征假设能够给予本实验结果更好的解释。否定的情绪表征假设是一种具身理论，否定的表征与个体不断积累的与期望违反的（Jordan，1998）或"执行过程受挫"（Zwaan，2008）相关的内部的感受，主要是情绪相关，即否定通过情绪表征实现具身化，研究中已经证实，否定通过消极情绪进行表征。本研究的结果表明，否定在唤醒水平表征上以"平静"进行表征，即否定的唤醒水平是平静的或下调激动程度。本研究所有实验中的任务判断目标词的唤醒水平是"激动"还是"平静"，并且以激动反应概率作为因变量指标。实验 1 到实验 3 的实验中都一致表明，否定短语比肯定短语启动更多的对目标项的平静反应。实验 1 中否定使情绪词的唤醒水平下降且不受其情绪的效价影响，只受情绪词唤醒水平的影响，否定的这种作用很可能正反映了否定自身的唤醒水平即为平静倾向；实验 2 将启动项换为否定或肯定高低唤醒水平的中性词后，仍发现了否定的这种平静倾向，这说明否定的这种倾向并不是基于情绪词的相对较高的唤醒水平的，即使对于低唤醒水平的中性词，否定的这一属性仍然存在，这进一步表明平静倾向并不是否定对其所否定内容的作用，而是否定本身的一种属性，即否定以平静的唤醒水平进行表征。实验 3 中，将目标项换成具有高低唤醒水平的积极情绪词或消极情绪，否定启动这种平静反应倾向仍然存在，这说明否定的平静表征在不同的范式中都保持稳定性。具体说来，否定意味着将原有的激动水平向下调整，使有机体回到放松平静的状态。例如，"没有毒蛇"带来放松，"没有奖金"带来消沉。否定正是以这种平静状态来进行表征的，从而实现唤醒水平的具身化。

否定的唤醒水平表征如何与前面的研究——已经证明否定以消极效价表征的结果统一而成否定的情绪表征的呢？尽管已有研究较一致地认为，唤醒水平与效价的 V 形关系，即消极材料与积极材料都处于"V"的坡顶，具有高唤醒水平，而中性材料处于坡底，具有低唤醒水平（Ito，Cacioppo，et al.，1998）。否定的偏消极的效价与平静唤醒水平的组合，构成了否定的具身情绪表征，这是符合具身认知的假设。正如 Zwaan（2008）所提出的，否定的获得过程中往往与"执行受挫"相联系。例如，父亲告诉儿子"不许养狗"，这对于儿子而言，除了会带来失望的消极情绪，还将会降低对与"养狗"有关的准备状态，例如，准备狗粮等。与之相对应的，否定的理解过程就是重演与否定所指代的情境相关联的内在体验（Meteyard et al.，2012），因此，在否定的加工过程中，否定的消极效价平静唤醒的情绪表征得以自动激活，否定通过情绪表征实现具身化。

否定的平静唤醒水平表征，为解释否定积极情绪词与否定消极情绪词结果上的不对称性提供了更为合理的解释。Herbert 等（2011）的研究中发现，否定积极词被评定为消极，否定消极词则被评定为稍显积极，而肌电测量中也发现了相似的结果，只是否定消极词肌电反应与中性词更接近。否定的情绪表征的解释是，否定的平静唤醒水平倾向使其所否定情绪词（例如，"no party/snake"）的唤醒水平下降，并且情绪词的唤醒水平越高，否定后其唤醒水平下降幅度越大，而往往消极情绪词的唤醒水平高于积极情绪词，因此，通常情况下否定会使消极情绪词的唤醒水平下降幅度更大；同时，否定的消极情绪使否定积极情绪词由积极的一端转移到消极的一端，使否定消极情绪词的效价仍然更多情况下停留在消极效价（例如，Deutsch 等实验 2 与实验 3）；而因为否定唤醒水平使消极情绪词的唤醒水平下降幅度大于积极情绪词，又鉴于效价与唤醒水平整体上的 V 形关系，最终导致否定积极词被评定为消极，否定消极词则倾向于中性，表现出否定情绪词的不对称性。这是否定的唤醒水平与效价共同作用的结果。

二、否定的唤醒水平表征的时间特征

实验 2 的 AMP 范式中设置了两个时间探测点，即 SOA 分别为 200 ms 和 500 ms，结果并没有探测到时间在否定对唤醒水平影响上的显著影响，即在启动的否定短语或肯定短语呈现 200 ms 后判断目标俄语词的唤醒水平高低与 500 ms 后判断结果是一致的，都是否定版本比肯定版本启动更多的平静反应。这说明否定的唤醒水平在否定加工开始后 200 ms 到 500 ms 之间都保持着平静的状态，这与否定的唤醒水平表征的先抑制再上升的假设并不相符，否定的平静表征至少可以持续到加工的 500 ms。国内的阈下唤醒水平启动研究中，得到了与此相近的结果，唤醒水平启动在时间间隔为 300 ms 时达到最高，其后会减弱（吕勇，李甜甜，2014）。也就是说，否定的唤醒水平启动作用与情绪唤醒面孔的作用一致，存在一定的时间稳定性。

实验 3 的 BFP 范式中同样也设置了 SOA 为 200 ms 和 500 ms 两个探测点，与实验 2 不同的是探测到极性、时间与唤醒水平的交互作用。否定短语较肯定短语只在 500 ms 时对高唤醒水平的情绪词的唤醒水平判断有下调作用，并且只对高唤醒水平的目标词有作用。这一结果与实验 2 的结果不同，SOA = 200 ms 时并未探测到显著的否定效应，这可能与两个实验所使用的范式不同有关。实验 2 中的 AMP 范式因为目标项是模糊的中性俄语词，使启动项得到更多的非注意加工，否定的启动效应更为突出；而实验 3 采取了 BFP 范式，唤醒水平判断更多依据目标项自身的唤醒水平，以抗拒启动项的干扰，启动项的加工受到更多的限制，在相对较短的加工时间内，启动项否定短语的唤醒水平启动效应未达到显著水平，但随着加工时间的延长，否定的启动效应才逐步显现出来。BFP 范式中，否定启动效应的滞后很可能反映了加工时间的延长对加工资源限制的弥补作用，这与以往研究结果相一致（张丽华，徐微，白学军，2010）。

实验 2 和实验 3 的结果表明，否定的平静唤醒水平表征并没有随着时间的延长而表现出上升的趋势，至少在 200 ms 到 500 ms 之间一直处于低唤醒状态。从唤醒状态与注意资源分配的角度看，本研究结果与以往的研究（Herbert et al.，2011；Kaup et al.，2007）有所不同。分析其原因，可能有两方面。一方面是时间，实验 3 中 SOA = 500 ms 时，在平均激动反应概率上低唤醒水平的否定短语高于肯定短语，但并未达到显著。这是否意味着随着时间的延长，否定的情绪唤醒水平有所上升呢？也许 SOA 再延长可以更好地预测这种趋势。但已有研究表明启动效应会随着 SOA 的延长而逐步消失（吕勇，李甜甜，2014）。另一方面是任务要求，因为本研究采用的是启动范式，启动项与目标项之间不存在语义上的联系，当要求被试忽略启动项时，实际上是要求被试抑制对启动项的反应，这可能也使在唤醒水平的判断中，更倾向于平静而不是激动的判断。因此，唤醒水平与时间的关系，还需要更加系统的探讨，具有良好时间分辨率的 ERP 研究将有助于这个问题的探讨。

三、否定的唤醒水平判断中效价的作用

本研究发现，否定积极词、消极词和中性词都诱发了较低的唤醒水平判断，这不受被否定词语效价的影响，表明否定的唤醒水平的表征是相对独立的。否定的唤醒水平以平静方式进行表征，当否定情绪词时，否定所构成的短语，例如，"没有灾难"或"没有奖金"的整体唤醒水平趋于平静而非激动，这与 Herbert 等（2011）不一致。Herbert 等（2011）研究采用的是主观评价法，判断否定情绪词的唤醒水平，得出了否定情绪词会受到效价调节。两项研究结果的差异是来自评价方法的差异，还是加工时间的差别，这需要进一步的实验证实。

此外，实验 3 的 BFP 实验范式中，发现了目标词效价与唤醒水平在唤醒水平评价中的交互作用，这与情绪图片（Kron et al.，2015）、情绪词识别（Citron，Weekes，et al.，2014）任务中的结果一致，也基本符合效价—唤醒水平冲突理论（Robinson et al.，2004）的预测，但这是目标项自身的效价与唤醒水平之间的相互影响，而与启动项无关，即启动范式中目标词自身的效价与否定本身的唤醒水平表征无关。

第六节　结论

通过三个唤醒水平启动实验，本研究得出三个结论：

一是否定以平静唤醒水平进行表征，或者说，否定通过平静唤醒水平实现具身化。

二是否定的平静唤醒水平表征具有时间特征，在时间间隔 300ms 时得到增强。

三是否定的平静唤醒水平表征，不受否定的情绪词的效价影响。

参考文献

陈安娜，陈巍. 杜威反射弧概念中的具身认知思想 [J]. 心理科学，2013，36 (1)，251 - 255.

陈波，陈巍，张静，袁逖飞. "镜像" 的内涵与外延：围绕镜像神经元的争议 [J]. 心理科学进展，2015，23 (3)，405 - 418.

陈建翔，陈建森. 由镜像神经元的发现引发的家庭教育变革 [J]. 教育理论与实践，2012 (7)，3 - 7.

陈乐乐. 具身教育课程的内涵、理论基础和实践路向 [J]. 课程·教材·教法，2016 (10)，11 - 18.

陈丽竹，叶浩生. "重" 即 "重要"？重量隐喻的具身视角 [J]. 心理研究，2017，10 (4)，3 - 8.

陈巍，陈波，丁峻. 第一代认知科学五十年：离身谬误与危机根源 [J]. 山东师范大学学报（人文社会科学版），2010，55 (4)，46 - 50.

陈巍，陈喜丹. 镜像神经元系统的个体发生学及其学前教育意蕴 [J]. 学前教育研究，2015 (4)，3 - 8.

陈武英，刘连启. 模仿：心理学的研究述评 [J]. 心理科学进展，2013，21 (10)，1833 - 1843.

陈广耀，吴洺仪，魏小平，周苗，何先友，莫雷. 状态不确定独立否定句的加工机制 [J]. 心理学报，2014a，46 (2)，204 - 215.

陈广耀，张维，陈庆，赵雪汝，何先友. 类别型状态不确定独立否定句的加工机制：来自眼动实验的证据 [J]. 心理学报，2014b，46 (2)，1426 - 1441.

陈广耀，陈颖心，邓玉梅，何先友. 结果不确定离散型否定句加工机制：锚激活与限制满足模型的修正与补充 [J]. 心理科学，2016，39 (5)，1064 -

1070.

陈广耀，何先友，刘涛．强弱语义语境下的否定句加工机制［J］．心理学报，2018，50（2），186－196.

陈鹤．比较德语和汉语中否定词的位置［J］．中国校外教育：理论，2010（14），105－106.

崔如霞，高志华，唐艺琳，何皓璠，鲁忠义．汉语确定性无界否定句模拟加工的时间进程［J］．心理学报，2010，48（6），607－616.

崔中良，王慧莉．具身式商务英语教学理念、模式及其实践［J］．广东外语外贸大学学报，2017，28（5），118－123.

董芬，彭亮．小学语文阅读教学中具身性教学策略初探［J］．江苏教育，2016（41），18－20.

丁凤琴，王喜梅，刘钊．道德概念净脏隐喻及其对道德判断的影响［J］．心理发展与教育，2017，33（6），666－674.

杜萍．否定句类型对否定加工的影响以及否定的情绪效应［D］．硕士学位论文，西南大学，2014.

傅育红，莫兰，李月玲．镜像疗法结合感觉再教育训练对足趾移植再造拇指术后复合感觉的效果［J］．中国康复理论与实践，2016，22（7），852－854.

高志华，鲁忠义，崔新颖．否定加工的机制到底是什么？——否定加工的心理学理论述评［J］．心理科学进展，2017，25（3）：413－423.

高志华，鲁忠义，马红霞．汉语简单否定陈述句理解的心理模拟过程［J］．心理学报，2011，43（12），1380－1387.

高志华，仝宇光．浸入式经历者框架——一种语言理解体验观［J］．河北农业大学学报（农林教育版），2007，9（1），105－107.

何皓璠．汉语连续型状态不确定独立否定句心理模拟的时间进程［D］．硕士学位论文，河北师范大学，2016.

何先友，陈广耀，胡玲．"否定"加工的心理语言学研究［J］．华南师范大学学报：社会科学版，2010（2），59－67.

何先友，王靖，徐妍娜，李龙昭，杨惠．前期情境对否定句加工进程的影响［J］．华南师范大学学报（社会科学版），2011（1），87－94.

何自然，吴亚欣．语用学概略［J］．外语研究，2001（4），10－16.

何静．现象学视野下自闭症谱系儿童的具身学习观［J］．西北师大学报

（社会科学版），2016（3），94－100.

何静．温和的和激进的具身认知观［J］．学术界，2012（5），68－75.

和秀梅，张夏妮，张积家，肖二平，王娟．文化图式影响亲属词语义加工中的空间隐喻——来自汉族人和摩梭人的证据［J］．心理学报，2015，47（5），584－599.

李惠娟，张积家，张瑞芯．上下意象图式对羌族亲属词认知的影响［J］．心理学报，2014，46（4），481－491.

李子健，张积家，乔艳阳．具身理论分歧——概念隐喻与知觉符号观［J］．科学技术哲学研究，2018，35（2），45－51.

胡壮麟．语境研究的多元化［J］．外语教学与研究，2002，34（3），161－166.

胡扬洋．走向具身：物理教学心理学思想的传统与发展［J］．教育导刊，2015，（4），69－72.

吕军梅，鲁忠义．为什么快乐在"上"，悲伤在"下"——语篇阅读中情绪的垂直空间隐喻［J］．心理科学，2013，36（2），328－334.

焦璨，张敏强．迷失的边界：心理学虚无假设检验方法探究［J］．中国社会科学，2014（2），148－163.

姜晓芳，陈彦垒．小学审美教育途径新探——基于镜像神经元的启示［J］．教育导刊，2013（9），55－57.

李维，张丽．汉语否定情绪词的情绪调节效应及其影响因素［J］．心理研究，2015，8（6），34－39.

李燕．基于两步模拟假设的中英否定句心理加工过程［D］．硕士学位论文，陕西师范大学，2015.

李其维．"认知革命"与"第二代认知科学"刍议［J］．心理学报，2008，40（12），1306－1327.

李怡君，林克忠，郑筱儒．台湾地区脑卒中作业治疗的科研发展：以镜像治疗为例［J］．中国康复，2015，30（6），432－434.

李桔元．语境的多维研究——国内语境研究十年发展综述［J］．东北大学学报（社会科学版），2008，10（2），178－183.

刘丽红．皮亚杰发生认识论中的具身认知思想［J］．科学技术哲学研究，2014，（1），55－59.

刘永芳，毕玉芳，王怀勇．情绪和任务框架对自我和预期他人决策时风险偏好的影响［J］．心理学报，2010，42（3），317－324.

刘雪枫，柳维林，谢秋蓉，何坚．基于镜像治疗 mu rhythm 脑电信号变化的研究［J］．康复学报，2015，25（4），5－9.

鲁忠义，彭聃龄．语篇理解研究［M］．北京：北京语言大学出版社，2003.

鲁忠义，高志华，段晓丽，刘学华．语言理解的体验观［J］．心理科学进展，2007，15（2），275－281.

鲁忠义，高志华，马红霞，李丽娜，刘力勇．否定对动词方向表征的动态影响［J］．华南师范大学学报（社会科学版），2011（1），80－86.

鲁忠义，贾利宁，翟冬雪．道德概念垂直空间隐喻理解中的映射：双向性及不平衡性［J］．心理学报，2017，49（2），186－196.

鲁忠义，郭娟，冯晓慧．卷入欺负行为儿童道德概念垂直空间隐喻的心理表征［J］．心理科学，2017，40（5），1123－1128.

陆绍勇．镜像治疗联合经络穴位电刺激及康复训练治疗脑卒中吞咽障碍的临床观察［J］．中国疗养医学，2017，26（3），238－241.

罗川兰，李建生．认知具身观：教育技术学研究的新视角［J］．现代教育技术，2016，26（8），28－34.

吕勇，李甜甜．时间间隔对面部表情唤醒度阈下情绪启动的影响［J］．心理科学，2014，37（1），48－52.

孟万金．具身德育：背景、内涵、创新——一论新时代具身德育［J］．中国特殊教育，2017（11），69－73.

孟万金．具身德育：源泉、体系、模式——二论新时代具身德育［J］．中国特殊教育，2018（1），65－69.

潘威，陈巍，汪寅，单春雷．自闭症碎镜理论之迷思：缘起、问题与前景［J］．心理科学进展，2016，24（6），958－973.

权朝鲁．效果量的意义及测定方法［J］．心理学探新，2003，23（2），39－44.

邵志芳，李林，徐媛，高旭辰，何敏萱等译．认知心理学（7th）［M］．人民教育出版社，2008.

邵楠希，王珏．基于3D虚拟情境的外语体验认知教学模式研究与实践——

以俄语教学为例 [J]. 外国语文, 2017, 33 (4), 137 – 144.

史娟红. 论道德教育的身体转向 [J]. 教育发展研究, 2017 (2), 76 – 80.

宋晓蕾, 张俊婷, 李小芳, 游旭群. 水平空间与情绪效价联结效应的产生机制 [J]. 心理科学, 2017, 40 (5), 1033 – 1039.

苏得权, 曾红, 陈骐, 叶浩生. 用药动作线索诱发海洛因戒断者的镜像神经活动: 一项 fMRI 研究 [J]. 心理学报, 2016, 48 (12), 1499 – 1506.

宋来惠. 否定句分类探析 [J]. 丹东师专学报, 2000 (1), 68 – 70.

王汉林, 莫雷. 重要还是笨重? ——概念表征对重量具身效应的影响 [J]. 心理科学, 2017, 40 (5), 1054 – 1060.

王健敏. 具身德育: 立德树人背景下德育新理念与新路径 [J]. 中国特殊教育, 2017 (5), 22 – 26.

王丽娟, 陈鑫. 孤独症与镜像神经元 [J]. 医学与哲学 (A), 2009, 30 (7), 49 – 50.

王庆卫. 镜像神经元学说对美学研究的意义 [J]. 西北师范大学学报 (社会科学版), 2011, 48 (1), 26 – 31.

王瑞明, 莫雷, 李莹. 知识表征的新观点——知觉符号理论 [J]. 心理科学, 2005, 28 (3), 738 – 740.

王瑞明, 莫雷, 贾德梅, 冷英, 李利, 李小健. 文本阅读中情境模型建构和更新的机制 [J]. 心理学报, 2006, 38 (1): 30 – 40.

王甦, 汪安圣. 认知心理学 [M]. 北京大学出版社, 1992.

王晓燕, 鲁忠义. 基于动允性的朝向效应——具身认知的一个证据. 华东师范大学学报 (教育科学版), 2010, 28 (2), 52 – 58.

王亚芹. "具身化" 转向与美学的改造——以梅洛 – 庞蒂、约翰·杜威和理查德·舒斯特曼为主的思考. 文艺争鸣, 2013 (7): 38 – 42.

王寅. 认知语言学的哲学基础: 体验哲学 [J]. 外语教学与研究, 2002, 34 (2), 82 – 89.

王寅. 体验哲学探源 [J]. 外国语文, 2010 (6), 45 – 50.

王杨, 王季, 何爱群. 镜像治疗截肢后幻肢痛的随机对照试验 [J]. 中国医学创新, 2017, 14 (22), 119 – 121.

王振宏, 郭德俊. Gross 情绪调节过程与策略研究述评 [J]. 心理科学进展, 2003, 11 (6), 629 – 634.

王振宏，姚昭．情绪名词的具体性效应：来自 ERP 的证据 [J]．心理学报，2012，44（2），154 – 165.

王一牛，周立明，罗跃嘉．汉语情感词系统的初步编制及评定 [J]．中国心理卫生杂志，2008，22（8），608 – 612.

汪新筱，严秀英，张积家，董方虹．平辈亲属词语义加工中长幼概念的空间隐喻和重量隐喻——来自中国朝鲜族和汉族的证据 [J]．心理学报，2017，49（2），174 – 185.

汪寅，陈巍．孤独症碎镜理论述评 [J]．心理科学进展，2010，18（2），297 – 305.

吴艳，杨建全．运动动态评估结合镜像治疗对脑卒中患者运动功能及生活质量的影响 [J]．中国老年学，2017，37（21），5380 – 5381.

徐同洁，温芳芳，浮东琴，佐斌，肖任飞．人际沟通中的语言偏向及影响因素 [J]．心理科学进展，2014，22（7），1188 – 1197.

许先文，王丹青．具身心智视域的大学生思想政治教育 [J]．河北师范大学学报（教育科学版），2013，15（6），75 – 80.

阎书昌．身体洁净与道德 [J]．心理科学进展，2011，19（8），1242 – 1248.

杨惠兰，何先友，赵雪汝，张维．权力的概念隐喻表征：来自大小与颜色隐喻的证据 [J]．心理学报，2015，47（7），939 – 949.

燕燕．梅洛 – 庞蒂：具身意识的身体 [J]．世界哲学，2010（4），42 – 51.

姚淑珍，勾丽洁，刘旭东，王芳．基于镜像神经元理论的镜像疗法在康复医学中的应用进展 [J]．中国康复医学杂志，2017，32（7），846 – 850.

姚昭，朱湘茹，王振宏．语义表征具身理论：情绪在概念表征中的作用 [J]．心理科学，2016，39（1），69 – 76.

叶浩生．具身认知：认知心理学的新取向 [J]．心理科学进展，2010a，18（5），705 – 710.

叶浩生．认知心理学：困境与转向 [J]．华东师范大学学报（教育科学版），2010b，28（1），42 – 47.

叶浩生．镜像神经元的意义 [J]．心理学报，2016，48（4），444 – 456.

叶浩生，麻彦坤，杨文登．身体与认知表征：见解与分歧 [J]．心理学报，2018，50（4），462 – 472.

叶浩生，曾红，苏得权．有关镜像神经元起源问题上的争论［J］．心理科学进展，2017，25（5），713－722.

尹菊芬．具身认知的引入：儿童英语学习的实践图式——以三年级英语学习为例［J］．小学教学设计，2016（36），8－10.

殷融，曲方炳，叶浩生．具身概念表征的研究及理论述评［J］．心理科学进展，2012，20（9），1372－1381.

殷融，苏得权，叶浩生．具身认知视角下的概念隐喻理论［J］．心理科学进展，2013，21（2），220－234.

殷融，叶浩生．道德概念的黑白隐喻表征及其对道德认知的影响［J］．心理学报，2014，46（9），1331－1346.

袁逖飞，陈巍，丁峻．镜像神经元研究概况述评［J］．生命科学，2007，19（5），547－550.

袁加锦，李红．人类对情绪事件效价强度的易感性及神经机制［J］．心理科学进展，2012，20（1），10－19.

曾红玲，刘思耘．语篇语境对句子理解的影响：来自N400的证据［J］．心理科学进展，2009，17（2），314－320.

曾红．镜像神经系统——研究药物依赖行为的新靶点［J］．心理学探新，2012，32（1），13－16.

曾红，叶浩生，杨文登．镜像神经在药物心理渴求中的作用及机制［J］．心理科学进展，2013，21（4），581－588.

翟颖华．论"不"和反义形容词构成的否定式［J］．汉语学习，2009，（1），57－61.

翟贤亮，葛鲁嘉．从离身到具身：具身管理学的可能［J］．心理科学，2017，40（1），238－243.

张恩涛，方杰，林文毅，罗俊龙．抽象概念表征的具身认知观［J］．心理科学进展，2013，21（3），429－436.

张丽，李红．类别验证任务中否定加工的ERP研究［J］．中国科学：生命科学，2011（12），1203－1211.

张有军．语言认知的哲学观［J］．辽宁大学学报（哲学社会科学版），2004，32（5），18－20.

张佑中．德语的否定用法［M］．商务印书馆，1982.

张丽华,徐微,白学军.加工负荷和加工时间对工作记忆广度任务成绩的影响[J].辽宁师范大学学报(社会科学版),2010,33(3),43-47.

张晓雯,禤宇明,傅小兰.情绪效价对趋避反应的作用[J].心理科学进展,2012,20(7),1023-1030.

张国兴,丘开亿.镜像治疗结合经皮神经电刺激对截肢后幻肢痛的影响[J].中国疼痛医学杂志,2017,23(4),310-311.

张忠艳.具身认知观点下的儿童习作教学策略[J].语文知识,2016(20),76-80.

张晓钰,桑德春,王丽华.弥散张量纤维束成像分析脑卒中偏瘫患者镜像治疗康复后大脑再塑变化的临床研究[J].中国康复医学杂志,2013,28(8),727-730.

张博,葛鲁嘉.具身认知的两种取向及研究新进路:表征的视角[J].河南社会科学,2015,23(3),29-33.

张博,葛鲁嘉.温和的具身认知:认知科学研究新进路[J].华侨大学学报(哲学社会科学版),2017,(1),19-28.

郑皓元,叶浩生,苏得权.有关具身认知的三种理论模型[J].心理学探新,2017,37(3),195-199.

赵宏.预设与否定[J].当代修辞学,2007(3),15-22.

周国光.儿童使用否定词"不"及其相关否定结构状况的考察[J].语言文字应用,2002(4),42-49.

周榕,张静宇.汉语否定隐喻句在语篇理解中的心理表征研究[J].华南师范大学学报(社会科学版),2014(4),52-58.

周倩.具身认知观在儿童英语教学中的应用[J].现代教育科学,2012(4),50-52.

俞霞君.言内语义语境与言外语境语义[J].杭州师范大学学报(自然科学版),2004,3(6),491-493.

郑苏,胥婧,彭力.镜像治疗联合分期针刺对脑梗塞患者上肢运动功能的影响及 spect 研究[J].针灸临床杂志,2018,34(2),24-28.

郑红明.现代汉语否定句略论[J].江苏教育学院学报(社会科学版),1996(4),108-110.

Ackerman, J. M., Nocera, C. C., & Bargh, J. A. (2010). Incidental Haptic

Sensations Influence Social Judgments and Decisions. *Science*, 328 (5986), 1712 – 1715. doi: 10. 1126/science. 1189993

Aguado, L., Dieguez – Risco, T., Mendez – Bertolo, C., Pozo, M. A., & Hinojosa, J. A. (2013) . Priming effects on the N400 in the affective priming paradigm with facial expressions of emotion. *Cogn Affect Behav Neurosci*, 13 (2), 284 – 296. doi: 10. 3758/s13415 – 012 – 0137 – 3

Alban, M. W., & Kelley, C. M. (2013) . Embodiment meets metamemory: weight as a cue for metacognitive judgments. *J Exp Psychol Learn Mem Cogn*, 39 (5), 1628 – 1634. doi: 10. 1037/a0032420

Alemanno, F., Houdayer, E., Cursi, M., Velikova, S., Tettamanti, M., Comi, G., ... Leocani, L. (2012) . Action – related semantic content and negation polarity modulate motor areas during sentence reading: an event – related desynchronization study. *Brain Res*, 1484, 39 – 49. doi: 10. 1016/j. brainres. 2012. 09. 030

Altarriba, J., Bauer, L. M., & Benvenuto, C. (1999) . Concreteness, context availability, and imageability ratings and word associations for abstract, concrete, and emotion words. *Behavior Research Methods Instruments & Computers*, 31 (4), 578 – 602. doi: 10. 3758/BF03200738

Alter, A. L., Oppenheimer, D. M., Epley, N., & Eyre, R. N. (2007). Overcoming intuition: metacognitive difficulty activates analytic reasoning. *Journal of Experimental Psychology: General*, 136 (4), 569 – 576. doi: 10. 1037/0096 – 3445. 136. 4. 569

Anderson, S., Huette, S., Matlock, M. J., & Spivey, M. (2010) . On the temporal dynamics of negated perceptual simulations. In F. Parrill, V. Tobin, & M. Turner (Eds.), *Mind, form, and body* (pp. 1 – 20) . Stanford, CA: CSLI.

Ando, A., Salatino, A., Giromini, L., Ricci, R., Pignolo, C., Cristofanelli, S., ... Zennaro, A. (2015) . Embodied simulation and ambiguous stimuli: The role of the mirror neuron system. *Brain Res*, 1629, 135 – 142. doi: 10. 1016/j. brainres. 2015. 10. 025

Andres, M., Ostry, D. J., Nicol, F., & Paus, T. (2008) . Time course of number magnitude interference during grasping. *Cortex*, 44 (4), 414 – 419. doi: 10. 1016/j. cortex. 2007. 08. 007

Anelli, F. , Lugli, L. , Baroni, G. , Borghi, A. M. , & Nicoletti, R. (2014) . Walking boosts your performance in making additions and subtractions. *Front Psychol*, 5, 1459. doi: 10. 3389/fpsyg. 2014. 01459

Ansorge, U. , & Bohner, G. (2013) . Investigating the association between Valence and Elevation with an implicit association task that requires upward and downward responding. *Universitas Psychologica*, 12 (5) . doi: 10. 11144/Javeriana. UP-SY12 – 5. iave

Ansorge, U. , Khalid, S. , & Konig, P. (2013) . Space – valence priming with subliminal and supraliminal words. *Front Psychol*, 4, 81. doi: 10. 3389/ fpsyg. 2013. 00081

Aravena, P. , Delevoye – Turrell, Y. , Deprez, V. , Cheylus, A. , Paulignan, Y. , Frak, V. , & Nazir, T. (2012) . Grip force reveals the context sensitivity of language – induced motor activity during "action words" processing: evidence from sentential negation. *PLoS One*, 7 (12) , e50287. doi: 10. 1371/ journal. pone. 0050287

Arbib, M. A. (2008) . From grasp to language: Embodied concepts and the challenge of abstraction. *Journal of Physiology – Paris*, 102 (1 – 3) , 4 – 20. doi: 10. 1016/j. jphysparis. 2008. 03. 001

Arbib, M. A. (2012) . *How the brain got language: The mirror system hypothesis.* New York, NY: Oxford University Press.

Arbib, M. A. , Gasser, B. , & Barres, V. (2014) . Language is handy but is it embodied? *Neuropsychologia*, 55, 57 – 70. doi: 10. 1016/j. neurops ychologia. 2013. 11. 004

Armstrong, A. M. , & Dienes, Z. (2013) . Subliminal understanding of negation: unconscious control by subliminal processing of word pairs. *Conscious Cogn*, 22 (3) , 1022 – 1040. doi: 10. 1016/j. concog. 2013. 06. 010

Atchley, R. A. , Ilardi, S. S. , & Enloe, A. (2003) . Hemispheric asymmetry in the processing of emotional content in word meanings: the effect of current and past depression. *Brain Lang*, 84, 105 – 119. doi: 10. 1016/S0093 – 934X (02) 00523 – 0

Augustine, A. A. , Larsen, R. J. , & Elliot, A. J. (2013) . Affect is greater than, not equal to, condition: condition and person effects in affective priming para-digms. *J Pers*, 81 (4), 355 – 364. doi: 10. 1111/jopy. 12024

Autry, K. S. , & Levine, W. H. (2012). Activation of negated and non – ne-gated entities. *Journal of Pragmatics*, 44 (11), 1474 – 1485. doi: 10. 1016/j. pragma. 2012. 06. 014

Autry, K. S. , & Levine, W. H. (2014). Presupposition processing and the (re) activation of negated concepts. *Discourse Processes*, 51 (7), 535 – 564. doi: 10. 1080/ 0163853X. 2013. 871192

Aziz – Zadeh, L. , Koski, L. , Zaidel, E. , Mazziotta, J. , & Iacoboni, M. (2006). Lateralization of the human mirror neuron system. *J Neurosci*, 26 (11), 2964 – 2970. doi: 10. 1523/JNEUROSCI. 2921 – 05. 2006

Balconi, M. , & Bortolotti, A. (2013). The "simulation" of the facial expres-sion of emotions in case of short and long stimulus duration. The effect of pre – motor cortex inhibition by rTMS. *Brain Cogn*, 83 (1), 114 – 120. doi: 10. 1016/j. bandc. 2013. 07. 003

Bar – Anan, Y. , & Nosek, B. A. (2014). A comparative investigation of sev-en indirect attitude measures. *Behav Res Methods*, 46 (3), 668 – 688. doi: 10. 3758/s13428 – 013 – 0410 – 6

Barber, H. A. , Otten, L. J. , Kousta, S. – T. , & Vigliocco, G. (2013). Concreteness in word processing: ERP and behavioral effects in a lexical decision task. *Brain Lang*, 125 (1), 47 – 53. doi: 10. 1016/j. bandl. 2013. 01. 005

Barca, L. , Mazzuca, C. , & Borghi, A. M. (2017). Pacifier Overuse and Conceptual Relations of Abstract and Emotional Concepts. *Front Psychol*, 8, 2014. doi: 10. 3389/fpsyg. 2017. 02014

Bardolph, M. , & Coulson, S. (2014). How vertical hand movements impact brain activity elicited by literally and metaphorically related words: an ERP study of embodied metaphor. *Front Hum Neurosci*, 8, 1031. doi: 10. 3389/fnhum. 2014. 01031

Bargh, J. A. , Chen, M. , & Burrows, L. (1996). Automaticity of social be-havior: direct effects of trait construct and stereotype – activation on action. *Journal of Personality & Social Psychology*, 71 (2), 230 – 244. doi: 10. 1037//0022 – 3514. 71. 2. 230

Barsalou, L. W. (1999). Perceptual symbol systems. *Behavioral & Brain Sciences*, 22 (4), 577 – 660. doi: 10. 1017/S0140525X99002149

Barsalou, L. W. (2008). Grounded cognition. *Annu Rev Psychol*, 59, 617 – 645. doi: 10. 1146/annurev. psych. 59. 103006. 093639

Barsalou, L. W. (2010). Grounded cognition: past, present, and future. *Top Cogn Sci*, 2 (4), 716 – 724. doi: 10. 1111/j. 1756 – 8765. 2010. 01115. x

Barsalou, L. W. (2016). Situated Conceptualization: Theory and Application. In Y. Coello & M. H. Fischer (Eds.), *Foundations of embodied cognition*. East Sussex, UK: Psychology Press.

Barsalou, L. W. , Dutriaux, L. , & Scheepers, C. (2018). Moving Beyond the Distinction Between Concrete and Abstract Concepts. *Philosophical Transactions of the Royal Society B Biological Sciences*, 373 (1752). doi: 10. 1098/rstb. 2017. 0144

Barsalou, L. W. , Niedenthal, P. M. , Barbey, A. K. , & Ruppert, J. A. (2003). Social embodiment. *Psychology of Learning & Motivation*, 43 (1), 43 – 92. doi: 10. 1016/S0079 – 7421 (03) 01011 – 9

Barsalou, L. W. , Santos, A. , Simmons, W. K. , & Wilson, C. D. (2008). Language and simulation in conceptual processing. In M. de Vega, A. M. Glenberg, & A. C. A. Graesser (Eds.), *Symbols, embodiment, and meaning* (pp. 245 – 283). Oxford: Oxford University Press.

Bartoli, E. , Tettamanti, A. , Farronato, P. , Caporizzo, A. , Moro, A. , Gatti, R. , ... Tettamanti, M. (2013). The disembodiment effect of negation: negating action – related sentences attenuates their interference on congruent upper limb movements. *J Neurophysiol*, 109 (7), 1782 – 1792. doi: 10. 1152/jn. 00894. 2012

Baumeister, J. C. , Rumiati, R. I. , & Foroni, F. (2015). When the mask falls: the role of facial motor resonance in memory for emotional language. *Acta Psychol (Amst)*, 155, 29 – 36. doi: 10. 1016/j. actpsy. 2014. 11. 012

Bechtold, L. , Ghio, M. , Lange, J. , & Bellebaum, C. (2018). Event – related desynchronization of mu and beta oscillations during the processing of novel tool names. *Brain Lang*, 177 – 178, 44 – 55. doi: 10. 1016/j. bandl. 2018. 01. 004

Beltrán, D. , Muneton – Ayala, M. , & de Vega, M. (2018). Sentential negation modulates inhibition in a stop – signal task. Evidence from behavioral and ERP data. *Neuropsychologia*, 112, 10 – 18. doi: 10. 1016/j. neuropsychologia. 2018. 03. 004

Benitez – Quiroz, C. F. , Wilbur, R. B. , & Martinez, A. M. （2016）. The not face: A grammaticalization of facial expressions of emotion. *Cognition*, 150, 77 – 84. doi: 10. 1016/j. cognition. 2016. 02. 004

Bergelson, E. , & Swingley, D. （2013）. The acquisition of abstract words by young infants. *Cognition*, 127 （3）, 391 – 397. doi: 10. 1016/j. cognition. 2013. 02. 011

Beukeboom, C. J. , Finkenauer, C. , & Wigboldus, D. H. （2010）. The negation bias: when negations signal stereotypic expectancies. *J Pers Soc Psychol*, 99 （6）, 978 – 992. doi: 10. 1037/a0020861

Bianchi, I. , Savardi, U. , Burro, R. , & Torquati, S. （2011）. Negation and psychological dimensions. *Journal of Cognitive Psychology*, 23 （3）, 275 – 301. doi: 10. 1080/20445911. 2011. 493154

Bianchi, I. , Savardi, U. , & Kubovy, M. （2011）. Dimensions and their poles: A metric and topological approach to opposites. *Language and Cognitive Processes*, 26 （8）, 1232 – 1265. doi: 10. 1080/01690965. 2010. 520943

Binder, J. R. , Conant, L. L. , Humphries, C. J. , Fernandino, L. , Simons, S. B. , Aguilar, M. , & Desai, R. H. （2016）. Toward a brain – based componential semantic representation. *Cogn Neuropsychol*, 33 （3 – 4）, 130 – 174. doi: 10. 1080/02643294. 2016. 1147426

Bonner, M. F. , Price, A. R. , Peelle, J. E. , & Grossman, M. （2016）. Semantics of the Visual Environment Encoded in Parahippocampal Cortex. *J Cogn Neurosci*, 28 （3）, 361 – 378. doi: 10. 1162/jocn_ a_ 00908

Boot, I. , & Pecher, D. （2010）. Similarity is closeness: Metaphorical mapping in a conceptual task. *Q J Exp Psychol （Hove）*, 63 （5）, 942 – 954. doi: 10. 1080/17470210903134351

Boot, I. , & Pecher, D. （2011）. Representation of categories. *Exp Psychol*, 58 （2）, 162 – 170. doi: 10. 1027/1618 – 3169/a000082

Borghesani, V. , & Piazza, M. （2017）. The neuro – cognitive representations of symbols: the case of concrete words. *Neuropsychologia*, 105, 4 – 17. doi:

10. 1016/j. neuropsychologia. 2017. 06. 026

Borghi, A. M. , & Binkofski, F. (2014) . The Problem of Definition. In A. M. Borghi & F. Binkofski (Eds.) , *Words as Social Tools : An Embodied View on Abstract Concepts* (pp. 1 – 17) . New York : Springer.

Borghi, A. M. , Binkofski, F. , Castelfranchi, C. , Cimatti, F. , Scorolli, C. , & Tummolini, L. (2017) . The challenge of abstract concepts. *Psychol Bull* , 143 (3) , 263 – 292. doi : 10. 1037/bul0000089

Borghi, A. M. , Capirci, O. , Gianfreda, G. , & Volterra, V. (2014) . The body and the fading away of abstract concepts and words : a sign language analysis. *Front Psychol* , 5 , 811. doi : 10. 3389/fpsyg. 2014. 00811

Borghi, A. M. , Caramelli, N. , & Setti, A. (2016) . How abstract is risk for workers? Expertise, context and introspection in abstract concepts. *Reti, saperi, linguaggi* , 5 (9) , 95 – 118. doi : 10. 12832/83920

Borghi, A. M. , & Cimatti, F. (2012) . Words are not just words : the social acquisition of abstract words. *Rivista Italiana Di Filosofia Del Linguaggio* (5) , 22 – 37. doi : 10. 4396/20120303

Borghi, A. M. , Flumini, A. , Cimatti, F. , Marocco, D. , & Scorolli, C. (2011) . Manipulating objects and telling words : a study on concrete and abstract words acquisition. *Front Psychol* , 2 , 15. doi : 10. 3389/fpsyg. 2011. 00015

Borghi, A. M. , Pichat, V. B. , & Bucci, P. P. (2009) . *Words as tools and the problem of abstract word meanings.* Paper presented at the Proceedings of the Annual Meeting of the Cognitive Science Society.

Borghi, A. M. , & Setti, A. (2017) . Abstract Concepts and Aging : An Embodied and Grounded Perspective. *Front Psychol* , 8 , 430. doi : 10. 3389/fpsyg. 2017. 00430

Borghi, A. M. , & Zarcone, E. (2016) . Grounding Abstractness : Abstract Concepts and the Activation of the Mouth. *Front Psychol* , 7 , 1498. doi : 10. 3389/fpsyg. 2016. 01498

Boucher, J. , & Osgood, C. E. (1969) . The pollyanna hypothesis. *Journal of Verbal Learning and Verbal Behavior* , 8 (1) , 1 – 8. doi : 10. 1016/S0022 – 5371 (69) 80002 – 2

Boulenger, V. , Hauk, O. , & Pulvermuller, F. (2009) . Grasping ideas with the motor system: semantic somatotopy in idiom comprehension. *Cereb Cortex*, 19 (8), 1905 – 1914. doi: 10. 1093/cercor/bhn217

Bracci, S. , Daniels, N. , & Op de Beeck, H. (2017) . Task Context Overrules Object – and Category – Related Representational Content in the Human Parietal Cortex. *Cereb Cortex*. doi: 10. 1093/cercor/bhw419

Bradley, M. M. , Codispoti, M. , Cuthbert, B. N. , & Lang, P. J. (2001). Emotion and motivation I : Defensive and appetitive reactions in picture processing. *Emotion*,, 1, 276 – 298. doi: 10. 1037/1528 – 3542. 1. 3. 276

Bradley, M. M. , & Lang, P. J. (1994) . Measuring emotion: the self – assessment manikin and the semantic differential. *Journal of Behavior Therapy & Experimental Psychiatry*, 25 (1), 49 – 59. doi: 10. 1016/0005 – 7916 (94) 90063 – 9

Bradley, M. M. , & Lang, P. J. (2007) . Emotion and motivation. In J. T. Cacioppo, L. G. Tassinary, & G. G. Berntson (Eds.), *Handbook of psychophysiology* (3rd ed) (pp. 581 – 607) . Cambridge: Cambridge University Press.

Bremmer, F. , Schlack, A. , Duhamel, J. R. , Graf, W. , & Fink, G. R. (2001) . Space coding in primate posterior parietal cortex. *Neuroimage*, 14 (1 Pt 2), S46 – 51. doi: 10. 1006/nimg. 2001. 0817

Bridgeman, B. , & Tseng, P. (2011) . Embodied cognition and the perception-action link. *Phys Life Rev*, 8 (1), 73 – 85. doi: 10. 1016/j. plrev. 2011. 01. 002

Burdelski, M. (2010) . Socializing politeness routines: Action, other – orientation, and embodiment in a Japanese preschool. *Journal of Pragmatics*, 42 (6), 1606 – 1621. doi: 10. 1016/j. pragma. 2009. 11. 007

Cardona, J. F. , Kargieman, L. , Sinay, V. , Gershanik, O. , Gelormini, C. , Amoruso, L. , ... Ibanez, A. (2014) . How embodied is action language? Neurological evidence from motor diseases. *Cognition*, 131 (2), 311 – 322. doi: 10. 1016/j. cognition. 2014. 02. 001

Carpenter, M. , Nagell, K. , Tomasello, M. , Butterworth, G. , & Moore, C. (1998) . Social cognition, joint attention, and communicative competence from 9 to 15 months of age. *Monographs of the Society for Research in Child Development*, 63 (4), 255.

Carr, E. W. , & Winkielman, P. (2014). When mirroring is both simple and "smart": how mimicry can be embodied, adaptive, and non – representational. *Front Hum Neurosci*, 8, 505. doi: 10. 3389/fnhum. 2014. 00505

Carver, C. S. (2004). Negative affects deriving from the behavioral approach system. *Emotion Review*, 4 (1), 3 – 22. doi: 10. 1037/1528 – 3542. 4. 1. 3

Carver, C. S. , & Harmon, E. (2009). Anger and approach: reply to Watson (2009) and to Tomarken and Zald (2009). *Psychol Bull*, 135 (2), 215 – 217. doi: 10. 1037/a0013965

Carver, C. S. , & Scheier, M. F. (2008). Feedback processes in the simultaneous regulation of action and affect. In J. Y. Shah & W. L. Gardner (Eds.), *Handbook of motivation science* (pp. 308 – 324). New York: Guilford Press.

Casado, P. , Martin – Loeches, M. , Leon, I. , Hernandez – Gutierrez, D. , Espuny, J. , Munoz, F. , ... de Vega, M. (2018). When syntax meets action: Brain potential evidence of overlapping between language and motor sequencing. *Cortex*, 100, 40 – 51. doi: 10. 1016/j. cortex. 2017. 11. 002

Casasanto, D. , & Boroditsky, L. (2008). Time in the mind: using space to think about time. *Cognition*, 106 (2), 579 – 593. doi: 10. 1016/ j. cognition. 2007. 03. 004

Casasanto, D. , & Bottini, R. (2014a). Mirror Reading Can Reverse the Flow of Time. *Journal of Experimental Psychology: General*, 143 (2), 473 – 479. doi: 10. 1037/a0033297. supp

Casasanto, D. , & Bottini, R. (2014b). Spatial language and abstract concepts. *Wiley Interdiscip Rev Cogn Sci*, 5 (2), 139 – 149. doi: 10. 1002/wcs. 1271

Catricala, E. , Della Rosa, P. A. , Plebani, V. , Vigliocco, G. , & Cappa, S. F. (2014). Abstract and concrete categories? Evidences from neurodegenerative diseases. *Neuropsychologia*, 64, 271 – 281. doi: 10. 1016/j. neuropsychologia. 2014. 09. 041

Chandler, J. J. , Reinhard, D. , & Schwarz, N. (2012). To judge a book by its weight you need to know its content: Knowledge moderates the use of embodied cues. *Journal of Experimental Social Psychology*, 48 (4), 948 – 952. doi: 10. 1016/ j. jesp. 2012. 03. 003

Chang, J. , Zhang, M. , Hitchman, G. , Qiu, J. , & Liu, Y. (2014).

When you smile, you become happy: evidence from resting state task – based fM-RI. *Biol Psychol*, 103, 100 – 106. doi: 10. 1016/j. biopsycho. 2014. 08. 003

Chen, M. , & Bargh, J. A. (1999) . Consequences of automatic evaluation: immediate behavioral predispositions to approach or avoid the stimulus. *Pers Soc Psychol Bull*, 25 (2), 215 – 224. doi: 10. 1177/0146167299025002007

Christensen, K. R. (2009) . Negative and affirmative sentences increase activation in different areas in the brain. *Journal of Neurolinguistics*, 22 (1), 1 – 17. doi: 10. 1016/j. jneuroling. 2008. 05. 001

Citron, F. , Abugaber, D. , & Herbert, C. (2015) . Approach and Withdrawal Tendencies during Written Word Processing: Effects of Task, Emotional Valence, and Emotional Arousal. *Front Psychol*, 6, 1935. doi: 10. 3389/fpsyg. 2015. 01935

Citron, F. , Gray, M. A. , Critchley, H. D. , Weekes, B. S. , & Ferstl, E. C. (2014) . Emotional valence and arousal affect reading in an interactive way: neuroimaging evidence for an approach – withdrawal framework. *Neuropsychologia*, 56, 79 – 89. doi: 10. 1016/j. neuropsychologia. 2014. 01. 002

Citron, F. , Weekes, B. S. , & Ferstl, E. C. (2014) . Arousal and emotional valence interact in written word recognition. *Language, Cognition and Neuroscience*, 29 (10), 1257 – 1267. doi: 10. 1080/23273798. 2014. 897734

Clark, H. H. (1974) . Semantics and comprehension. In T. A. Sebeok (Ed.), *Current trends in linguistics* (Vol. Linguistics and adjacent arts and science, pp. 1291 – 1428) . The Hague: Mouton.

Clark, H. H. , & Chase, W. G. (1972) . On the process of comparing sentences against pictures. *Cogn Psychol*, 3 (3), 472 – 517. doi: 10. 1016/0010 – 0285 (72) 90019 – 9

Collins, A. M. , & Loftus, E. F. (1975) . A spreading – activation theory of semantic processing. *Psychological Review*, 82 (6), 407 – 428. doi: 10. 1037/ 0033 – 295x. 82. 6. 407

Connell, L. , & Lynott, D. (2012) . Strength of perceptual experience predicts word processing performance better than concreteness or imageability. *Cognition*, 125 (3), 452 – 465. doi: 10. 1016/j. cognition. 2012. 07. 010

Corballis, M. C. (2010) . Mirror neurons and the evolution of language. *Brain Lang*, 112 (1) , 25 – 35. doi: 10. 1016/j. bandl. 2009. 02. 002

Cousins, K. A. , Ash, S. , Irwin, D. J. , & Grossman, M. (2017) . Dissociable substrates underlie the production of abstract and concrete nouns. *Brain & Language*, 165, 45 – 54. doi: 10. 1016/j. bandl. 2016. 11. 003

Cousins, K. A. , York, C. , Bauer, L. , & Grossman, M. (2016) . Cognitive and anatomic double dissociation in the representation of concrete and abstract words in semantic variant and behavioral variant frontotemporal degeneration. *Neuropsychologia*, 84, 244 – 251. doi: 10. 1016/j. neuropsychologia. 2016. 02. 025

Crawford, L. E. , & Cacioppo, J. T. (2002) . Learning where to look for danger: integrating affective and spatial information. *Psychol Sci*, 13 (5) , 449 – 453.

Crollen, V. , Dormal, G. , Seron, X. , Lepore, F. , & Collignon, O. (2013) . Embodied numbers: the role of vision in the development of number – space interactions. *Cortex*, 49 (1) , 276 – 283. doi: 10. 1016/j. cortex. 2011. 11. 006

Crutch, S. J. , Troche, J. , Reilly, J. , & Ridgway, G. R. (2013) . Abstract conceptual feature ratings: the role of emotion, magnitude, and other cognitive domains in the organization of abstract conceptual knowledge. *Front Hum Neurosci*, 7, 186. doi: 10. 3389/fnhum. 2013. 00186

Crutch, S. J. , & Warrington, E. K. (2005) . Abstract and concrete concepts have structurally different representational frameworks. *Brain*, 128 (Pt 3) , 615 – 627. doi: 10. 1093/brain/awh349

Crutch, S. J. , & Warrington, E. K. (2007) . Contrasting effects of semantic priming and interference in processing abstract and concrete words. *Brain Lang*, 103 (1 – 2) , 88 – 89. doi: 10. 1016/j. bandl. 2007. 07. 058

Crutch, S. J. , & Warrington, E. K. (2010) . The differential dependence of abstract and concrete words upon associative and similarity – based information: Complementary semantic interference and facilitation effects. *Cogn Neuropsychol*, 27 (1) , 46 – 71. doi: 10. 1080/02643294. 2010. 491359

Crutch, S. J. , Williams, P. , Ridgway, G. R. , & Borgenicht, L. (2012) . The role of polarity in antonym and synonym conceptual knowledge: evidence from stroke aphasia and multidimensional ratings of abstract words. *Neuropsychologia*, 50

(11), 2636 – 2644. doi: 10. 1016/j. neuropsychologia. 2012. 07. 015

Cuddy, A. J. , Wilmuth, C. A. , Yap, A. J. , & Carney, D. R. (2015). Preparatory power posing affects nonverbal presence and job interview performance. *J Appl Psychol*, 100 (4), 1286 – 1295. doi: 10. 1037/a0038543

Dagaev, N. I. , & Terushkina, Y. I. (2014). Conceptual knowledge of emotions includes somatosensory component: Evidence from modality – switch cost effect. *Journal of Cognitive Psychology*, 26 (3), 322 – 332. doi: 10. 1080/20445911. 2014. 892111

Dale, R. , & Duran, N. D. (2011). The cognitive dynamics of negated sentence verification. *Cogn Sci*, 35 (5), 983 – 996. doi: 10. 1111/j. 1551 – 6709. 2010. 01164. x

Dalla Volta, R. , Fabbri – Destro, M. , Gentilucci, M. , & Avanzini, P. (2014). Spatiotemporal dynamics during processing of abstract and concrete verbs: an ERP study. *Neuropsychologia*, 61, 163 – 174. doi: 10. 1016/j. neuropsychologia. 2014. 06. 019

Danguecan, A. N. , & Buchanan, L. (2016). Semantic Neighborhood Effects for Abstract versus Concrete Words. *Front Psychol*, 7, 1034. doi: 10. 3389/fpsyg. 2016. 01034

Dantzig, S. V. , Zeelenberg, R. , & Pecher, D. (2009). Unconstraining theories of embodied cognition. *Journal of Experimental Social Psychology*, 45 (2), 345 – 351. doi: 10. 1016/j. jesp. 2008. 11. 001

Davis, J. D. , Winkielman, P. , & Coulson, S. (2015). Facial Action and Emotional Language: ERP Evidence that Blocking Facial Feedback Selectively Impairs Sentence Comprehension. *J Cogn Neurosci*, 27 (11), 2269 – 2280. doi: 10. 1162/jocn_ a_ 00858

Davis, J. D. , Winkielman, P. , & Coulson, S. (2017). Sensorimotor simulation and emotion processing: Impairing facial action increases semantic retrieval demands. *Cogn Affect Behav Neurosci*, 17 (3), 652 – 664. doi: 10. 3758/s13415 – 017 – 0503 – 2

Day, B. M. , Wagman, J. B. , & Smith, P. J. (2015). Perception of maximum stepping and leaping distance: Stepping affordances as a special case of leaping affordances. *Acta Psychol* (*Amst*), 158, 26 – 35. doi: 10. 1016/j. actpsy. 2015. 03. 010

de Vega, M., Morera, Y., Leon, I., Beltran, D., Casado, P., & Martin-Loeches, M. (2016). Sentential Negation Might Share Neurophysiological Mechanisms with Action Inhibition. Evidence from Frontal Theta Rhythm. *The Journal of Neuroscience*, 36 (22), 6002 – 6010. doi: 10. 1523/JNEUROSCI. 3736 – 15. 2016

Delaney – Busch, N., & Kuperberg, G. (2013). Friendly drug – dealers and terrifying puppies: affective primacy can attenuate the N400 effect in emotional discourse contexts. *Cogn Affect Behav Neurosci*, 13 (3), 473 – 490. doi: 10. 3758/s13415 – 013 – 0159 – 5

Delaney – Busch, N., Wilkie, G., & Kuperberg, G. (2016). Vivid: How valence and arousal influence word processing under different task demands. *Cogn Affect Behav Neurosci*, 16 (3), 415 – 432. doi: 10. 3758/s13415 – 016 – 0402 – y

DelaneyBusch, N., Wilkie, G., & Kuperberg, G. (2016). Vivid: How valence and arousal influence word processing under different task demands. *Cogn Affect Behav Neurosci*, 16 (3), 415 – 432. doi: 10. 3758/s13415 – 016 – 0402 – y

Della Rosa, P. A., Catricalà, E., Canini, M., Vigliocco, G., & Cappa, S. F. (2018). The left inferior frontal gyrus: a neural crossroads between abstract and concrete knowledge. *Neuroimage*. doi: 10. 1016/j. neuroimage. 2018. 04. 021

Della Rosa, P. A., Catricala, E., Vigliocco, G., & Cappa, S. F. (2010). Beyond the abstract – concrete dichotomy: mode of acquisition, concreteness, imageability, familiarity, age of acquisition, context availability, and abstractness norms for a set of 417 Italian words. *Behav Res Methods*, 42 (4), 1042 – 1048. doi: 10. 3758/BRM. 42. 4. 1042

Desai, R. H., Herter, T., Riccardi, N., Rorden, C., & Fridriksson, J. (2015). Concepts within reach: Action performance predicts action language processing in stroke. *Neuropsychologia*, 71, 217 – 224. doi: 10. 1016/j. neuropsychologia. 2015. 04. 006

Deutsch, R., & Gawronski, B. (2009). When the method makes a difference: Antagonistic effects on "automatic evaluations" as a function of task characteristics of the measure. *Journal of Experimental Social Psychology*, 45 (1), 101 – 114. doi: 10. 1016/j. jesp. 2008. 09. 001

Deutsch, R. , Gawronski, B. , & Strack, F. (2006) . At the boundaries of automaticity: negation as reflective operation. *J Pers Soc Psychol*, 91 (3) , 385 – 405. doi: 10. 1037/0022 – 3514. 91. 3. 385

Deutsch, R. , Kordts – Freudinger, R. , Gawronski, B. , & Strack, F. (2009) . Fast and fragile: A new look at the automaticity of negation processing. *Exp Psychol*, 56 (6) , 434 – 446. doi: 10. 1027/1618 – 3169. 56. 6. 434

Diamond, E. , & Zhang, Y. (2016) . Cortical processing of phonetic and emotional information in speech: A cross – modal priming study. *Neuropsychologia*, 82, 110 – 122. doi: 10. 1016/j. neuropsychologia. 2016. 01. 019

Dimberg, U. , Thunberg, M. , & Elmehed, K. (2000) . Unconscious facial reactions to emotional facial expressions. *Psychol Sci*, 11 (86 – 89) . doi: 10. 1111/ 1467 – 9280. 00221

Dolcos, F. , Iordan, A. D. , & Dolcos, S. (2011) . Neural correlates of emotion – cognition interactions: A review of evidence from brain imaging investigations. *Journal of Cognitive Psychology*, 23 (6) , 669 – 694. doi: 10. 1080/20445911. 2011. 594433

Dove, G. (2009) . Beyond perceptual symbols: a call for representational pluralism. *Cognition*, 110 (3) , 412 – 431. doi: 10. 1016/j. cognition. 2008. 11. 016

Dreyer, F. R. , Frey, D. , Arana, S. , von Saldern, S. , Picht, T. , Vajkoczy, P. , & Pulvermuller, F. (2015) . Is the Motor System Necessary for Processing Action and Abstract Emotion Words? Evidence from Focal Brain Lesions. *Front Psychol*, 6, 1661. doi: 10. 3389/fpsyg. 2015. 01661

Dreyer, F. R. , & Pulvermuller, F. (2018) . Abstract semantics in the motor system? – An event – related fMRI study on passive reading of semantic word categories carrying abstract emotional and mental meaning. *Cortex*, 100, 52 – 70. doi: 10. 1016/j. cortex. 2017. 10. 021

Du, P. , Liu, D. , Zhang, L. , Hitchman, G. , & Lin, C. (2014) . The processing of contradictory and non – contradictory negative sentences. *Journal of Cognitive Psychology*, 26 (4) , 461 – 472. doi: 10. 1080/20445911. 2014. 903957

Dudschig, C. , de la Vega, I. , & Kaup, B. (2015) . What's up? Emotion – specific activation of vertical space during language processing. *Acta Psychol (Amst)*,

156, 143 – 155. doi: 10. 1016/j. actpsy. 2014. 09. 015

Duris, J., Kumpan, T., Duffels, B., Matheson, H. E., Pexman, P. M., & Siakaluk, P. D. (2017). Effects of emotion information on processing pain – related words in visual word recognition. *Mental Lexicon*, 12 (3), 283 – 308. doi: 10. 1075/ml. 17001. sia

Eddy, M. D., & Holcomb, P. J. (2010). The temporal dynamics of masked repetition picture priming effects: manipulations of stimulus – onset asynchrony (SOA) and prime duration. *Brain Research*, 1340, 24 – 39. doi: 10. 1016/ j. brainres. 2010. 04. 024

Erk, S. M., Toet, A., & Van Erp, J. B. (2015). Effects of mediated social touch on affective experiences and trust. *PeerJ*, 3, e1297. doi: 10. 7717/peerj. 1297

Etkin, A., Egner, T., Peraza, D. M., Kandel, E. R., & Hirsch, J. (2006). Resolving emotional conflict: a role for the rostral anterior cingulate cortex in modulating activity in the amygdala. *Neuron*, 51 (6), 871 – 882. doi: 10. 1016/ j. neuron. 2006. 07. 029

Ezendam, D., Bongers, R. M., & Jannink, M. J. A. (2009). Systematic review of the effectiveness of mirror therapy in upper extremity function. *Disability & Rehabilitation*, 31 (26), 2135 – 2149. doi: 10. 3109/09638280902887768

Farias, A. R., Garrido, M. V., & Semin, G. R. (2013). Converging modalities ground abstract categories: the case of politics. *PLoS One*, 8 (4), e60971. doi: 10. 1371/journal. pone. 0060971

Farias, A. R., Garrido, M. V., & Semin, G. R. (2016). Embodiment of abstract categories in space... grounding or mere compatibility effects? the case of politics. *Acta Psychol (Amst)*, 166, 49 – 53. doi: 10. 1016/j. actpsy. 2016. 03. 002

Fay, A. J., & Maner, J. K. (2012). Warmth, spatial proximity, and social attachment: The embodied perception of a social metaphor. *Journal of Experimental Social Psychology*, 48 (6), 1369 – 1372. doi: 10. 1016/j. jesp. 2012. 05. 017

Fazio, R. H., Sanbonmatsu, D. M., Powell, M. C., & Kardes, F. R. (1986). On the automatic activation of attitudes. *J Pers Soc Psychol*, 50 (2), 229 – 238. doi: 10. 1037/0022 – 3514. 50. 2. 229

Feldman, J., & Narayanan, S. (2004). Embodied meaning in a neural theory of language. *Brain Lang*, 89 (2), 385 – 392. doi: 10. 1016/s0093 – 934x (03) 00355 – 9

Ferguson, H. J. , Sanford, A. J. , & Leuthold, H. (2008) . Eye – movements and ERPs reveal the time course of processing negation and remitting counterfactual worlds. *Brain Research*, 1236, 113 – 125. doi: 10. 1016/j. brainres. 2008. 07. 099

Ferre, P. , Ventura, D. , Comesana, M. , & Fraga, I. (2015) . The role of emotionality in the acquisition of new concrete and abstract words. *Front Psychol*, 6, 976. doi: 10. 3389/fpsyg. 2015. 00976

Fields, E. C. , & Kuperberg, G. R. (2012) . It's All About You: an ERP study of emotion and self – relevance in discourse. *Neuroimage*, 62 (1), 562 – 574. doi: 10. 1016/j. neuroimage. 2012. 05. 003

Fischer, A. H. , & Roseman, I. J. (2007) . Beat them or ban them: the characteristics and social functions of anger and contempt. *J Pers Soc Psychol*, 93 (1), 103 – 115. doi: 10. 1037/0022 – 3514. 93. 1. 103

Fischer, M. H. , & Zwaan, R. A. (2008) . Embodied language: a review of the role of the motor system in language comprehension. *Q J Exp Psychol (Hove)*, 61 (6), 825 – 850. doi: 10. 1080/17470210701623605

Flexas, A. , Rosselló, J. , Christensen, J. F. , Nadal, M. , Olivera, L. R. A. , & Munar, E. (2013) . Affective priming using facial expressions modulates liking for abstract art. *PLoS One*, 8 (11), e80154.

Fogassi, L. , Ferrari, P. F. , Gesierich, B. , Rozzi, S. , Chersi, F. , & Rizzolatti, G. (2005) . Parietal lobe: from action organization to intention understanding. *Science*, 308 (5722), 662 – 667. doi: 10. 1126/science. 1106138

Foroni, F. , & Semin, G. R. (2009) . Language that puts you in touch with your bodily feelings: the multimodal responsiveness of affective expressions. *Psychol Sci*, 20 (8), 974 – 980. doi: 10. 1111/j. 1467 – 9280. 2009. 02400. x

Foroni, F. , & Semin, G. R. (2013) . Comprehension of action negation involves inhibitory simulation. *Front Hum Neurosci*, 7, 209. doi: 10. 3389/fnhum. 2013. 00209

Förster, J. , & Strack, F. (1996) . Influence of overt head movements on memory for valenced words: a case of conceptual – motor compatibility. *Journal of Per-*

参考文献

sonality & Social Psychology, 71 (3), 421 – 430. doi: 10. 1037/0022 – 3514. 71. 3. 421

Fraenkel, T. , & Schul, Y. (2008) . The meaning of negated adjectives. *Intercultural Pragmatics*, 5 (4) . doi: 10. 1515/iprg. 2008. 025

Fu, L. , Yu, J. , Ni, S. , & Li, H. (2018) . Reduced framing effect: Experience adjusts affective forecasting with losses. *Journal of Experimental Social Psychology*, 76, 231 – 238. doi: 10. 1016/j. jesp. 2018. 02. 006

FusarPoli, P. , & Stanghellini, G. (2010) . Maurice merleau – ponty and the "embodied subjectivity" (1908 – 61) . *Medical Anthropology Quarterly*, 23 (2), 91 – 93.

Gable, P. A. , & Poole, B. D. (2014) . Influence of trait behavioral inhibition and behavioral approach motivation systems on the LPP and frontal asymmetry to anger pictures. *Soc Cogn Affect Neurosci*, 9 (2), 182 – 190. doi: 10. 1093/scan/nss130

Gallese, V. (2008) . Mirror neurons and the social nature of language: the neural exploitation hypothesis. *Soc Neurosci*, 3 (3 – 4), 317 – 333. doi: 10. 1080/17470910701563608

Gallese, V. , & Cuccio, V. (2017) . The paradigmatic body. Embodied simulation, intersubjectivity and the bodily self. *In T. Metzinger, & J. Windt (Eds.), Open mind. Cambridge*, Massachusets: The MIT Press. . doi: 10. 15502/9783958570269

Gallese, V. , & Cuccio, V. (2018) . The neural exploitation hypothesis and its implications for an embodied approach to language and cognition: Insights from the study of action verbs processing and motor disorders in Parkinson's disease. *Cortex*, 100, 215 – 225. doi: 10. 1016/j. cortex. 2018. 01. 010

Gallese, V. , & Lakoff, G. (2005) . The Brain's concepts: the role of the Sensory – motor system in conceptual knowledge. *Cogn Neuropsychol*, 22 (3), 455 – 479. doi: 10. 1080/02643290442000310

Gallese, V. , & Sinigaglia, C. (2011) . What is so special about embodied simulation? *Trends Cogn Sci*, 15 (11), 512 – 519. doi: 10. 1016/j. tics. 2011. 09. 003

García – Marco, E. , Morera, Y. , Beltrán, D. , de Vega, M. , Herrera,

E., Sedeño, L., & García, A. M. (2019). Negation markers inhibit motor routines during typing of manual action verbs. *Cognition*, 182, 286 – 293. doi: 10. 1016/ j. cognition. 2018. 10. 020

García – Marco, E., Morera, Y., Beltrán, D., de Vega, M., Herrera, E., Sedeño, L., ... García, A. M. (2019). Negation markers inhibit motor routines during typing of manual action verbs. *Cognition*, 182, 286 – 293. doi: 10. 1016/ j. cognition. 2018. 10. 020

Gawronski, B., & Houwer, J. D. (2014). Implicit Measures in Social and Personality Psychology. In H. T. Reis & C. M. Judd (Eds.), *Handbook of research methods in social and personality psychology* (2nd edition). New York: Cambridge University Press.

Gawronski, B., & Strack, F. (2012). Cognitive consistency as a basic principle of social information processing. In B. Gawronski & F. Strack (Eds.), *Cognitive consistency: a fundamental principle in social cognition* (pp. 1 – 18). New York, NY, US: Guilford Press.

Gawronski, B., & Ye, Y. (2014). What drives priming effects in the affect misattribution procedure? *Pers Soc Psychol Bull*, 40 (1), 3 – 15. doi: 10. 1177/0146167213502548

Ghio, M., & Tettamanti, M. (2016). Grounding Sentence Processing in the Sensory – Motor System. In G. Hickok & S. Small (Eds.), *Neurobiology of Language* (pp. 647 – 657). Amsterdam: Elsevier.

Ghio, M., Vaghi, M. M., & Tettamanti, M. (2013). Fine – grained semantic categorization across the abstract and concrete domains. *PLoS One*, 8 (6), e67090. doi: 10. 1371/journal. pone. 0067090

Ghio, M., Vaghi, M. M. S., Perani, D., & Tettamanti, M. (2016). Decoding the neural representation of fine – grained conceptual categories. *Neuroimage*, 132, 93 – 103. doi: 10. 1016/j. neuroimage. 2016. 02. 009

Gibson, J. (1979). *The ecological approach to visual perception*. Boston: Houghton – Mifflin.

Giora, R. (2006). Anything negatives can do affirmatives can do just as well, except for some metaphors. *Journal of Pragmatics*, 38 (7), 981 – 1014. doi:

10. 1016/j. pragma. 2005. 12. 006

Giora, R. (2007). A good Arab is not a dead Arab – a racist incitement On the accessibility of negated concepts. In I. Kecskes & L. Horn (Eds.), *Explorations in Pragmatics: Linguistic Cognitive and Intercultural Aspects* (pp. 129 – 162). Berlin: Mouton de Gruyter.

Giora, R. (2008). Preface: Discourse negation – costs and effects. *Intercultural Pragmatics*, 5 (4). doi: 10. 1515/iprg. 2008. 019

Giora, R., Fein, O., Aschkenazi, K., & Alkabets – zlozover, I. (2007). Negation in context: a functional approach to suppression. *Discourse Processes*, 43 (2), 153 – 172.

Giora, R., Fein, O., Metuki, N., & Stern, P. (2010). Negation as a metaphor – inducing operator. In L. Horn (Ed.), *The expression of negation* (pp. 225 – 256). Berlin: de Gruyter.

Giora, R., Livnat, E., Fein, O., Barnea, A., Zeiman, R., & Berger, I. (2013). Negation Generates Nonliteral Interpretations by Default. *Metaphor and Symbol*, 28 (2), 89 – 115. doi: 10. 1080/10926488. 2013. 768510

Giora, R., Zimmerman, D., & Fein, O. (2008). How can you compare! On negated comparisons as comparisons. *Intercultural Pragmatics*, 5 (4). doi: 10. 1515/iprg. 2008. 024

Glenberg, A. M. (1997a). What memory is for? *Behavioral and brain sciences*, 20 (1), 41 – 50.

Glenberg, A. M. (1997b). What memory is for? *Behavioral & Brain Sciences*, 20, 1 – 55. doi: 10. 1017/S0140525X97000010

Glenberg, A. M. (2008). Embodiment for Education. *Handbook of Cognitive Science*, 355 – 372. doi: 10. 1016/B978 – 0 – 08 – 046616 – 3. 00018 – 9

Glenberg, A. M., & Gallese, V. (2012). Action – based language: a theory of language acquisition, comprehension, and production. *Cortex*, 48 (7), 905 – 922. doi: 10. 1016/j. cortex. 2011. 04. 010

Glenberg, A. M., & Kaschak, M. P. (2002). Grounding language in action. *Psychon Bull Rev*, 9 (3), 558 – 565.

Glenberg, A. M., & Kaschak, M. P. (2003). The body's contribution to language. *Psychology of Learning & Motivation*, 43 (3), 93 – 126. doi: 10. 1016/S0079 – 7421 (03) 01012 – 0

Glenberg, A. M., & Robertson, D. A. (1999) . Indexical understanding of instructions. *Discourse Processes*, 28 (1), 1 – 26. doi: 10. 1080/01638539909545067

Glenberg, A. M., & Robertson, D. A. (2000) . Symbol Grounding and Meaning: A Comparison of High – Dimensional and Embodied Theories of Meaning. *Journal of Memory and Language*, 43 (3), 379 – 401. doi: 10. 1006/jmla. 2000. 2714

Glenberg, A. M., Sato, M., & Cattaneo, L. (2008) . Use – induced motor plasticity affects the processing of abstract and concrete language. *Current Biology*, 18 (7), R290 – R291.

Glenberg, A. M., Sato, M., Cattaneo, L., Riggio, L., Palumbo, D., & Buccino, G. (2008) . Processing abstract language modulates motor system activity. *Q J Exp Psychol (Hove)*, 61 (6), 905 – 919. doi: 10. 1080/17470210701625550

Gonzalez – Villar, A. J., Trinanes, Y., Zurron, M., & Carrillo – de – la – Pena, M. T. (2014) . Brain processing of task – relevant and task – irrelevant emotional words: an ERP study. *Cogn Affect Behav Neurosci*, 14 (3), 939 – 950. doi: 10. 3758/s13415 – 013 – 0247 – 6

Goodhew, S. C., McGaw, B., & Kidd, E. (2014) . Why is the sunny side always up? Explaining the spatial mapping of concepts by language use. *Psychon Bull Rev*, 21 (5), 1287 – 1293. doi: 10. 3758/s13423 – 014 – 0593 – 6

Gotzner, N., Wartenburger, I., & Spalek, K. (2016) . The impact of focus particles on the recognition and rejection of contrastive alternatives. *Language and Cognition*, 8 (01), 59 – 95. doi: 10. 1017/langcog. 2015. 25

Gozli, D. G., Chow, A., Chasteen, A. L., & Pratt, J. (2013) . Valence and vertical space: Saccade trajectory deviations reveal metaphorical spatial activation. *Visual Cognition*, 21 (5), 628 – 646. doi: 10. 1080/13506285. 2013. 815680

Granito, C., Scorolli, C., & Borghi, A. M. (2015) . Naming a Lego world. The role of language in the acquisition of abstract concepts. *PLoS One*, 10 (1), e0114615. doi: 10. 1371/journal. pone. 0114615

Grant, S. J., Malaviya, P., & Sternthal, B. (2004) . The influence of negation on product evaluations. *Journal of Consumer Research*, 31 (3), 583 – 591. doi:

10. 1086/425093

Guan, C. Q. , Meng, W. , Yao, R. , & Glenberg, A. M. (2013) . The motor system contributes to comprehension of abstract language. *PLoS One*, 8 (9) , e75183. doi: 10. 1371/journal. pone. 0075183

Gunther, F. , Dudschig, C. , & Kaup, B. (2017) . Symbol Grounding Without Direct Experience: Do Words Inherit Sensorimotor Activation From Purely Linguistic Context? *Cogn Sci*. doi: 10. 1111/cogs. 12549

Hakuno, Y. , Omori, T. , Yamamoto, J. I. , & Minagawa, Y. (2017). Social interaction facilitates word learning in preverbal infants: Word – object mapping and word segmentation. *Infant Behav Dev*, 48 (Pt B) , 65 – 77. doi: 10. 1016/ j. infbeh. 2017. 05. 012

Hald, L. A. , Hocking, I. , Vernon, D. , Marshall, J. A. , & Garnham, A. (2013) . Exploring modality switching effects in negated sentences: further evidence for grounded representations. *Front Psychol*, 4, 93. doi: 10. 3389/fpsyg. 2013. 00093

Haran, D. , Mor, N. , & Mayo, R. (2011) . Negating in order to be negative: the relationship between depressive rumination, message content and negation processing. *Emotion*, 11 (5) , 1105 – 1111. doi: 10. 1037/a0025301

Harmon – Jones, E. , & Harmon – Jones, C. (2010) . On the relationship of trait panas positive activation and trait anger: evidence of a suppressor relationship. *Journal of Research in Personality*, 44 (1) , 120 – 123. doi: 10. 1016/ j. jrp. 2009. 09. 001

Hashimoto, Y. , Minami, T. , & Nakauchi, S. (2012) . Electrophysiological Differences in the Processing of Affect Misattribution. *PLoS One*. doi: 10. 1371/ journal. pone. 0049132. g001

Hasson, U. , & Glucksberg, S. (2006) . Does understanding negation entail affirmation? *Journal of Pragmatics*, 38 (7) , 1015 – 1032. doi: 10. 1016/ j. pragma. 2005. 12. 005

Havas, D. A. , Glenberg, A. M. , Gutowski, K. A. , Lucarelli, M. J. , & Davidson, R. J. (2010) . Cosmetic use of botulinum toxin – a affects processing of emotional language. *Psychol Sci*, 21 (7) , 895 – 900. doi: 10. 1177/0956797610374742

Herbert, C. , Deutsch, R. , Platte, P. , & Pauli, P. (2013) . No fear, no panic: probing negation as a means for emotion regulation. *Soc Cogn Affect Neurosci*, 8 (6), 654 – 661. doi: 10. 1093/scan/nss043

Herbert, C. , Deutsch, R. , Sutterlin, S. , Kubler, A. , & Pauli, P. (2011) . Negation as a means for emotion regulation? Startle reflex modulation during processing of negated emotional words. *Cogn Affect Behav Neurosci*, 11 (2), 199 – 206. doi: 10. 3758/s13415 – 011 – 0026 – 1

Herbert, C. , & Kissler, J. (2014) . Event – related potentials reveal task – dependence and inter – individual differences in negation processing during silent listening and explicit truth – value evaluation. *Neuroscience*, 277, 902 – 910. doi: 10. 1016/j. neuroscience. 2014. 07. 043

Hermans, D. , Spruyt, A. , & Eelen, P. (2003) . Automatic affective priming of recently acquired stimulus valence: priming at SOA 300 but not at SOA 1000. *Cognition & Emotion*, 17 (1), 83 – 99.

Herring, D. R. , White, K. R. , Jabeen, L. N. , Song, I. , & Crites, S. L. (2015) . Something (important) is out there! Effects of prime arousal and location on evaluative priming. *Motivation and Emotion*, 39 (5), 742 – 752. doi: 10. 1007/s11031 – 015 – 9492 – z

Hickok, G. (2009) . Eight Problems for the Mirror Neuron Theory of Action Understanding in Monkeys and Humans. *J Cogn Neurosci*, 21 (7), 1229 – 1243. doi: 10. 1162/jocn. 2009. 21189

Hill, H. , Ott, F. , & Weisbrod, M. (2005) . SOA – dependent N400 and P300 semantic priming effects using pseudoword primes and a delayed lexical decision. *International Journal of Psychophysiology*, 56 (3), 209 – 221. doi: 10. 1016/j. ijpsycho. 2004. 12. 004

Hinojosa, J. A. , Carretie, L. , Mendez – Bertolo, C. , Miguez, A. , & Pozo, M. A. (2009) . Arousal contributions to affective priming: electrophysiological correlates. *Emotion*, 9 (2), 164 – 171. doi: 10. 1037/a0014680

Hobson, H. M. , & Bishop, D. V. M. (2016) . Mu suppression – A good measure of the human mirror neuron system? *Cortex*, 82, 290 – 310. doi: 10. 1016/j. cortex. 2016. 03. 019

Hoffman, P. (2016) . The meaning of 'life' and other abstract words: Insights from neuropsychology. *J Neuropsychol*, 10 (2), 317 – 343. doi: 10. 1111/jnp. 12065

Hoffman, P. , Binney, R. J. , & Lambon Ralph, M. A. (2015). Differing contributions of inferior prefrontal and anterior temporal cortex to concrete and abstract conceptual knowledge. *Cortex*, 63, 250 – 266. doi: 10. 1016/j. cortex. 2014. 09. 001

Holt, D. J. , Lynn, S. K. , & Kuperberg, G. R. (2008). Neurophysiological correlates of comprehending emotional meaning in context. *J Cogn Neurosci*, 21 (11), 2245 – 2262. doi: 10. 1162/jocn. 2008. 21151

Holyoak, K. J. , & Stamenkovic, D. (2018). Metaphor comprehension: A critical review of theories and evidence. *Psychol Bull*. doi: 10. 1037/bul0000145

Horchak, O. V. , Giger, J. – C. , Cabral, M. , & Pochwatko, G. (2014). From demonstration to theory in embodied language comprehension: A review. *Cognitive Systems Research*, 29 – 30, 66 – 85. doi: 10. 1016/j. cogsys. 2013. 09. 002

Horn, L. R. (1989). A Natural History of Negation.

Horton, W. S. , & Rapp, D. N. (2003). Out of sight, out of mind: occlusion and the accessibility of information in narrative comprehension. *Psychon Bull Rev*, 10 (1), 104 – 110. doi: 10. 3758/bf03196473

Huang, H. W. , Lee, C. L. , & Federmeier, K. D. (2010). Imagine that! ERPs provide evidence for distinct hemispheric contributions to the processing of concrete and abstract concepts. *Neuroimage*, 49 (1), 1116 – 1123. doi: 10. 1016/ j. neuroimage. 2009. 07. 031

Huette, S. (2016). Putting context into context: sources of context and a proposed mechanism for linguistic negation. *Language, Cognition and Neuroscience*, 31 (8), 1000 – 1014. doi: 10. 1080/23273798. 2016. 1161807

Huette, S. , & Anderson, S. (2012). Negation without symbols: the importance of recurrence and context in linguistic negation. *Journal of Integrative Neuroscience*, 11 (03), 295 – 312. doi: 10. 1142/s0219635212500239

Huette, S. , Anderson, S. , Matlock, T. , & Spivey, M. J. (2011). *A one-stage distributed processing account of linguistic negation*. Paper presented at the Proceedings of the 33rd annual meeting of the Cognitive Science Society, Austin, TX.

Hunter, A. M. , Korb, A. S. , Cook, I. A. , & Leuchter, A. F. (2013). Rostral anterior cingulate activity in major depressive disorder: state or trait marker of responsiveness to medication? *Journal of Neuropsychiatry & Clinical Neurosciences*, 25 (2), 126 – 133. doi: 10. 1176/appi. neuropsych. 11110330

Iacoboni, M. (2005). Neural mechanisms of imitation. *Curr Opin Neurobiol*, 15 (6), 632 – 637. doi: 10. 1016/j. conb. 2005. 10. 010

Iacoboni, M. , & Dapretto, M. (2006). The mirror neuron system and the consequences of its dysfunction. *Nat Rev Neurosci*, 7 (12), 942 – 951. doi: 10. 1038/nrn2024

Ijzerman, H. , Leung, A. K. , & Ong, L. S. (2014). Perceptual symbols of creativity: coldness elicits referential, warmth elicits relational creativity. *Acta Psychol (Amst)*, 148, 136 – 147. doi: 10. 1016/j. actpsy. 2014. 01. 013

Ijzerman, H. , Padiotis, N. , & Koole, S. L. (2013). Replicability of Social-Cognitive Priming: The Case of Weight as an Embodiment of Importance. *SSRN Electronic Journal*. doi: 10. 2139/ssrn. 2255726

Ionescu, T. , & Vasc, D. (2014). Embodied Cognition: Challenges for Psychology and Education. *Procedia – Social and Behavioral Sciences*, 128, 275 – 280. doi: 10. 1016/j. sbspro. 2014. 03. 156

Ito, T. A. , Cacioppo, J. T. , & Lang, P. J. (1998). Eliciting affect using the international affective picture system: trajectories through evaluative space. *Pers Soc Psychol Bull*, 24 (8), 855 – 879. doi: 10. 1177/0146167298248006

Ito, T. A. , Larsen, J. T. , Smith, N. K. , & Cacioppo, J. T. (1998). Negative information weighs more heavily on the brain: the negativity bias in evaluative categorizations. *Journal of Personality & Social Psychology*, 75 (4), 887 – 900. doi: 10. 1037/0022 – 3514. 75. 4. 887

James, W. (1975). *Pragmatism*. Harvard: Harvard University Press.

Jamrozik, A. , McQuire, M. , Cardillo, E. R. , & Chatterjee, A. (2016). Metaphor: Bridging embodiment to abstraction. *Psychon Bull Rev*, 23 (4), 1080 – 1089. doi: 10. 3758/s13423 – 015 – 0861 – 0

Jeannerod, M. (2001). Neural simulation of action: a unifying mechanism for motor cognition. *Neuroimage*, 14 (1 Pt 2), S103 – 109. doi: 10. 1006/nimg. 2001. 0832

Jeffers, C. S. (2009). On empathy: the mirror neuron system and art education. *International Journal of Education & the Arts*, 10 (15), 1 – 17.

Jhean – Larose, S. , Leveau, N. , & Denhiere, G. (2014) . Influence of e-motional valence and arousal on the spread of activation in memory. *Cogn Process*, 15 (4), 515 – 522. doi: 10. 1007/s10339 – 014 – 0613 – 5

Jiang, Z. Q. , Li, W. H. , Liu, Y. , Luo, Y. J. , Luu, P. , & Tucker, D. M. (2014) . When affective word valence meets linguistic polarity: Behavioral and ERP evidence. *Journal of Neurolinguistics*, 28, 19 – 30. doi: 10. 1016/j. jneuroling. 2013. 11. 001

Johnson – Laird, P. N. (2006) . *How we reason*. Oxford: Oxford University Press.

Jordan, M. P. (1998) . The power of negation in English: Text, context and relevance. *Journal of Pragmatics*, 29 (6), 705 – 752. doi: https: //doi. org/ 10. 1016/S0378 – 2166 (97) 00086 – 6

Jostmann, N. B. , Lakens, D. , & Schubert, T. W. (2009) . Weight as an Embodiment of Importance. *Psychol Sci*, 20 (9), 1169 – 1174. doi: 10. 1111/j. 1467-9280. 2009. 02426. x

Joubert, S. , Vallet, G. T. , Montembeault, M. , Boukadi, M. , Wilson, M. A. , Laforce, R. J. , ... Brambati, S. M. (2017) . Comprehension of concrete and abstract words in semantic variant primary progressive aphasia and Alzheimer's disease: A behavioral and neuroimaging study. *Brain & Language*, 170, 93 – 102. doi: 10. 1016/j. bandl. 2017. 04. 004

Jussim, L. , Coleman, L. M. , & Lerch, L. (1987) . The nature of stereotypes: A comparison and integration of three theories. *J Pers Soc Psychol*, 52 (3), 536 – 546. doi: 10. 1037/0022 – 3514. 52. 3. 536

Kaup, B. (2001) . Negation and its impact on the accessibility of text information. *Memory & Cognition*, 29 (7), 960 – 967. doi: 10. 3758/BF03195758

Kaup, B. , Lüdtke, J. , & Zwaan, R. A. (2006a) . Processing negated sentences with contradictory predicates: Is a door that is not open mentally closed? *Journal of Pragmatics*, 38 (7), 1033 – 1050. doi: 10. 1016/j. pragma. 2005. 09. 012

Kaup, B. , Lüdtke, J. , & Zwaan, R. A. (2006b) . Processing negated sentences with contradictory predicates: is a door that is not open mentally closed? *Journal of Pragmatics, 38 (7), 1033 – 1050. doi: 10. 1016/j. pragma. 2005. 09. 012

Kaup, B. , Lüdtke, J. , & Zwaan, R. A. (2007a) . The Experiential View of Language Comprehension: How Is Negation Represented? In F. Schmalhofer & C. A. Perfetti (Eds.), *Higher Level Language Processes in the Brain, Inference and Comprehension Processes* (pp. 255 – 288) . Mahwah, N. J. /London: Lawrence Erlbaum Associates.

Kaup, B. , Lüdtke, J. , & Zwaan, R. A. (2007b) . *The Experiential View of Language Comprehension: How is Negation Represented?* Mahwah, N. J. /London: Lawrence Erlbaum Associates.

Kaup, B. , Yaxley, R. H. , Madden, C. J. , Zwaan, R. A. , & Lüdtke, J. (2007) . Experiential simulations of negated text information. *Quarterly Journal of Experimental Psychology*, 60 (7), 976 – 990. doi: 10. 1080/17470210600823512

Kaup, B. , & Zwaan, R. A. (2003) . Effects of negation and situational presence on the accessibility of text information. *Journal of Experimental Psychology: Learning, Memory, and Cognition*, 29 (3), 439 – 446. doi: 10. 1037/0278 – 7393. 29. 3. 439

Kaup, B. , & Zwaan, R. A. (2003) . Effects of negation and situational presence on the accessibility of text information. *Journal of Experimental Psychology: Learning, Memory and Cognition*, 29 (3), 439 – 446. doi: 10. 1037/0278 – 7393. 29. 3. 439

Kever, A. , Grynberg, D. , & Vermeulen, N. (2017) . Congruent bodily arousal promotes the constructive recognition of emotional words. *Conscious Cogn*, 53, 81 – 88. doi: 10. 1016/j. concog. 2017. 06. 007

Khemlani, S. , Orenes, I. , & Johnson – Laird, P. N. (2012) . Negation: A theory of its meaning, representation, and use. *Journal of Cognitive Psychology*, 24 (5), 541 – 559. doi: 10. 1080/20445911. 2012. 660913

Kintsch, W. , & van Dijk, T. A. (1978) . Toward a model of text comprehension and production. *Psychological Review*, 85 (5), 363 – 394. doi: 10. 1037/0033 – 295x. 85. 5. 363

Knapp, H. P. , & Corina, D. P. (2010) . A human mirror neuron system for language: Perspectives from signed languages of the deaf. *Brain Lang*, 112 (1),

36 – 43. doi: 10. 1016/j. bandl. 2009. 04. 002

Kousta, S. T. , Vigliocco, G. , Vinson, D. P. , Andrews, M. , & Del Campo, E. （2011）. The representation of abstract words: why emotion matters. *J Exp Psychol Gen*, 140 （1）, 14 – 34. doi: 10. 1037/a0021446

Kousta, S. T. , Vinson, D. P. , & Vigliocco, G. （2009）. Emotion words, regardless of polarity, have a processing advantage over neutral words. *Cognition*, 112 （3）, 473 – 481. doi: 10. 1016/j. cognition. 2009. 06. 007

Kron, A. , Pilkiw, M. , Banaei, J. , Goldstein, A. , & Anderson, A. K. （2015）. Are valence and arousal separable in emotional experience? *Emotion*, 15 （1）, 35 – 44. doi: 10. 1037/a0038474

Kross, E. , Berman, M. G. , Mischel, W. , Smith, E. E. , & Wager, T. D. （2011）. *Social rejection shares somatosensory representations with physical pain.* Paper presented at the Proceedings of the National Academy of Sciences of the United States of America.

Kross, E. , Egner, T. , Ochsner, K. , Hirsch, J. , & Downey, G. （2007）. Neural dynamics of rejection sensitivity. *J Cogn Neurosci*, 19 （6）, 945 – 956. doi: 10. 1162/jocn. 2007. 19. 6. 945

Kuchinke, L. , Jacobs, A. M. , Grubich, C. , Vo, M. L. , Conrad, M. , & Herrmann, M. （2005）. Incidental effects of emotional valence in single word processing: an fMRI study. *Neuroimage*, 28 （4）, 1022 – 1032. doi: 10. 1016/ j. neuroimage. 2005. 06. 050

Kunecke, J. , Sommer, W. , Schacht, A. , & Palazova, M. （2015）. Embodied simulation of emotional valence: Facial muscle responses to abstract and concrete words. *Psychophysiology*, 52 （12）, 1590 – 1598. doi: 10. 1111/psyp. 12555

Kuperberg, G. R. （2007）. Neural mechanisms of language comprehension: challenges to syntax. *Brain Research*, 1146, 23 – 49. doi: 10. 1016/j. brainres. 2006. 12. 063

Kuperman, V. , Estes, Z. , Brysbaert, M. , & Warriner, A. B. （2014）. Emotion and language: valence and arousal affect word recognition. *J Exp Psychol Gen*, 143 （3）, 1065 – 1081. doi: 10. 1037/a0035669

Kuppens, P. , Tuerlinckx, F. , Russell, J. A. , & Barrett, L. F. （2013）.

The relation between valence and arousal in subjective experience. *Psychol Bull*, 139 (4), 917 – 940. doi: 10. 1037/a0030811

Kuppens, P. , Tuerlinckx, F. , Yik, M. , Koval, P. , Coosemans, J. , Zeng, K. J. , & Russell, J. A. (2016) . The relation between valence and arousal in subjective experience varies with personality and culture. *Journal of Personality & Social Psychology*, 85 (4), 530 – 542. doi: 10. 1111/jopy. 12258.

Kusev, P. , Ayton, P. , Van Schaik, P. , Tsanevaatanasova, K. , Stewart, N. , & Chater, N. (2011) . Judgments relative to patterns: how temporal sequence patterns affect judgments and memory. *Journal of Experimental Psychology*: *Human Perception and Performance*, 37 (6), 1874 – 1886. doi: 10. l037/a0025589

Lakens, D. , Semin, G. R. , & Foroni, F. (2011) . Why Your Highness Needs the People Comparing the Absolute and Relative Representation of Power in Vertical Space. *Social Psychology*, 42 (3), 205 – 213. doi: 10. 1027/1864 – 9335/a000064

Lakens, D. , Semin, G. R. , & Foroni, F. (2012) . But for the Bad, There Would Not Be Good: Grounding Valence in Brightness Through Shared Relational Structures. *Journal of Experimental Psychology*: *General*, 141 (3), 584 – 594. doi: 10. 1037/a0026468. supp

Lakoff, G. (2012) . Explaining embodied cognition results. *Top Cogn Sci*, 4 (4), 773 – 785. doi: 10. 1111/j. 1756 – 8765. 2012. 01222. x

Lakoff, G. (2014) . Mapping the brain's metaphor circuitry: metaphorical thought in everyday reason. *Frontiers Human Neuroscience*, 8, 958. doi: 10. 3389/fnhum. 2014. 00958

Lakoff, G. , & Johnson, M. K. (1980) . Metaphors We Live By. *Chicago*: *The University of Chicago Press*.

Lakoff, G. , & Johnson, M. K. (1999) . Philosophy in the Fresh – The Embodied Mind and Its Challenge to Western Thought. *New York*: *Basic Books*.

Lakoff, G. , & Núñez, R. E. (2000) . Where mathematics comes from : how the embodied mind brings mathematics into being. *New York*: *Basic Books*.

Landau, M. J. , Meier, B. P. , & Keefer, L. A. (2010) . A metaphor – enriched social cognition. *Psychol Bull*, 136 (6), 1045 – 1067. doi: 10. 1037/a0020970

Landauer, T. K. , & Dumais, S. T. （1997）. A solution to Plato's problem: The latent semantic analysis theory of acquisition, induction and representation of knowledge. *Psychological Review*, 104 （2）, 211 – 240. doi: 10. 1037//0033 – 295X. 104. 2. 211

LeBel, E. P. , & Wilbur, C. J. （2014）. Big secrets do not necessarily cause hills to appear steeper. *Psychon Bull Rev*, 21 （3）, 696 – 700. doi: 10. 3758/s13423 – 013 – 0549 – 2

Lebois, L. A. M. , Wilson – Mendenhall, C. D. , Simmons, W. K. , Barrett, L. F. , & Barsalou, L. W. （2018）. Learning situated emotions. *Neuropsychologia*. doi: 10. 1016/j. neuropsychologia. 2018. 01. 008

Ledoux, J. E. （1995）. In search of an emotional system in the brain: Leaping from fear to emotion and consciousness. *In M. S. Gazzaniga （Ed. ）, The cognitive neurosciences （pp.* 1049 – 1061）, Cambridge, MA: The MIT Press.

Lee, S. W. S. , & Schwarz, N. （2010）. Washing away postdecisional dissonance. *Science*, 328 （5979）, 709 – 709. doi: 10. 1126/science. 1186799

Leone, M. J. , Salles, A. , Pulver, A. , Golombek, D. A. , & Sigman, M. （2018）. Time drawings: Spatial representation of temporal concepts. *Conscious Cogn*, 59, 10 – 25. doi: 10. 1016/j. concog. 2018. 01. 005

Levine, W. H. , & Hagaman, J. A. （2008）. Negated concepts interfere with anaphor resolution. *Intercultural Pragmatics*, 5 （4）. doi: 10. 1515/iprg. 2008. 023

Li, K. K. （2017）. How does language affect decision – making in social interactions and decision biases? *Journal of Economic Psychology*, 61, 15 – 28. doi: 10. 1016/j. joep. 2017. 03. 003

Li, T. T. , & Lu, Y. （2014）. The subliminal affective priming effects of faces displaying various levels of arousal: an ERP study. *Neurosci Lett*, 583, 148 – 153. doi: 10. 1016/j. neulet. 2014. 09. 027

Link, T. , Moeller, K. , Huber, S. , Fischer, U. , & Nuerk, H. – C. （2013）. Walk the number line – An embodied training of numerical concepts. *Trends in Neuroscience and Education*, 2 （2）, 74 – 84. doi: 10. 1016/j. tine. 2013. 06. 005

Liu, H. Z. , Li, S. , & Rao, L. L. （2018）. Out of debt, out of burden: the physical burdens of debt. *Journal of Experimental Social Psychology*, 76, 155 –

160. doi：10. 1016/j. jesp. 2018. 01. 003

Lo, L. Y. , Hung, N. L. , & Lin, M. （2016）. Angry Versus Furious: A Comparison Between Valence and Arousal in Dimensional Models of Emotions. *J Psychol*, 150 （8）, 949 – 960. doi：10. 1080/00223980. 2016. 1225658

Lobel, T. E. , Cohen, A. , Kalay Shahin, L. , Malov, S. , Golan, Y. , & Busnach, S. （2014）. Being Clean and Acting Dirty: The Paradoxical Effect of Self-Cleansing. *Ethics & Behavior*, 25 （4）, 307 – 313. doi：10. 1080/10508422. 2014. 931230

Louwerse, M. M. （2007）. Symbolic or embodied representations: A case for symbol interdependency. In T. Landauer, D. McNamara, S. Dennis, & W. Kintsch （Eds. ）, *Handbook of latent semantic analysis* （pp. 107 – 120）. Mahwah, NJ: Erlbaum.

Lüdtke, J. , Friedrich, C. K. , De Filippis, M. , & Kaup, B. （2008）. Event – related potential correlates of negation in a sentence – picture verification paradigm. *J Cogn Neurosci*, 20 （8）, 1355 – 1370. doi：10. 1162@ jocn. 2008. 20093

Lupyan, G. , & Bergen, B. （2016）. How Language Programs the Mind. *Top Cogn Sci*, 8 （2）, 408 – 424. doi：10. 1111/tops. 12155

Lupyan, G. , & Clark, A. （2015）. Words and the World. *Current Directions in Psychological Science*, 24 （4）, 279 – 284. doi：10. 1177/0963721415570732

MacDonald, M. C. , & Just, M. A. （1989）. Changes in activation levels with negation. *Journal Experimental Psychology: Learning, Memory, & Cognion*, 15 （4）, 633 – 642. doi：10. 1037/0278 – 7393. 15. 4. 633

Mahon, B. Z. , & Caramazza, A. （2008）. A critical look at the embodied cognition hypothesis and a new proposal for grounding conceptual content. *J Physiol Paris*, 102 （1 – 3）, 59 – 70. doi：10. 1016/j. jphysparis. 2008. 03. 004

Malt, B. C. , Sloman, S. A. , Gennari, S. , Shi, M. , & Wang, Y. （1999）. Knowing versus naming: similarity and the linguistic categorization of artifacts. *Journal of Memory & Language*, 40 （2）, 230 – 262. doi：10. 1006/jmla. 1998. 2593

Marino, B. F. , Borghi, A. M. , Buccino, G. , & Riggio, L. （2017）. Chained Activation of the Motor System during Language Understanding. *Front Psychol*,

8, 199. doi: 10. 3389/fpsyg. 2017. 00199

Markman, A. B. , & Brendl, C. M. (2005) . Constraining theories of embodied cognition. *Psychol Sci*, 16 (1) , 6 – 10. doi: 10. 1111/j. 0956 – 7976. 2005. 00772. x

Marmolejo – Ramos, F. , Elosua, M. R. , Yamada, Y. , Hamm, N. F. , & Noguchi, K. (2013) . Appraisal of space words and allocation of emotion words in bodily space. *PLoS One*, 8 (12) , e81688. doi: 10. 1371/journal. pone. 0081688

Marmolejo – Ramos, F. , Montoro, P. R. , Elosua, M. R. , Contreras, M. J. , & Jimenez – Jimenez, W. A. (2014) . The activation of representative emotional verbal contexts interacts with vertical spatial axis. *Cogn Process*, 15 (3) , 253 – 267. doi: 10. 1007/s10339 – 014 – 0620 – 6

Mather, M. , & Sutherland, M. R. (2011) . Arousal – Biased Competition in Perception and Memory. *Perspectives on Psychological Science*, 6 (2) , 114 – 133. doi: 10. 1177/1745691611400234

Mathôt, S. , Grainger, J. , & Strijkers, K. (2016) . Embodiment as preparation: Pupillary responses to words that convey a sense of brightness or darkness. *PeerJ*. doi: 10. 7287/peerj. preprints. 1795v1

Matusz, P. J. , Wallace, M. T. , & Murray, M. M. (2017) . A multisensory perspective on object memory. *Neuropsychologia*, 105, 243 – 252. doi: 10. 1016/j. neuropsychologia. 2017. 04. 008

Mayo, R. , Schul, Y. , & Burnstein, E. (2004) . "I am not guilty" vs "I am innocent": Successful negation may depend on the schema used for its encoding. *Journal of Experimental Social Psychology*, 40 (4) , 433 – 449. doi: 10. 1016/j. jesp. 2003. 07. 008

Mayo, R. , Schul, Y. , & Rosenthal, M. (2014) . If you negate, you may forget: negated repetitions impair memory compared with affirmative repetitions. *J Exp Psychol Gen*, 143 (4) , 1541 – 1552. doi: 10. 1037/a0036122

McCaffrey, J. (2014) . Reconceiving conceptual vehicles: Lessons from semantic dementia. *Philosophical Psychology*, 28 (3) , 337 – 354. doi: 10. 1080/09515089. 2013. 827561

Meier, B. P. , Moller, A. C. , Chen, J. J. , & Riemer – Peltz, M. (2011) .

Spatial Metaphor and Real Estate. *Social Psychological and Personality Science*, 2 (5), 547 – 553. doi: 10. 1177/1948550611401042

Meier, B. P., & Robinson, M. D. (2004). Why the sunny side is up: associations between affect and vertical position. *Psychol Sci*, 15 (4), 243 – 247. doi: 10. 1111/j. 0956 – 7976. 2004. 00659. x

Meier, B. P., Robinson, M. D., & Clore, G. L. (2004). Why good guys wear white: automatic inferences about stimulus valence based on brightness. *Psychol Sci*, 15 (2), 82 – 87. doi: 10. 2307/40063932

Mendes, W. B., Blascovich, J., Hunter, S. B., Lickel, B., & Jost, J. T. (2007). Threatened by the unexpected: physiological responses during social interactions with expectancy – violating partners. *Journal of Personality & Social Psychology*, 92 (4), 698 – 716. doi: 10. 1037/0022 – 3514. 92. 4. 698

Meteyard, L., Cuadrado, S. R., Bahrami, B., & Vigliocco, G. (2012). Coming of age: a review of embodiment and the neuroscience of semantics. *Cortex*, 48 (7), 788 – 804. doi: 10. 1016/j. cortex. 2010. 11. 002

Mitchell, D. G. V., Nakic, M., Fridberg, D., Kamel, N., Pine, D. S., & Blair, R. J. R. (2007). The impact of processing load on emotion. *Neuroimage*, 34 (3), 1299 – 1309.

Moffat, M., Siakaluk, P. D., Sidhu, D. M., & Pexman, P. M. (2015). Situated conceptualization and semantic processing: effects of emotional experience and context availability in semantic categorization and naming tasks. *Psychon Bull Rev*, 22 (2), 408 – 419. doi: 10. 3758/s13423 – 014 – 0696 – 0

Mohammad, S., Shutova, E., & Turney, P. (2016). Metaphor as a Medium for Emotion: An Empirical Study. 23 – 33. doi: 10. 18653/v1/S16 – 2003

Molenberghs, P., Cunnington, R., & Mattingley, J. B. (2012). Brain regions with mirror properties: a meta – analysis of 125 human fMRI studies. *Neuroscience & Biobehavioral Reviews*, 36 (1), 341 – 349. doi: 10. 1016/j. neubiorev. 2011. 07. 004

Moreno, I., de Vega, M., & Leon, I. (2013). Understanding action language modulates oscillatory mu and beta rhythms in the same way as observing actions. *Brain Cogn*, 82 (3), 236 – 242. doi: 10. 1016/j. bandc. 2013. 04. 010

Moretti, S. , & Greco, A. （2018）. Truth is in the head. A nod and shake compatibility effect. *Acta Psychol （Amst）*, 185, 203 – 218. doi：10. 1016/ j. actpsy. 2018. 02. 010

Moseley, R. , Carota, F. , Hauk, O. , Mohr, B. , & Pulvermüller, F. （2012）. A Role for the Motor System in Binding Abstract Emotional Meaning. *Cereb Cortex*, 22 （7）, 1634 – 1647. doi：10. 1093/cercor/bhr238

Moxey, L. M. , & Sanford, A. J. （2000）. Communicating quantities：A review of psycholinguistic evidence of how expressions determine perspectives. *Applied Cognitive Psychology*, 14 （3）, 237 – 255. doi：10. 1002/ （SICI）1099 – 0720 （200005/06）14：33. 0. CO；2 – R

Mukamel, R. , Ekstrom, A. D. , Kaplan, J. , Iacoboni, M. , & Fried, I. （2010）. Single – neuron responses in humans during execution and observation of actions. *Curr Biol*, 20 （8）, 750 – 756. doi：10. 1016/j. cub. 2010. 02. 045

Neal, D. T. , & Chartrand, T. L. （2011）. Embodied Emotion Perception： Amplifying and Dampening Facial Feedback Modulates Emotion Perception Accuracy. *Social Psychological and Personality Science*, 2 （6）, 673 – 678. doi： 10. 1177/1948550611406138

Newcombe, P. I. , Campbell, C. , Siakaluk, P. D. , & Pexman, P. M. （2012）. Effects of emotional and sensorimotor knowledge in semantic processing of concrete and abstract nouns. *Front Hum Neurosci*, 6, 275. doi：10. 3389/fnhum. 2012. 00275

Niedenthal, P. M. （2007）. Embodying emotion. *Science*, 316 （5827）, 1002 – 1005. doi：10. 1126/science. 1136930

Niedenthal, P. M. , Augustinova, M. , Rychlowska, M. , Droit – Volet, S. , Zinner, L. , Knafo, A. , & Brauer, M. （2012）. Negative Relations Between Pacifier Use and Emotional Competence. *Basic and Applied Social Psychology*, 34 （5）, 387 – 394. doi：10. 1080/01973533. 2012. 712019

Niedenthal, P. M. , Barsalou, L. W. , Winkielman, P. , Krauthgruber, S. , & Ric, F. （2005）. Embodiment in attitudes, social perception, and emotion. *Personality & Social Psychology Review*, 9 （3）, 184 – 211. doi：10. 1207/ s15327957pspr0903_ 1

Niedenthal, P. M. , Winkielman, P. , Mondillon, L. , & Vermeulen, N. (2009) . Embodiment of emotion concepts. *J Pers Soc Psychol*, 96 (6), 1120 – 1136. doi: 10. 1037/a0015574

Nieuwland, M. S. , & Kuperberg, G. R. (2008) . When the truth is not too hard to handle: An Event – Related Potential Study on the Pragmatics of Negation. *Psychol Sci*, 19 (12), 1213 – 1218. doi: 10. 1111/j. 1467 – 9280. 2008. 02226. x

Nordmeyer, A. E. , & Frank, M. C. (2014) . The role of context in young children's comprehension of negation. *Journal of Memory and Language*, 77, 25 – 39. doi: 10. 1016/j. jml. 2014. 08. 002

Nosek, B. A. , Hawkins, C. B. , & Frazier, R. S. (2011) . Implicit social cognition: from measures to mechanisms. *Trends Cogn Sci*, 15 (4), 152 – 159. doi: 10. 1016/j. tics. 2011. 01. 005

Nyström, P. , Ljunghammar, T. , Rosander, K. , & Von, H. C. (2011) . Using mu rhythm desynchronization to measure mirror neuron activity in infants. *Dev Sci*, 14 (2), 327 – 335. doi: 10. 1111/j. 1467 – 7687. 2010. 00979. x

O'Hare, A. J. , Atchley, R. A. , & Young, K. M. (2017) . Valence and arousal influence the late positive potential during central and lateralized presentation of images. *Laterality*, 22 (5), 541 – 559. doi: 10. 1080/1357650X. 2016. 1241257

Oberman, L. M. , Pineda, J. A. , & Ramachandran, V. S. (2007) . The human mirror neuron system: a link between action observation and social skills. *Soc Cogn Affect Neurosci*, 2 (1), 62 – 66. doi: 10. 1093/scan/nsl022

Olofsson, J. K. , Nordin, S. , Sequeira, H. , & Polich, J. (2008). Affective picture processing: an integrative review of ERP findings. *Biol Psychol*, 77 (3), 247 – 265. doi: 10. 1016/j. biopsycho. 2007. 11. 006

Oosterwijk, S. , Mackey, S. , Wilson – Mendenhall, C. , Winkielman, P. , & Paulus, M. P. (2015) . Concepts in context: Processing mental state concepts with internal or external focus involves different neural systems. *Soc Neurosci*, 10 (3), 294 – 307. doi: 10. 1080/17470919. 2014. 998840

Oosterwijk, S. , Winkielman, P. , Pecher, D. , Zeelenberg, R. , Rotteveel, M. , & Fischer, A. H. (2012) . Mental states inside out: Switching costs for emotional and nonemotional sentences that differ in internal and external focus. *Memory & Cognition*, 40 (1), 93 – 100. doi: 10. 3758/s13421 – 011 – 0134 – 8

Orenes, I. , Beltrán, D. , & Santamaría, C. (2014) . How negation is understood: Evidence from the visual world paradigm. *Journal of Memory and Language*, 74, 36 – 45. doi: 10. 1016/j. jml. 2014. 04. 001

Orenes, I. , Moxey, L. M. , Scheepers, C. , & Santamaría, C. (2016). Negation in context: Evidence from the visual world paradigm. *Quarterly Journal of Experimental Psychology*, 69 (6), 1082 – 1092. doi: 10. 1080/17470218. 2015. 1063675

Palazova, M. , Sommer, W. , & Schacht, A. (2013) . Interplay of emotional valence and concreteness in word processing: an event – related potential study with verbs. *Brain Lang*, 125 (3), 264 – 271. doi: 10. 1016/j. bandl. 2013. 02. 008

Papeo, L. , Hochmann, J. R. , & Battelli, L. (2016) . The Default Computation of Negated Meanings. *J Cogn Neurosci*, 28 (12), 1980 – 1986. doi: 10. 1162/jocn_ a_ 01016

Paradis, C. , & Willners, C. (2006) . Antonymy and negation—The boundedness hypothesis. *Journal of Pragmatics*, 38 (7), 1051 – 1080. doi: 10. 1016/j. pragma. 2005. 11. 009

Patro, K. , Nuerk, H. C. , & Cress, U. (2015) . Does your body count? embodied influences on the preferred counting direction of preschoolers. *Journal of Cognitive Psychology*, 27 (4), 413 – 425. doi: 10. 1080/20445911. 2015. 1008005

Patterson, K. , & Lambon Ralph, M. A. (2015) . The Hub – and – Spoke Hypothesis of Semantic Memory. In G. Hickok & S. L. Small (Eds.), *Neurobiology of Language* (pp. 765 – 775): Academic Press.

Patterson, K. , Nestor, P. J. , & Rogers, T. T. (2007) . Where do you know what you know? The representation of semantic knowledge in the human brain. *Nat Rev Neurosci*, 8 (12), 976 – 987. doi: 10. 1038/nrn2277

Payne, B. K. , Burkley, M. A. , & Stokes, M. B. (2008) . Why do implicit and explicit attitude tests diverge? The role of structural fit. *J Pers Soc Psychol*, 94 (1), 16 – 31. doi: 10. 1037/0022 – 3514. 94. 1. 16

Payne, B. K. , Cheng, C. M. , Govorun, O. , & Stewart, B. D. (2005).

An inkblot for attitudes: affect misattribution as implicit measurement. *J Pers Soc Psychol*, 89 (3), 277 – 293. doi: 10. 1037/0022 – 3514. 89. 3. 277

Payne, B. K. , & Lundberg, K. B. (2014) . The affect misattribution procedure: ten years of evidence on reliability, validity, and mechanisms. *Social & Personality Psychology Compass*, 8 (12), 672 – 686. doi: 10. 1111/spc3. 12148

Pecher, D. , van Dantzig, S. , Zwaan, R. A. , & Zeelenberg, R. (2009). Language comprehenders retain implied shape and orientation of objects. *The Quarterly Journal of Experimental Psychology*, 62 (6), 1108 – 1114. doi: 10. 1080/17470210802633255

Pecher, D. , van Mierlo, H. , Canal – Bruland, R. , & Zeelenberg, R. (2015) . The burden of secrecy? No effect on hill slant estimation and beanbag throwing. *J Exp Psychol Gen*, 144 (4), e65 – 72. doi: 10. 1037/xge0000090

Pecher, D. , Zeelenberg, R. , & Barsalou, L. W. (2003) . Verifying conceptual properties in different modalities produces switching costs. *Psychol Sci*, 14, 119 – 124. doi: 10. 1111/1467 – 9280. t01 – 1 – 01429

Pecher, D. , Zeelenberg, R. , & Barsalou, L. W. (2004) . Sensorimotor simulations underlie conceptual representations: Modality – specific effects of prior activation. *Psychon Bull Rev*, 11 (1), 164 – 167. doi: 10. 3758/bf03206477

Peleg, O. , Ozer, R. , Norman, T. , & Segal, O. (2018) . Perceptual simulations during sentence comprehension: A comparison between typical adolescents and adolescents with autism spectrum disorder. *Journal of Neurolinguistics*, 45, 36 – 44. doi: 10. 1016/j. jneuroling. 2017. 08. 003

Pellicano, A. , Iani, C. , Borghi, A. M. , Rubichi, S. , & Nicoletti, R. (2010) . Simon – like and functional affordance effects with tools: the effects of object perceptual discrimination and object action state. *Q J Exp Psychol (Hove)*, 63 (11), 2190 – 2201. doi: 10. 1080/17470218. 2010. 486903

Peng, M. , De Beuckelaer, A. , Yuan, L. , & Zhou, R. (2012) . The processing of anticipated and unanticipated fearful faces: an ERP study. *Neurosci Lett*, 526 (2), 85 – 90. doi: 10. 1016/j. neulet. 2012. 08. 009

Pexman, P. M. (2017) . The role of embodiment in conceptual development. *Language, Cognition and Neuroscience*, 1 – 10. doi: 10. 1080/23273798. 2017. 1303522

Pexman, P. M., Hargreaves, I. S., Siakaluk, P. D., Bodner, G. E., & Pope, J. (2008). There are many ways to be rich: effects of three measures of semantic richness on visual word recognition. *Psychon Bull Rev*, 15 (1), 161 - 167. doi: 10. 3758/PBR. 15. 1. 161

Pezzulo, G., Candidi, M., Dindo, H., & Barca, L. (2013). Action simulation in the human brain: Twelve questions. *New Ideas in Psychology*, 31 (3), 270 - 290. doi: 10. 1016/j. newideapsych. 2013. 01. 004

Pfeifer, J. H., Iacoboni, M., Mazziotta, J. C., & Dapretto, M. (2008). Mirroring others' emotions relates to empathy and interpersonal competence in children. *Neuroimage*, 39 (4), 2076 - 2085. doi: 10. 1016/j. neuroimage. 2007. 10. 032

Phaf, R. H., Mohr, S. E., Rotteveel, M., & Wicherts, J. M. (2014). Approach, avoidance, and affect: a meta - analysis of approach - avoidance tendencies in manual reaction time tasks. *Front Psychol*, 5, 378. doi: 10. 3389/fpsyg. 2014. 00378

Pitcher, D., Garrido, L., Walsh, V., & Duchaine, B. C. (2008). Transcranial Magnetic Stimulation Disrupts the Perception and Embodiment of Facial Expressions. *Journal of Neuroscience*, 28 (36), 8929 - 8933. doi: 10. 1523/jneurosci. 1450 - 08. 2008

Plata - Bello, J., Modrono, C., Marcano, F., & Gonzalez - Mora, J. L. (2015). Mapping the Mirror Neuron System in Neurosurgery. *World Neurosurg*, 84 (6), 2077 e2075 - 2010. doi: 10. 1016/j. wneu. 2015. 07. 059

Ponz, A., Montant, M., Liegeois - Chauvel, C., Silva, C., Braun, M., Jacobs, A. M., & Ziegler, J. C. (2014). Emotion processing in words: a test of the neural re - use hypothesis using surface and intracranial EEG. *Soc Cogn Affect Neurosci*, 9 (5), 619 - 627. doi: 10. 1093/scan/nst034

Postzich, C., Blask, K., Frings, C., & Walther, E. (2016). Timeless: A Large Sample Study on the Temporal Robustness of Affective Responses. *Front Psychol*, 7, 841. doi: 10. 3389/fpsyg. 2016. 00841

Prado, J., & Noveck, I. A. (2006). How reaction time measures elucidate the matching bias and the way negations are processed. *Thinking & Reasoning*, 12

(3), 309 – 328. doi: 10. 1080/13546780500371241

Primativo, S. , Reilly, J. , & Crutch, S. J. (2017). Abstract Conceptual Feature Ratings Predict Gaze Within Written Word Arrays: Evidence From a Visual Wor (1) d Paradigm. *Cogn Sci*, 41 (3), 659 – 685. doi: 10. 1111/cogs. 12348

Prinz, J. J. (2012). *Beyond human nature: How culture and experience shape our lives*. London, United Kingdom: Penguin.

Pryor, J. B. , Reeder, G. D. , & Monroe, A. E. (2012). The infection of bad company: stigma by association. *J Pers Soc Psychol*, 102 (2), 224 – 241. doi: 10. 1037/a0026270

Pulvermüller, F. (1999). Words in the brain's language. *Behavioral & Brain Sciences*, 22 (2), 253 – 279.

Rabelo, A. L. , Keller, V. N. , Pilati, R. , & Wicherts, J. M. (2015). No Effect of Weight on Judgments of Importance in the Moral Domain and Evidence of Publication Bias from a Meta – Analysis. *PLoS One*, 10 (8), e0134808. doi: 10. 1371/journal. pone. 0134808

Ramachandran, V. S. , Rogersramachandran, D. , & Cobb, S. (1995). Touching the phantom limb. *Nature*, 377 (6549), 489 – 490. doi: 10. 1038/37 7489a0

Recchia, G. , & Jones, M. N. (2012). The semantic richness of abstract concepts. *Front Hum Neurosci*, 6, 315. doi: 10. 3389/fnhum. 2012. 00315

Recio, G. , Conrad, M. , Hansen, L. B. , & Jacobs, A. M. (2014). On pleasure and thrill: the interplay between arousal and valence during visual word recognition. *Brain Lang*, 134, 34 – 43. doi: 10. 1016/j. bandl. 2014. 03. 009

Richter, T. , & Zwaan, R. A. (2009). Processing of color words activates color representations. *Cognition*, 111 (3), 383 – 389. doi: 10. 1016/j. cognition. 2009. 02. 011

Ridgeway, D. , Waters, E. , & Kuczaj, S. A. (1985). Acquisition of emotion – descriptive language. receptive and productive vocabulary norms for ages 18 months to 6 years. *Developmental Psychology*, 21 (5), 901 – 908. doi: 10. 1037/0012 – 1649. 21. 5. 901

Rispens, J. , Bastiaanse, R. , & Zonneveld, R. V. (2001). Negation in agrammatism: a cross – linguistic comparison. *Journal of Neurolinguistics*, 14 (1), 59 – 83. doi: 10. 1016/S0911 – 6044 (00) 00004 – X

Rizzolatti, G. , & Arbib, M. A. (1998) . Language within our grasp. *Trends in Neurosciences*, 21 (5), 188 – 194. doi: 10. 1016/S0166 – 2236 (98) 01260 – 0

Rizzolatti, G. , Cattaneo, L. , Fabbri – Destro, M. , & Rozzi, S. (2014). Cortical mechanisms underlying the organization of goal – directed actions and mirror neuron – based action understanding. *Physiol Rev*, 94 (2), 655 – 706. doi: 10. 1152/physrev. 00009. 2013

Rizzolatti, G. , & Craighero, L. (2004) . The mirror – neuron system. *Annu Rev Neurosci*, 27, 169 – 192. doi: 10. 1146/annurev. neuro. 27. 070203. 144230

Rizzolatti, G. , & Fabbri – Destro, M. (2010) . Mirror neurons: from discovery to autism. *Exp Brain Res*, 200 (3 – 4), 223 – 237. doi: 10. 1007/s00221 – 009 – 2002 – 3

Rizzolatti, G. , Fadiga, L. , Matelli, M. , Bettinardi, V. , Paulesu, E. , Perani, D. , & Fazio, F. (1996) . Localization of grasp representations in humans by pet: 1. observation versus execution. *Exp Brain Res*, 111 (2), 246 – 252. doi: 10. 1007/bf00227301

Rizzolatti, G. , & Fogassi, L. (2014) . The mirror mechanism: recent findings and perspectives. *Philos Trans R Soc Lond B Biol Sci*, 369 (1644), 20130420. doi: 10. 1098/rstb. 2013. 0420

Robinson, M. D. , Storbeck, J. , Meier, B. P. , & Kirkeby, B. S. (2004). Watch out! That could be dangerous: valence – arousal interactions in evaluative processing. *Pers Soc Psychol Bull*, 30 (11), 1472 – 1484. doi: 10. 1177/0146167204266647

Rodríguez – Ferreiro, J. , Gennari, S. P. , Davies, R. , & Cuetos, F. (2011) . Neural correlates of abstract verb processing. *J Cogn Neurosci*, 23 (1), 106 – 118. doi: 10. 1162/jocn. 2010. 21414

Roseberry, S. , Hirsh – Pasek, K. , & Golinkoff, R. M. (2014) . Skype me! Socially contingent interactions help toddlers learn language. *Child Dev*, 85 (3), 956 – 970. doi: 10. 1111/cdev. 12166

Rothschild, Z. K. , Landau, M. J. , Keefer, L. A. , & Sullivan, D. (2015).

Another's punishment cleanses the self: Evidence for a moral cleansing function of punishing transgressors. *Motivation and Emotion*, 39 (5), 722 – 741. doi: 10.1007/s11031 –015 –9487 –9

Rotteveel, M., Gierholz, A., Koch, G., van Aalst, C., Pinto, Y., Matzke, D., ... Wagenmakers, E. J. (2015). On the automatic link between affect and tendencies to approach and avoid: Chen and Bargh (1999) revisited. *Front Psychol*, 6, 335. doi: 10.3389/fpsyg.2015.00335

Roux – Sibilon, A., Kalenine, S., Pichat, C., & Peyrin, C. (2018). Dorsal and ventral stream contribution to the paired – object affordance effect. *Neuropsychologia*, 112, 125 – 134. doi: 10.1016/j.neuropsychologia.2018.03.007

Russell, J. A. (1980). A circumplex model of affect. *Journal of Personality & Social Psychology*, 39 (6), 1161 –1178. doi: 10.1037/h0077714

Sakreida, K., Scorolli, C., Menz, M. M., Heim, S., Borghi, A. M., & Binkofski, F. (2013). Are abstract action words embodied? An fMRI investigation at the interface between language and motor cognition. *Front Hum Neurosci*, 7, 125. doi: 10.3389/fnhum.2013.00125

Samur, D., Lai, V. T., Hagoort, P., & Willems, R. M. (2015). Emotional context modulates embodied metaphor comprehension. *Neuropsychologia*, 78, 108 – 114. doi: 10.1016/j.neuropsychologia.2015.10.003

Saraiva, A. C., Schüür, F., & Bestmann, S. (2013). Emotional valence and contextual affordances flexibly shape approach – avoidance movements. *Front Psychol*, 4. doi: 10.3389/fpsyg.2013.00933

Sato, M., Schafer, A. J., & Bergen, B. K. (2015). Metaphor priming in sentence production: concrete pictures affect abstract language production. *Acta Psychol (Amst)*, 156, 136 –142. doi: 10.1016/j.actpsy.2014.09.010

Scerrati, E., Baroni, G., Borghi, A. M., Galatolo, R., Lugli, L., & Nicoletti, R. (2015). The modality – switch effect: visually and aurally presented prime sentences activate our senses. *Front Psychol*, 6, 1668. doi: 10.3389/fpsyg.2015.01668

Schaller, F., Weiss, S., & Muller, H. M. (2017). EEG beta – power changes reflect motor involvement in abstract action language processing. *Brain Language*, 168, 95 – 105. doi: 10. 1016/j. bandl. 2017. 01. 010

Schindele, R. , Lüdtke, J. , & Kaup, B. (2008) . Comprehending negation: A study with adults diagnosed with high functioning autism or Asperger's syndrome. *Intercultural Pragmatics*, 5 (4) . doi: 10. 1515/iprg. 2008. 021

Schneider, I. K. , Parzuchowski, M. , Wojciszke, B. , Schwarz, N. , & Koole, S. L. (2014) . Weighty data: importance information influences estimated weight of digital information storage devices. *Front Psychol*, 5, 1536. doi: 10. 3389/fpsyg. 2014. 01536

Schneider, I. K. , Rutjens, B. T. , Jostmann, N. B. , & Lakens, D. (2011) . Weighty Matters. *Social Psychological and Personality Science*, 2 (5), 474 – 478. doi: 10. 1177/1948550610397895

Schubert, T. W. (2005a) . Your Highness: Vertical Positions as Perceptual Symbols of Power. *J Pers Soc Psychol*, 89 (1), 1 – 21. doi: 10. 1037/0022 – 3514. 89. 1. 1

Schubert, T. W. (2005b) . Your highness: vertical positions as perceptual symbols of power. *J Pers Soc Psychol*, 89 (1), 1 – 21. doi: 10. 1037/0022 – 3514. 89. 1. 1

Schuil, K. D. , Smits, M. , & Zwaan, R. A. (2013) . Sentential context modulates the involvement of the motor cortex in action language processing: an FMRI study. *Front Hum Neurosci*, 7, 100. doi: 10. 3389/fnhum. 2013. 00100

Schwager, S. , & Rothermund, K. (2013) . Motivation and affective processing biases in risky decision making: A counter – regulation account. *Journal of Economic Psychology*, 38, 111 – 126. doi: 10. 1016/j. joep. 2012. 08. 005

Scorolli, C. , Binkofski, F. , Buccino, G. , Nicoletti, R. , Riggio, L. , & Borghi, A. M. (2011) . Abstract and concrete sentences, embodiment, and languages. *Front Psychol*, 2, 227. doi: 10. 3389/fpsyg. 2011. 00227

Seamon, J. G. , Marsh, R. L. , & Brody, N. (1984) . Critical importance of exposure duration for affective discrimination of stimuli that are not recognized. *Journal of Experimental Psychology: Learning, Memory, and Cognition*, 10 (3), 465 – 469. doi: 10. 1037/0278 – 7393. 10. 3. 465

Sel, A. , Calvo – Merino, B. , Tuettenberg, S. , & Forster, B. (2015). When you smile, the world smiles at you: ERP evidence for self – expression effects on face processing. *Soc Cogn Affect Neurosci*, 10 (10), 1316 – 1322. doi: 10. 1093/ scan/nsv009

Sheng, F. , & Han, S. (2012). Manipulations of cognitive strategies and intergroup relationships reduce the racial bias in empathic neural responses. *Neuroimage*, 61 (4), 786 – 797. doi: 10. 1016/j. neuroimage. 2012. 04. 028

Shuval, N. , & Hemforth, B. (2008). Accessibility of negated constituents in reading and listening. *Intercultural Pragmatics*, 5 (4). doi: 10. 1515/iprg. 2008. 022

Siakaluk, P. D. , Knol, N. , & Pexman, P. M. (2014). Effects of emotional experience for abstract words in the Stroop task. *Cogn Sci*, 38 (8), 1698 – 1717. doi: 10. 1111/cogs. 12137

Siakaluk, P. D. , Newcombe, P. I. , Duffels, B. , Li, E. , Sidhu, D. M. , Yap, M. J. , & Pexman, P. M. (2016). Effects of Emotional Experience in Lexical Decision. *Front Psychol*, 7, 1157. doi: 10. 3389/fpsyg. 2016. 01157

Simola, J. , Le Fevre, K. , Torniainen, J. , & Baccino, T. (2015). Affective processing in natural scene viewing: valence and arousal interactions in eye – fixation – related potentials. *Neuroimage*, 106, 21 – 33. doi: 10. 1016/j. neuroimage. 2014. 11. 030

Sinigaglia, C. , Guan, C. Q. , Meng, W. , Yao, R. , & Glenberg, A. M. (2013). The Motor System Contributes to Comprehension of Abstract Language. *PLoS One*, 8 (9), e75183. doi: 10. 1371/journal. pone. 0075183

Skipper, L. M. , & Olson, I. R. (2014). Semantic memory: distinct neural representations for abstractness and valence. *Brain Lang*, 130, 1 – 10. doi: 10. 1016/ j. bandl. 2014. 01. 001

Slepian, M. L. , Masicampo, E. J. , & Ambady, N. (2013). Relieving the Burdens of Secrecy. *Social Psychological and Personality Science*, 5 (3), 293 – 300. doi: 10. 1177/1948550613498516

Slepian, M. L. , Masicampo, E. J. , & Ambady, N. (2015). Cognition from on high and down low: Verticality and construal level. *J Pers Soc Psychol*, 108 (1), 1 – 17. doi: 10. 1037/a0038265

Slepian, M. L. , Masicampo, E. J. , Toosi, N. R. , & Ambady, N. (2012). The physical burdens of secrecy. *J Exp Psychol Gen*, 141 (4), 619 – 624. doi: 10. 1037/a0027598

Snefjella, B. , & Kuperman, V. (2015). Concreteness and Psychological Distance in Natural Language Use. *Psychol Sci*, 26 (9), 1449 – 1460. doi: 10. 1177/0956797615591771

Song, H. , Vonasch, A. J. , Meier, B. P. , & Bargh, J. A. (2012). Brighten up: Smiles facilitate perceptual judgment of facial lightness. *Journal of Experimental Social Psychology*, 48 (1), 450 – 452. doi: 10. 1016/j. jesp. 2011. 10. 003

Stepper, S. , & Strack, F. (1993). Proprioceptive determinants of emotional and nonemotional feelings. *J Pers Soc Psychol*, 64 (2), 211 – 220. doi: 10. 1037/0022 – 3514. 64. 2. 211

Stern, L. D. , Marrs, S. , Millar, M. G. , & Cole, E. (1984). Processing time and the recall of inconsistent and consistent behaviors of individuals and groups. *Vojnosanitetski Pregled*, 47 (2), 253 – 262. doi: 10. 1037/0022 – 3514. 47. 2. 253

Strack, F. , Martin, L. L. , & Stepper, S. (1988). Inhibiting and facilitating conditions of the human smile: a nonobtrusive test of the facial feedback hypothesis. *J Pers Soc Psychol*, 54 (5), 768 – 777. doi: 10. 1037/0022 – 3514. 54. 5. 768

Sun, Y. , Fuentes, L. J. , Humphreys, G. W. , & Sui, J. (2016). Try to see it my way: Embodied perspective enhances self and friend – biases in perceptual matching. *Cognition*, 153, 108 – 117. doi: 10. 1016/j. cognition. 2016. 04. 015

Suslow, T. , Kugel, H. , Ohrmann, P. , Stuhrmann, A. , Grotegerd, D. , Redlich, R. , ... Dannlowski, U. (2013). Neural correlates of affective priming effects based on masked facial emotion: an fMRI study. *Psychiatry Research: Neuroimaging*, 211 (3), 239 – 245.

Sutton, T. M. , & Altarriba, J. (2016). Color associations to emotion and e-motion – laden words: A collection of norms for stimulus construction and selection. *Behav Res Methods*, 48 (2), 686 – 728. doi: 10. 3758/s13428 – 015 – 0598 – 8

Swartz, J. R. , Phan, K. L. , Angstadt, M. , Klumpp, H. , Fitzgerald, K. D. , & Monk, C. S. (2014). Altered activation of the rostral anterior cingulate cortex in the context of emotional face distractors in children and adolescents with anxiety disorders. *Depress Anxiety*, 31 (10), 870 – 879. doi: 10. 1002/da. 22289

Taylor, L. J. , & Zwaan, R. A. (2009). Action in cognition: The case of language. *Language and Cognition*, 1 (01), 45 – 58. doi: 10. 1515/langcog. 2009. 003

Tettamanti, M. , Manenti, R. , Della Rosa, P. A. , Falini, A. , Perani, D. , Cappa, S. F. , & Moro, A. (2008). Negation in the brain: Modulating action representations. *Neuroimage*, 43 (2), 358 – 367. doi: 10. 1016/j. neuroimage. 2008. 08. 004

Tettamanti, M. , & Moro, A. (2012). Can syntax appear in a mirror (system)? *Cortex*, 48 (7), 923 – 935. doi: 10. 1016/j. cortex. 2011. 05. 020

Thieme, H. , Mehrholz, J. , Pohl, M. , & Dohle, C. (2010). *Mirror therapy for improving motor function after stroke*. The Cochrane Library: John Wiley & Sons, Ltd.

Thill, S. , & Twomey, K. E. (2016). What's on the Inside Counts: A Grounded Account of Concept Acquisition and Development. *Front Psychol*, 7, 402. doi: 10. 3389/fpsyg. 2016. 00402

Tian, Y. , & Breheny, R. (2016). Dynamic Pragmatic View of Negation Processing. In P. Larrivée & C. Lee (Eds.), *Negation and Polarity: Experimental Perspectives* (Vol. 1, pp. 21 – 43). Switzerland: Springer International Publishing.

Tian, Y. , Breheny, R. , & Ferguson, H. J. (2010). Why we simulate negated information: a dynamic pragmatic account. *Quarterly Journal of Experimental Psychology*, 63 (12), 2305 – 2312. doi: 10. 1080/17470218. 2010. 525712

Tipper, C. M. , Signorini, G. , & Grafton, S. T. (2015). Body language in the brain: constructing meaning from expressive movement. *Front Hum Neurosci*, 9, 450. doi: 10. 3389/fnhum. 2015. 00450

Tomasino, B. , Weiss, P. H. , & Fink, G. R. (2010). To move or not to move: imperatives modulate action – related verb processing in the motor system. *Neuroscience*, 169 (1), 246 – 258. doi: 10. 1016/j. neuroscience. 2010. 04. 039

Topolinski, S. (2014). A processing fluency – account of funniness: Running gags and spoiling punchlines. *Cognition and Emotion*, 28 (5), 811 – 820. doi:

10. 1080/02699931. 2013. 863180

Tramacere, A. , Ferrari, P. F. , Gentilucci, M. , Giuffrida, V. , & De Marco, D. （2017）. The Emotional Modulation of Facial Mimicry: A Kinematic Study. *Front Psychol*, 8, 2339. doi: 10. 3389/fpsyg. 2017. 02339

Tucker, M. , & Ellis, R. （1998）. On the relations between seen objects and components of potential actions. *Journal of Experimental Psychology: Human Perception and Performance*, 24 （3）, 830 – 846. doi: 10. 1037/0096 – 1523. 24. 3. 830

Tulving, E. （1983）. *Elements of episodic memory*. Oxford, England: Oxford University Press.

Turner, A. C. , McIntosh, D. N. , & Moody, E. J. （2015）. Don't Listen With Your Mouth Full: The Role of Facial Motor Action in Visual Speech Perception. *Lang Speech*, 58 （Pt 2）, 267 – 278. doi: 10. 1177/0023830914542305

Tybout, A. M. , Calder, B. J. , & Sternthal, B. （1981）. Using Information-Processing Theory to Design Marketing Strategies. *Journal of Marketing Research*, 18 （1）, 73 – 79. doi: 10. 1177/002224378101800107

Unkelbach, C. , Fiedler, K. , Bayer, M. , Stegmüller, M. , & Danner, D. （2008）. Why positive information is processed faster: The density hypothesis. *J Pers Soc Psychol*, 95 （1）, 36 – 49. doi: 10. 1037/0022 – 3514. 95. 1. 36

van Gaal, S. , Naccache, L. , Meuwese, J. D. , van Loon, A. M. , Leighton, A. H. , Cohen, L. , & Dehaene, S. （2014a）. Can the meaning of multiple words be integrated unconsciously? *Philos Trans R Soc Lond B Biol Sci*, 369 （1641）, 20130212. doi: 10. 1098/rstb. 2013. 0212

van Gaal, S. , Naccache, L. , Meuwese, J. D. , van Loon, A. M. , Leighton, A. H. , Cohen, L. , & Dehaene, S. （2014b）. Can the meaning of multiple words be integrated unconsciously? *Philos Trans R Soc Lond B Biol Sci*, 369 （1641）, 20130212. doi: 10. 1098/rstb. 2013. 0212

Vatakis, A. , Sgouramani, H. , Gorea, A. , Hatzitaki, V. , & Pollick, F. E. （2014）. Time to Act: New Perspectives on Embodiment and Timing. *Procedia-Social and Behavioral Sciences*, 126, 16 – 20. doi: 10. 1016/j. sbspro. 2014. 02. 302

Verga, L. , & Kotz, S. A. （2017）. Help me if I can't: Social interaction effects in adult contextual word learning. *Cognition*, 168, 76 – 90. doi: 10. 1016/

j. cognition. 2017. 06. 018

Vermeulen, N. , Niedenthal, P. M. , & Luminet, O. (2007) . Switching between sensory and affective systems incurs processing costs. *Cogn Sci*, 31 (1), 183 – 192. doi: 10. 1080/03640210709336990

Vigliocco, G. , Kousta, S. T. , Della Rosa, P. A. , Vinson, D. P. , Tettamanti, M. , Devlin, J. T. , & Cappa, S. F. (2014) . The neural representation of abstract words: the role of emotion. *Cereb Cortex*, 24 (7), 1767 – 1777. doi: 10. 1093/cercor/bht025

Vigliocco, G. , Meteyard, L. , Andrews, M. , & Kousta, S. T. (2009). Toward a theory of semantic representation. *Language and Cognition*, 1 (02), 219 – 247. doi: 10. 1515/langcog. 2009. 011

Vigliocco, G. , Ponari, M. , & Norbury, C. (2018) . Learning and Processing Abstract Words and Concepts: Insights From Typical and Atypical Development. *Top Cogn Sci*, 10, 533 – 549. doi: 10. 1111/tops. 12347

Vigliocco, G. , Vinson, D. P. , Lewis, W. , & Garrett, M. F. (2004) . Representing the meanings of object and action words: the featural and unitary semantic space hypothesis. *Cogn Psychol*, 48 (4), 422 – 488. doi: 10. 1016/j. cogpsych. 2003. 09. 001

Volta, D. R. , Fabbri – Destro, M. , Gentilucci, M. , & Avanzini, P. (2014) . Spatiotemporal dynamics during processing of abstract and concrete verbs: an ERP study. *Neuropsychologia*, 61, 163 – 174. doi: 10. 1016/j. neuropsychologia. 2014. 06. 019

Vukovic, N. , Feurra, M. , Shpektor, A. , Myachykov, A. , & Shtyrov, Y. (2017) . Primary motor cortex functionally contributes to language comprehension: An online rTMS study. *Neuropsychologia*, 96, 222 – 229. doi: 10. 1016/j. neuropsychologia. 2017. 01. 025

Walker, E. , & Cooperrider, K. (2016) . The Continuity of Metaphor: Evidence From Temporal Gestures. *Cogn Sci*, 40 (2), 481 – 495. doi: 10. 1111/cogs. 12254

Wang, H. L. , Lu, Y. Q. , & Lu, Z. Y. (2016) . Moral – up first, immoral-down last: the time course of moral metaphors on a vertical dimension. *Neuroreport*, 27

（4），247 –256. doi：10. 1097/WNR. 0000000000000528

Wang, J., Conder, J. A., Blitzer, D. N., & Shinkareva, S. V. （2010）. Neural representation of abstract and concrete concepts: a meta – analysis of neuroim-aging studies. *Hum Brain Mapp*, 31 （10）, 1459 –1468. doi：10. 1002/hbm. 20950

Wang, X., Wu, W., Ling, Z., Xu, Y., Fang, Y., Wang, X., ... Bi, Y. （2018）. Organizational Principles of Abstract Words in the Human Brain. *Cereb Cortex*, 28 （12）, 4305 –4318. doi：10. 1093/cercor/bhx283

Wason, P. C. （1959）. The Processing of Positive and Negative Informa-tion. *Quarterly Journal of Experimental Psychology*, 11 （2）, 92 – 107. doi：10. 1080/17470215908416296

Wason, P. C. （1961）. Response to affirmative and negative binary state-ments. *British Journal of Psychology*, 52 （2）, 133 – 142. doi：10. 1111/j. 2044 –8295. 1961. tb00775. x

Wason, P. C. （1965）. The contexts of plausible denial. *Journal of Verbal Learning and Verbal Behavior* （4）, 7 –11. doi：10. 1016/S0022 –5371 （65） 80060 –3

Wason, P. C., & Johnson – Laird, P. N. （1972）. *Psychology of reasoning: Structure and content.* Cambridge, MA: Harvard University Press.

Wason, P. C., & Jones, S. （1963）. Negatives: Denotation and connota-tion. *British Journal of Psychology*, 54 （4）, 299 – 307. doi：10. 1111/j. 2044 –8295. 1963. tb00885. x

Watson, D. （2009）. Locating anger in the hierarchical structure of affect: com-ment on Carver and Harmon – Jones *Psychol Bull*, 135 （2）, 215 – 217. doi：10. 1037/a0014413

Watson, D., Clark, L. A., & Carey, G. （1988）. Positive and negative af-fectivity and their relation to anxiety and depressive disorders. *J Abnorm Psychol*, 97 （3）, 346 –353. doi：10. 1037/0021 –843X. 97. 3. 346

Weinreich, A., Stephani, T., & Schubert, T. （2016）. Emotion effects within frontal alpha oscillation in a picture oddball paradigm. *International Journal of Psychophysiology* 110, 200 –206. doi：10. 1016/j. ijpsycho. 2016. 07. 517

Weiskopf, D. A. （2010）. Embodied cognition and linguistic comprehen-sion. *Studies in History and Philosophy of Science Part A*, 41 （3）, 294 – 304. doi：

10. 1016/j. shpsa. 2010. 07. 005

　　Wellman, H. M. , Harris, P. L. , Banerjee, M. , & Sinclair, A. （1995）. Early understanding of emotion: evidence from natural language. *Cognition & Emotion*, 9 （2）, 117－149.

　　Wiemer－Hastings, K. , & Xu, X. （2005）. Content differences for abstract and concrete concepts. *Cogn Sci*, 29 （5）, 719－736. doi: 10. 1207/ s15516709cog0000_ 33

　　Williams, L. E. , & Bargh, J. A. （2008）. Experiencing Physical Warmth Promotes Interpersonal Warmth. *Science*, 322 （5901）, 606－607. doi: 10. 1126/science. 1162548

　　Williams, L. E. , Huang, J. Y. , & Bargh, J. A. （2009）. The scaffolded mind: higher mental processes are grounded in early experience of the physical world. *European Journal of Social Psychology*, 39 （7）, 1257－1267. doi: 10. 1002/ ejsp. 665

　　Wilson－Mendenhall, C. D. , Barrett, L. F. , Simmons, W. K. , & Barsalou, L. W. （2011）. Grounding emotion in situated conceptualization. *Neuropsychologia*, 49 （5）, 1105－1127. doi: 10. 1016/j. neuropsychologia. 2010. 12. 032

　　Wilson－Mendenhall, C. D. , Simmons, W. K. , Martin, A. , & Barsalou, L. W. （2013）. Contextual processing of abstract concepts reveals neural representations of nonlinguistic semantic content. *J Cogn Neurosci*, 25 （6）, 920－935. doi: 10. 1162/jocn_ a_ 00361

　　Winkielman, P. , Niedenthal, P. M. , & Oberman, L. （2008）. The Embodied Emotional Mind. In G. R. Semin & E. R. Smith （Eds. ）, *Embodied grounding: Social, cognitive, affective, and neuroscientific approaches*. New York: Cambridge University Press.

　　Winter, B. , Marghetis, T. , & Matlock, T. （2015）. Of magnitudes and metaphors: explaining cognitive interactions between space, time, and number. *Cortex*, 64, 209－224. doi: 10. 1016/j. cortex. 2014. 10. 015

　　Xiang, M. , Grove, J. , & Giannakidou, A. （2016）. Semantic and pragmatic processes in the comprehension of negation: An event related potential study of negative polarity sensitivity. *Journal of Neurolinguistics*, 38, 71－88. doi: 10. 1016/

j. jneuroling. 2015. 11. 001

Yang, L. H. , & Kleinman, A. （2008）. 'Face' and the embodiment of stigma in China: the cases of schizophrenia and AIDS. *Soc Sci Med*, 67 （3）, 398 – 408. doi: 10. 1016/j. socscimed. 2008. 03. 011

Yang, S. , Luo, W. , Zhu, X. , Broster, L. S. , Chen, T. , Li, J. , & Luo, Y. （2014）. Emotional content modulates response inhibition and perceptual processing. *Psychophysiology*, 51 （11）, 1139 – 1146. doi: 10. 1111/psyp. 12255

Yao, Z. , & Wang, Z. （2014）. Concreteness of positive word contributions to affective priming: an erp study. *International Journal of Psychophysiology*, 93 （3）, 275 – 282. doi: 10. 1016/j. ijpsycho. 2014. 06. 005

Yao, Z. , Yu, D. , Wang, L. , Zhu, X. , Guo, J. , & Wang, Z. （2016）. Effects of valence and arousal on emotional word processing are modulated by concreteness: Behavioral and ERP evidence from a lexical decision task. *International Journal of Psychophysiology*, 110, 231 – 242. doi: 10. 1016/j. ijpsycho. 2016. 07. 499

Yoon, J. , Campanelli, L. , Goral, M. , Marton, K. , Eichorn, N. , & Obler, L. K. （2015）. The effect of plausibility on sentence comprehension among older adults and its relation to cognitive functions. *Exp Aging Res*, 41 （3）, 272 – 302. doi: 10. 1080/0361073X. 2015. 1021646

Yu, W. , Sun, Z. , Zhou, J. , Xu, C. , & Shen, M. （2017）. Humans Conceptualize Victory and Defeat in Body Size. *Sci Rep*, 7, 44136. doi: 10. 1038/srep44136

Zanuttini, R. （1997）. *Negation and clausal structure: a comparative study of Romance languages*. Oxford: University Press.

Zdrazilova, L. , & Pexman, P. M. （2013）. Grasping the invisible: semantic processing of abstract words. *Psychon Bull Rev*, 20 （6）, 1312 – 1318. doi: 10. 3758/s13423 – 013 – 0452 – x

Zhang, Q. , Kong, L. , & Jiang, Y. （2012）. The interaction of arousal and valence in affective priming: behavioral and electrophysiological evidence. *Brain Res*, 1474, 60 – 72. doi: 10. 1016/j. brainres. 2012. 07. 023

Zhao, K. , Wu, Q. , Shen, X. , Xuan, Y. , & Fu, X. （2012）. I undervalue you but I need you: the dissociation of attitude and memory toward in – group members. *PLoS One*, 7 (3), e32932. doi: 10. 1371/journal. pone. 0032932

Zhong, C. B., & Leonardelli, G. J. (2008). Cold and lonely: does social exclusion literally feel cold? *Psychol Sci*, 19 (9), 838 – 842. doi: 10. 1111/j. 1467 – 9280. 2008. 02165. x

Zhong, C. B., Strejcek, B., & Sivanathan, N. (2010). A clean self can render harsh moral judgment. *Journal of Experimental Social Psychology*, 46 (5), 859 – 862. doi: 10. 1016/j. jesp. 2010. 04. 003

Zwaan, R. A. (2004). The immersed experiencer: toward an embodied theory of language comprehension. In B. H. Ross (Ed.), *Psychology of Learning & Motivation* (Vol. 44, pp. 35 – 62). New York: Academic Press.

Zwaan, R. A. (2008). Experiential traces and mental simulations in language comprehension. In M. de Vega, A. Glenberg, & A. Graesser (Eds.), *Symbols and Embodiment: Debates on Meaning and Cognition*. Oxford: Oxford University Press.

Zwaan, R. A. (2014). Embodiment and language comprehension: reframing the discussion. *Trends Cogn Sci*, 18 (5), 229 – 234. doi: 10. 1016/j. tics. 2014. 02. 008

Zwaan, R. A. (2016). Situation models, mental simulations, and abstract concepts in discourse comprehension. *Psychon Bull Rev*, 23 (4), 1028 – 1034. doi: 10. 3758/s13423 – 015 – 0864 – x

Zwaan, R. A., & Yaxley, R. H. (2003). Hemispheric differences in semantic-relatedness judgments. *Cognition*, 87 (3), B79 – B86. doi: 10. 1016/s0010 – 0277 (02) 00235 – 4

Zwaan, R. A., & Yaxley, R. H. (2004). Lateralization of object – shape information in semantic processing. *Cognition*, 94 (2), B35 – 43. doi: 10. 1016/j. cognition. 2004. 06. 002